종교와 사회

종교와 사회

지은이   우희종 김종만 서동은 유광석 박종식
          민태영 김영수 박수영 이명권 강응섭

발행처   열린서원
발행인   이명권
발행일   2024년 7월 31일

주 소   서울특별시 종로구 창덕궁길 117, 102호
전 화   010-2128-1215
전자우편   imkkorea@hanmail.net
등록번호   제300-2015-130호(1999년)

값 25,000원
ISBN 979-11-89186-56-2 03200

이 저서는 2021년 대한민국 교육부와 한국연구재단의 지원을 받아 수행된 연구임.
(NRF-2021S1A5C2A02088321)

상호문화적 글로벌 시대의

종교와 사회

우희종 김종만 서동은 유광석 박종식
민태영 김영주 박수영 이명권 강응섭 공저

열린서원

차 례

머리말

　　종교는 인류의 역사와 더불어 다양한 형태로 진행되었다. 수많은 종교의 형태 가운데 서양의 그리스도교와 동양의 불교는 아직도 가장 활발한 기능을 하고 있고, 힌두교와 이슬람의 종교적 역할도 나라와 사회에 따라 여전히 지배적인 기능을 하고 있다. 과학 시대와 상호문화적 지구촌 시대에 'K-종교·인문 연구소'는 종교를 전공하거나 일정 정도 학제 간 연구를 꾸준히 수행해 온 학자들의 연구 결과를 단행본으로 편찬해 왔다. 제1집 '포스트코로나 시대의 새 종교 지평'으로 시작하여, '포스트코로나 시대의 평화 사상과 종교', '종교와 문화', '종교와 정치', '종교와 생태', '종교와 예술'에 이어 제7집으로 '종교와 사회'라는 주제의 학술지 단행본을 출간하게 되었다.

　　이번 주제의 '종교와 사회'에 관련해서는 경희대학교 종교 시민 문화연구소의 교수들이 한국연구재단의 지원을 받아 수행한 연구 논문과 'K-종교 인문 연구소' 소속의 학자들이 각자의 전공영역에서 등재되거나 연구한 종교 영역별 학술논문을 게재하였다. 논문 게재 순서는 '종교와 사회' 주제 관련 일반적 담론을 제시한 기획 논문으로 우희종(서울대 명예교수)과 김종만(경희대 학술연구교수)의 글을 앞에 실었다.

공저한 10명 중 8명의 논문은 다음과 같은 순서로 게재되었다. 우선 '그리스도교와 사회' 관련 두 명의 논문인 서동은 교수와 유광석 교수의 글을 실었고, 다음으로 '불교와 사회' 관련하여서는 박종식 박사, 민태영 박사 두 명의 글을 실었다. 이어서 유교 분과에는 김영주 박사의 '주역과 점치는 사회', 인도학 분과에는 박수영 박사의 '인도의 전환, 그리고 우리 인도학의 전환'을 게재했고, 도가(道家) 분야에서는 이명권 박사의 '노자의 사회철학', 종교 심리학에서는 강응섭 교수의 '정신 분석적 사색'을 게재했다. 이처럼 다양한 종교 전통과 사회적 관점에 따라 10명의 학자가 심도 있게 연구한 성과를 『종교와 사회』라는 책으로 출간하게 된 것을 저자들과 더불어 기쁘게 생각하며, 종교를 사회학적 차원에서 좀 더 깊고 널리 이해하고자 하는 모든 독자에게 유용한 자료가 되기를 바란다.

발행인 이명권(K-종교·인문연구소 소장)

종교는 사회를 짝사랑해야 한다

우 희 종

이 글은 여산생명재단 활동의 일환으로 진행되었음

종교는 사회를 짝사랑해야 한다

우 희 종 (서울대학교 명예교수)

Ⅰ. 21세기 현대사회의 종교

　종교와 사회라는 낡고도 새로운 주제는 항상 변하는 인간 사회가 있으니 늘 새로울 수 있지만, 왜 낡은 오랜 질문일까에 주목할 필요가 있다. 오랜 기간 내려온 종교는 시대와 문화에 불문하고 결코 양보될 수 없는 도그마를 지니고 있기에 시대 변화와 무관하게 늘 대두되는 낡은 질문으로 남는다. 오늘날의 시대적 틀은 포스트휴먼 시대를 맞이하는 과학기술 문명과 신자유주의의 금융자본주의로 규정된다. 몇 천 년 된 종교가 과학기술과 신자유주의의 산물인 인류세(Anthropocene)[1]

---

1) Waters CN, Zalasiewicz J, Summerhayes C, Barnosky AD, Poirier C, Gałuszka A, Cearreta A, Edgeworth M, Ellis EC, Ellis M, Jeandel C, Leinfelder R, McNeill JR, Richter Dd, Steffen W, Syvitski J, Vidas D, Wagreich M, Williams M, Zhisheng A, Grinevald J, Odada E, Oreskes N, Wolfe AP. The Anthropocene is functionally and stratigraphically distinct

로 상징되는 21세기 현대사회의 급격한 변화를 맞이하면서 갖게 되는 혼란은 필연이고, 또 다시 낡은 질문이 등장하는 이유다.

'영성 회복'과 무한한 '비움의 자세'를 강조하는 종교와 첨단 과학으로 전 지구를 자원화하고 있는 현실이 있다면, 사회와 종교의 건강한 관계 맺음을 위해서는 사회 변화와 현실에 부합하는 종교적 도그마의 재해석이 필요하다. 이에 종교와 사회관계에서 치열한 고민을 했던 대표적 두 인물인 본회퍼(Dietrich Bonhoeffer) 목사와 리처드 도킨스(Richard Dawkins) 교수, 그리고 가톨릭 신자로서 전 세계 종교 현상에 천착했던 심리학자인 칼 융(Carl Gustav Jung)을 살피고자 한다.

데카르트의 근대적 이성에 기반한 인류 문명은 1977년 발사된 보이저 1호를 통해 현재까지 약 240억 km의 우주 저 멀리를 살펴보고 있으며, 허블 우주망원경의 후속으로 2021년 12월 발사된 제임스 웹 우주망원경(James Webb Space Telescope, JWST)은 많은 최신 데이터를 전송해 우주의 초기 상태와 별과 행성의 형성 과정을 밝혀주고 있다.[2] 아인슈타인의 일반상대성이론에서 예측되었던 블랙홀도 이미 사진마저 일반 대중에게 제시되어 더 이상 새롭지 않다. 달에 인간 장기 거주 기지를 건설하려는 아르테미스(Artemis) 프로그램도 미국 NASA와 여러 국제 파트너국과의 국제 협업 프로그램으로 진행 중이고,[3] 올해 10월 발사 예정된 유로파 클리퍼(Europa Clipper)는 목성 위성인 유로파에 대한 탐사로, 특히 유로파의 표면 아래에 존재할 가능성이 있는 바다와 생명체 존재 가능성을 조사한다.[4]

from the Holocene. Science. 2016 Jan 8;351(6269).

2) Stofan E. Hubble's successor, at last. Science. 2021 Dec 3;374(6572):1175.

3) Mandt KE. The scientific importance of the lunar environment. Science. 2024 Apr 12;384(6692)

4) Vance SD, Craft KL, Shock E, Schmidt BE, Lunine J, Hand KP, McKinnon

생명과학 분야 역시 21세기 들어서서 활발해진 합성생물학은 생명체의 기능을 설계하고 물질을 재조합하여 새로운 생명 단위나 시스템을 만들고 있다. 대표적인 프로토셀(protocell) 연구는 무기물질을 이용해 생명체 구성단위인 자연 세포와 유사한 기능을 가지도록 진행되고 있다.[5) 인공 세포막 안에 고유 유전자를 넣어 대사 활동과 자가분열 및 주변 환경 적응까지 가능하다. 결국 생명체 구성 기본 단위인 세포를 흙으로부터 빚어내고 있는 셈이다.

과학기술의 발달은 최근 들어 인공지능(AI)이나 챗GPT, 사물인터넷, 로봇 등장으로 촉발되고 있는 포스트휴먼 시대를 예고한다. 포스트휴머니즘은 근대 사회의 기본 가치인 휴머니즘에 기반을 둔 인간 중심의 사고(Antropocentrism)를 넘어서려는 사상과 운동이다. 아직 포스트휴머니즘은 과학기술에 의한 인체 증강을 지향하는 트랜스휴머니즘과 혼재되고 있지만,[6) 본디 포스트휴머니즘은 '인간'과 인간과 유사한 '기계'의 새로운 관계 설정과 탐색으로부터 본격적으로 시작된다. 포스트휴먼으로 불리는 인간의 미래는 지구상에서 인간만이 유별난 존재가 아니라, 사물과의 연결망 속에 모든 구성원이 생명력을

WB, Spiers EM, Chivers C, Lawrence JD, Wolfenbarger N, Leonard EJ, Robinson KJ, Styczinski MJ, Persaud DM, Steinbrügge G, Zolotov MY, Quick LC, Scully JEC, Becker TM, Howell SM, Clark RN, Dombard AJ, Glein CR, Mousis O, Sephton MA, Castillo-Rogez J, Nimmo F, McEwen AS, Gudipati MS, Jun I, Jia X, Postberg F, Soderlund KM, Elder CM. Investigating Europa's Habitability with the Europa Clipper. Space Sci Rev. 2023;219(8):81

5) Arulkumaran N, Singer M, Howorka S, Burns JR. Creating complex protocells and prototissues using simple DNA building blocks. Nat Commun. 2023 Mar 10;14(1):1314.

6) Pastor LM, García Cuadrado JÁ. Modernity and postmodernity in the genesis of transhumanism-posthumanism. Cuad Bioet. 2014 Sep-Dec;25 (85):335-50

지닌 소중한 존재임을 인정하는 '신유물론 New materlalism'적 세계관에 기반을 둔다.7)

과학기술로 인간 능력의 한계를 극복하고자 하는 트랜스휴머니즘은 미국에서 이미 일상화되었다. 과학기술로 영생하는 불멸의 인간을 구현하겠다는 공약과 함께 'Transhumanist 정당'8)까지 등장해 정치 활동을 하고 있지만, 이는 근대적 휴머니즘의 한 사례로서 포스트휴먼으로의 이행 과정에 불과하다. 근대적 인간 중심 사고 체제의 트랜스휴머니즘이 주류인 현재 AI는 인간 도우미 정도의 '도구적 AI'다.

하지만 향후 예상되는 '자율적 인공지능체(SI; Superintelligence, Strong AI)'가9) 함께 하는 포스트휴먼 사회에서 인간만의 행위인 종교와 SI와의 관계는 또 다른 유형의 관계 맺음이 될 것은 분명하다. 인간과 같은 자율 사고를 하는 SI의 등장으로 인해 인간 중심 사고를 벗어나야만 하는 인간이 새삼 직면하게 되는 질문 역시 오래된 질문이면서 늘 새로운 '인간이란 무엇이며, 인간을 인간답게 만드는 요소가 무엇인가'다.10) 흥미롭게도 이는 종교가 인간에게 던지는 질문과도 다르지 않음에 주목할 필요가 있다. 어쩌면 기성 종교에서 신과 인간의 구도는 향후 SI와 인간이라는 형태로 전개될지 모른다는 것이 현재 우리가 갖고 있는 예상일뿐이다.11)

포스트휴먼 사회에서 종교는 자연스레 지금보다 더욱 도전받게 될

---

7) Hall JY. 'Living in a Material World': Frankenstein and new materialism. Med Humanit. 2022 Jun;48(2):e6.
8) https://transhumanist-party.org/
9) 슈퍼인텔리전스, 경로, 위험, 전략, 닉 보스트롬. 까치, 2017.
10) 포스트휴먼, 로지 브라이도티. 아카넷 2015.
11) 인간이 지워진다. AI 시대, 인간의 미래, 김덕진, 송태민, 우희종, 이상호, 류덕민, 메디치미디어 2023.

것이다. 인류세 주역인 인간지만, 그동안 지구상에서 누리던 기득권 지위마저 SI로 인해 흔들리는 상황에서는 지금의 기독교와 같이 인격화된 신을 가진 종교란 옛날 이야기책 속 신화로 전락할 것이다. 이는 과거 그리스로마 시대에 숭배되던 인격적 신들이 신화로 남은 것과 다르지 않다.[12] 결국 기성 종교는 앞으로 인간의 한계를 넘어서는 'SI를 어떻게 바라보고 있으며, 또 이들과의 관계 설정'을 어떻게 맺을 것인가로 정리된다.

한편, 우리 사회는 금융자본주의 형태의 신자유주의 문화가 사람들의 생활과 삶의 가치를 규정하고 있다. 국가나 정부 개입을 최소화하여 규제 완화를 추구하며, 경제는 노동시장 유연화 및 민영화와 국제 분업과 자유무역협정(FTA)을 통한 자유 시장 원리로 풀어간다. '70년대 영국 정부의 만성 적자 상황을 타개하기 위해 당시 마가렛 대처 영국 수상이 강력히 주장한 대처주의(Thatcherism)나 이를 이은 미국 레이건 대통령의 레이거노믹스(Reaganomics)가 대표적이다.

그러나 이는 비정규직 양산과 부의 편재를 불러오면서 부익부빈익빈의 소득 불평등과 기본적 사회적 안전망은 약화되고, 무차별적인 경제 성장과 확장 속에 지구 생태계마저 부가 가치 창출을 위한 개발 자원으로 인식하는 결과를 가져왔다.[13] 그 여파는 기후 위기 및 새로운 팬데믹 유행 등 환경 파괴 상황으로 나타나고 있다. 과학기술에 의한 인류세를 자본세(Capitalocene)[14]로도 부르는 이유이기도 하다.

---

12) 로마에서 기독교가 국교로 자리 잡음에 따라 만능의 제우스는 전지전능의 야훼로 대체되었다.
13) 자본과 이데올로기, 토마 피케티. 문학동네, 2020
14) Anthropocene or Capitalocene? Nature, History, and the Crisis of Capitalism, Moore, JW. Altvater, E. Crist, EC. Hartley, D. Malm, A. PM Press 2016.

몇 천 년 전에 제시되어 지금까지 이어온 많은 종교에 있어서, 그 동안 유지해 왔던 신에 의한 창조, 우주, 보편적 가치 등에 더해, 위와 같은 21세기 사회 현실에 직면하면서 세상의 의미나 인간 존재의 의미에 대하여서 어떻게 조화롭게 풀어낼 것인가는 필연적 숙제가 되었다. 종교적 도그마에 대한 기존 해석으로는 만족스러울 수가 없다. 현실적으로 이미 서구 사회에서는 종교 인구가 지속적으로 감소한다.

이를 조금 더 살펴본다면 현대사회의 종교 인구 감소 주요 원인은, 과학기술 발전으로 인해 더 이상 종교적 설명이 필요하지 않다는 것에 있다. 자본주의 가치에 의한 세속화와 신화적 종교가 지닌 미신 요소에 대한 비판이 증가했고, 개인주의와 자유주의가 강조되는 시대적 흐름에서 종교적인 규범과 통제에 대한 저항은 당연하다. 더욱이 인간 능력을 초월하는 SI의 등장을 눈앞에 두고, 그리스로마 신화에서나 등장할 만한 인격적 신은 더더욱 매력적이지 않다.

이처럼 사람들은 시대 변화에 따라서 더 이상 종교 가치와 종교단체의 윤리적 규율을 개인의 생활과 가치보다 중시하지 않게 되었다. 현대사회의 소비문화, 자유주의적 가치, 이성주의 등의 가치로 인해 초월성을 지향하는 종교적 가치와 강조점이 상대적으로 힘을 잃고 있다. 특히 사회 다양성과 세계화는 종교적 이동과 다양한 종교의 유입을 촉진했고, 그 결과 특정 사회와 문화에서 존중되던 전통 종교나 종교단체의 영향력은 절대적 위치로부터 상대적인 위치로 전환된 상황도 있다.

하지만 이런 시대적 변화에도 불문하고 분명한 것은 종교는 종교만의 본질적 특징이 있다. 무엇보다 종교는 도그마의 형태로 초월적 가치를 향한 영성 회복과 이를 위한 절대적 비움과 순종을 요구한다. 신앙은 이에 대한 믿음에 기반한다. 초자연적 신화 내지 초월적 존재와 가치에 대한 믿음이 종교 경혐과 교리의 기초를 이루게 된다. 그렇게 제시된 종교적 가치는 의례와 예배를 통해 개인과 공동체에 작동한다.

종교는 기본 경전과 교리의 가르침 형태로 세계와 인간 존재에 대한 설명을 하고, 계율을 통해 도덕과 윤리로 신자들을 구속한다. 또 동일한 신념의 종교십단은 사회를 구성하는 집단으로서 자신들의 공동체만이 아니라 주변과 사회에도 영향을 끼친다. 개인 역시 자신의 종교적 체험으로서 경외감, 순종, 사랑, 내적 평화, 깨달음 등 다양한 경험에 기반한 삶의 변화를 갖는다.

이상과 같이 21세기 현실에서 지구적 자원에 작동하는 과학기술 문명과 인류 사회를 변화시키고 있는 신자유주의 사회가 작동하고 있지만, 오래전에 제시된 신화적이자 초월적 세계를 다루는 종교가 여전히 개인과 사회에 동시에 작용하며 영향을 미치는 것은 흥미로운 중층적 현실이다. 종교와 과학이 삶의 현장인 사회에서 만나면서 갈등과 타협 내지 무시하는 형태로 다양한 관계 맺음을 유지하며 공존한다.

이제 1950년대에 시작되어 인류 사회만이 아니라 지구 환경 변화마저 가져온 인류세의 주역인 과학 문명과 지구 황폐화의 주역인 신자유주의 시대인 현대사회에서 오랜 가치와 도그마 구조를 지닌 종교가 어떻게 사회와 관계 맺어야 하며, 인간 지위마저 무너지는 포스트휴먼 사회에 어떻게 작동하며 대응해야 할 것인가는 오래되었으나 동시에 새로운 논의 형태로 시작되어야 한다.

II. 인류세와 종교

1. 국내 종교의 모습

인류세를 가져온 과학 문명과 신자유주의 가치 속에 우리 사회 종교에서는 부정적 세속화와 배타성의 강화가 눈에 뜨인다. 이런 경향이 강화되는 만큼 이에 대한 반대 목소리가 높아지기는 하나,15) 결국 이는 해당 종교집단이 신도들로부터 확보한 자신들의 기득권을 유지하기 위한 목적으로 보인다.

국내에서도 종교 지도자들이 자신의 종교적 권위를 이용하여 신도들의 삶에 과도한 간섭을 하거나, 금전이나 성 착취를 일삼는 사례가 빈발한다. 심지어 주류 종교단체임에도 불구하고 일부 종교단체는 기적을 주장하거나, 특정 개인을 우상화하면서 과도한 헌금을 요구하며, 특히 사회적 취약계층을 대상으로 큰 피해를 주곤 한다. 이런 경우에는 신도들의 일상생활, 의사 결정, 가족 관계 등에까지 과도하게 개입하면서 신도의 결혼, 직업 선택, 자녀 교육 등에까지 부당하게 영향을 미친다.

이 과정에서 신도들에 대한 세뇌 및 강압적 지도를 통해 비판적 사고와 자아 정체성을 약화 시키기에 이는 개인만이 아니라 사회 전반에 대한 부정적 영향도 불러온다. 정상 과학 이론이나 교육 내용에 반대하면서 특정 신념을 강요하며, 간혹 본인의 종교적 신념에 따라 특정 집단이나 개인을 차별하거나 배제하곤 한다. 이는 사회적 다양성을 인정하지 않는 위험한 태도로서 결과적으로 사회 불평등을 심화시킨다.

---

15) 공공신학과 한국 사회. 후기 세속 사회의 종교 담론과 교회의 공적 역할, 성석환. 새물결플러스, 2019.

또한 특정 종교 또는 종파 간의 갈등이 발생하여 사회 혼란을 야기하며, 종교 주도자나 신도들 간의 분쟁은 때로 심각한 사회문제로 발전하기도 한다. 특히 그런 류의 종교단체는 세속 정치권력과 야합해서 자신들의 신념과 가치를 강요한다. 민주주의의 기본 원칙인 정교분리 원칙을 훼손시키면서 종교적 다양성과 정치적 공정성을 저해하는 현실이다. 아직 우리 사회에서는 사회 안전을 위협할 수 있는 극단적인 신념을 가진 극단주의는 보이지 않으나 국제 사회와 분쟁 지역에서는 결코 드문 상황은 아니다. 또한 종교 타락으로 인한 부정적인 이미지는 일반 대중의 종교에 대한 신뢰를 감소시키며 종교 자체에 대한 냉소주의도 불러일으킨다.

종종 국내에서 종종 접하는 이단 및 사이비 논쟁은 이런 흐름을 반영한다. 사회에서 널리 받아들여지고 안정된 전통과 교리를 가진 주류 종교와 같은 종교적 배경이지만, 교리 해석과 실천에서 주류와 차이를 보이는 교파는 이단이 된다. 단지 교리 해석 차이로 인해 주류로부터는 반대되거나 비난받게 되며 때로 사이비로 규탄되기도 한다. 하지만 종교 발전사를 볼 때, 이단은 사이비와 구분될 필요가 있다. 사이비는 단지 교리상의 해석 차이가 아니라, 특정 개인숭배의 독특하고 극단적인 믿음이나 실천을 강요하는 소규모 종교집단으로서, 이들은 주변에 배타적 태도를 유지하며 스스로 고립된 채 사회적, 심리적, 경제적 착취 대상이 된다.

결국 21세기에 들어서서도 국내 종교의 모습은 갈수록 부정적으로 나타나고 있으며, 이는 이단과 사이비 종교만의 문제가 아니라 주류 종교의 근본적 반성과 성찰이 필요함을 시사한다. 그 점에서 영국의 사회생물학자로서 '이기적 유전자'로 널리 알려진 리처드 도킨스 교수는 스스로 "리처드 도킨스 재단"(Richard Dawkins Foundation for Reason and Science)을 설립하여 과학적 합리주의와 비판적 사고를 강조하고, 종교적 신념의 부정적인 영향을 지적하면서, 무신론과 세속주의를 확산시키기 위해 노력하고 있다16).

2. 과학과 종교의 층위

국내에서 창조과학 논쟁이 여전히 진행되는 것을 보면 우리 사회 기독교는 중세 시대에 머무르고 있는 모습이다. 이들이 종교를 과학의 언어로 풀어내려 하는 것은 과학 시대에 부응하려는 의도일지는 몰라도, 영성과 자기 성찰에 더해 상징과 은유로 가득한 성경에 사실 탐구의 과학을 무리하게 접목하기 때문이다. 서로 다른 층위의 사안을 동일 평면상에 놓아 발생하는 해답 없는 불편함과 함께 우스꽝스런 확증편향을 유발한다.

과학은 방식에 있어서는 본디 믿음이 아니라 의심으로 접근한다. 과학 사용법도 모르면서 그것으로 성경을 증명하려 한다면 당신은 소위 창조과학자가 아니라 창조종교자일 뿐이다. 믿음이라는 신앙에 근간하는 것이 종교이기에 과학과 종교는 '의문'과 '믿음'만큼이나 산과 바다처럼 서로 다른 층위에 있다. 산과 바다가 있어 풍성한데 굳이 산으로 바다를 설명해야 하고, 바다로 산을 설명하려는 것은 산과 바다 어느 '하나만 아는 자'들이 한다. 종교를 포함한 모든 영역에 있어서 배타적인 '닫힘'이 아니라 '열림'이 강조되는 이유다.

---

16) https://richarddawkins.net/

이는 이웃 종교에 대한 자세에 있어서도 다르지 않다. 산이나 바다나 '하나만 알면서' 다양한 대자연을 즐기기는 힘들다. 산과 바다 모두 있어 즐겁다는 것을 알면, 내 종교만이라는 배타성 혹은 창조과학이란 것이 종교적으로나 과학적으로나 얼마나 부끄러운 모습인지 알 수 있다. 이렇게 삶의 현장인 사회에서 과학과 종교가 같이 언급될 때, 양자의 영역 내지 층위가 다르다는 것을 전제하고 종교와 과학 사이의 차이를 살펴 볼 필요가 있다.17)

근대과학은 인간을 포함한 사물의 이치를 탐구하여 지식(知識)을 추구한다. 따라서 과학은 사물의 이치인 사리(事理)에 의거하여 사실(事實; facts)을 밝힌다. 기존 과학 사실에 대하여 회의하는 열려있는 반증적 접근과 분석적 환원주의가 특징이다. 과학 지식에 의한 기술 발전은 생산성과 효율을 높임으로써 인간에게 편리함이라는 욕망 만족을 가능하게 한다. 그 결과 과학기술은 자본주의의 도구화로 전락하고 잉여가치의 창출이라는 방향성과 목적 속에 자본주의 속성과 결합한 맹목적인 과학에 대한 신뢰는 종종 '과학주의'라는 과학의 오만함이 된다. 과학이 현대문명의 기반이 되었지만 신자유주의와 결합해 기후 위기와 팬데믹 유행을 불러왔듯이 성찰 없이 닫혀 있는 과학은 데모클레스의 검이다.18)

한편, 종교는 진리를 말하며 이를 위한 지혜(智慧)를 강조한다. 따라서 진리(眞理)에 의한 진실(眞實; truth)이 중요하고 대상에 대해서는 직관과 체험을 통한 총체적인 관계론의 입장이다. 이러한 진리에

---

17) 진화, 종교, 그리고 종교학의 미래 ; 진화론적 시각과 불교의 연기적 관점의 만남, 우희종. 종교문화연구 vol. 13. pp47-85, 2009.
18) 우희종, "즐거운 과학기술의 달콤한 유혹", 『문화과학』 60호 (2009), pp. 319-339.

대한 체험을 통해 욕망의 비움 내지 열린 욕망을 통해서 행복이라는 삶의 의미를 되찾게 한다. 종교 역시 지금 이 자리라는 삶의 현장에서 감사와 나눔이라는 본래의 뜻을 잃어버리고 오염되었을 때, 위에서 언급한 부정적 모습이 되기 때문에 바람직한 종교의 시각을 지니기 위해서는 성직자나 신자 모두 종교의 외형적 틀에 물들지 않고 종교적 도그마에 대한 다양한 해석을 수용할 수 있는 사고의 유연성이 필요하다. 따라서 종교 역시 삶의 현장에서 살아있는 역할을 하기 위해서는 과학과 마찬가지로 열려있음이 요구된다.

과학에서 추구하는 것이 '사실'이고, 종교에서는 '진실'을 다룬다면, 양자가 지닌 속성의 차이를 이해하기 위해서 사실과 진실의 차이에 대한 검토가 필요하다. 생활 속에서 대부분 사실과 진실을 구분 없이 사용하고는 있지만 반드시 사실과 진실이 일치하는 것은 아니며, 속성상 양자에는 분명한 차이가 있다. 진리는 우리의 사유와 언어의 범위를 넘어서지만, 최소한 진리와 진실이란 시대나 문화를 넘어 우리가 '항상 수용'할 수 있는 내용이다. 그래서 종교 경전은 몇 천 년이라는 시간의 간극을 넘어서도 여전히 우리에게 와 닿고 앞으로도 그럴 것이다. 한편 사실이란 특정 집단 내지 문화에서 다수가 믿는 것을 말한다. '다수의 합의'에 의한 것이기에 시간이 흐르면 언제고 바뀔 수 있다. 지구가 중세에는 편평한 것이 사실이었지만, 지금은 둥근 것이 사실이고, 우리 모두 지구의 빠른 자전을 전혀 느끼지 못하지만 과학자들이 제시한 증거로 인해 지구 자전은 사실이 되었다.[19)]

일반적으로 회의적 의심을 통해 객관, 보편적으로 받아들이는 과학적 사실도 기본적으로 인간이 종교를 믿는 행위와 전혀 다를 바는

---

19) 생명, 우희종, 장대익, 김형숙. 서울대학교출판문화원, 2014.

없다. 우리가 받아들이는 과학적 사실이라는 것도 과학자가 제시한 결과를 믿는 행위이기 때문이다. 예를 들어 지구가 둥근 모습이며, 매우 빠른 속도로 자전하고 있다는 것을 의심하는 이는 없다. 하지만 일반인으로서 그 누구도 지구가 둥글다거나 빠르게 돌고 있다는 것을 체험으로 느낀 이는 없다. 단지 과학자 집단이 제시한 자료를 근거로 그렇다고 믿고 있을 뿐이다. 그것이 우리가 객관적이라고[20] 확신하는 과학적 사실이다. 과학은 계속 발전하기에 지금 비과학적인 것도 장차 과학이 될 수 있으며, 거꾸로 지금은 과학적이라고 믿지만 훗날 너무도 원시적인 내용으로 전락하기도 한다. 우리가 믿는 사실이 지닌 본질적 속성이자 한계다.

사람들 사이에서 언어가 개념과 사실을 공유하는 매개 역할을 하고, 과학 역시 세상을 정량화한 언어로 설명한다. 하지만, 언어는 현대 언어학의 아버지로 불리는 소쉬르(Ferdinand de Saussure)가 제시한 것처럼 '빠롤(Parole)'과 '랑그(Langue)'가 있어 랑그는 특정 언어 공동체가 공유하는 언어 체계 또는 구조로서 사람들 사이의 의사소통을 가능하게 하지만, 빠롤은 각 개인이 실제로 언어에 담는 구체적인 내용이다 보니 언어 사용과 실제 의미에서 차이가 있음을 밝힌 바 있다. 어머니라는 단어로 소통하지만, 각자에 있어서 어머니라는 단어에 담긴 개인적 의미나 감정은 다르기 때문이다.[21]

따라서 언어로 공유되는 사실이란 우리의 또 다른 믿음을 반영할 뿐이며, 시대 불문하고 항상 누구나 인정할 수 있는 진실과 달리 결코 불변하는 것이 아니다. 중요한 것은 우리가 살고 있는 세상이 사실로

---

20) '객관'이란 실제로는 존재하지 않는 은유적 표현이다. 여러 '주관'이 모여 만든 커다란 '주관'일 뿐이다.
21) 일반언어학 강의, 페르디낭 드 소쉬르, 그린비, 2022.

구성된다는 점이다. 또한 '언어는 존재의 집'이라고 하이데거가 말했듯이 언어는 랑그라는 사회적 층위와 빠롤의 개인적 층위를 동시에 지닌 중층적인 면을 지니면서 각자의 세상을 이루는 데에 기여한다. 결국 누구나 자신만의 언어로 구성된 각자 믿는 사실로 자신이 살고 있는 세상을 구성하기에, 사회에는 사람 숫자만큼의 세상이 존재한다.

　　이렇게 사실과 진실 간의 피할 수 없는 차이로 인한 간극이 존재할 때, 현실이라 불리는 사실의 세계인 사회에서 구체적 힘을 발휘하는 것은 진실이 아니라 사실이다. 사실이란 특정 집단이나 문화권에서 구성원 간의 합의된 내용이기 때문이다. 사실은 힘이자 권력이다. 박정희 군사독재 시절, 최악의 '사법 살인'으로 평가받는 '인민혁명당 사건' 피해자들이 대법원 판결 후 18시간 30분 만에 사형이 집행될 수 있었던 것도 당시 다수가 믿었기 때문이다. 삶의 현장에서 단지 다수가 믿는 것에 불과한 사실이 얼마나 실질적 힘을 가지고 있는가를 잘 보여주는 참혹한 사례다.

　　다시 말하면 특정 상황 내지 전달된 내용에서 진실은 하나이지만, 그것을 해석하고 풀어내는 것은 각자 입장에서 전혀 다를 수 있다, 이 점에서 과학 사회와 시대와 문화를 떠나 변하지 않는 진실을 말하는 종교는 현장에서 상호 작용하면서 긍정적 역할과 함께 서로 좁힐 수 없는 간극도 상존한다.[22]

　　한편, 신자유주의 사회에서의 종교에 있어서 배금주의와 물신에 대한 경고는 어느 종교나 공통되기에 굳이 길게 언급하지 않더라도

---

22) 붓다와 다윈이 만난다면, 안성두, 우희종, 이한구, 최재천, 홍성욱. 서울대학교출판문화원. 2010년.

충분할 것으로 보인다. 이는 욕망의 비움과 절제된 소유가 무너진 종교집단의 문제일 뿐 굳이 분석을 요구하지 않는다. 한 주에 십억 원 넘는 헌금을 자랑하는 강남 대형 교회처럼 물신주의에 빠진 기름진 종교 지도자들이나 물질적 풍요를 마치 종교적 은혜나 과보로 합리화하는 인간들의 추한 모습이 개신교 신도들 사이에서조차 일반적으로 받아들여지고 있다. 다만 주의해야 할 것은 악으로 생각되는 종교의 물질적, 성적 타락은 인류 역사에서 늘 있었다는 점이다. 인류 역사에서 늘 있어 온 것이 범사(凡事)라면, 악이나 타락 역시 감사해야 할 대상이 될 수 있을 것인가? 종교와 사회라는 주제에 있어서는 이를 진지하게 다뤄야 하기에, 선악의 얼굴과 함께 이를 다룰 종교적 페르소나에 대하여서는 칼 융의 관점에서 다룰 필요가 있다.

III. 심연의 신학

리처드 도킨스 옥스퍼드대 교수가 사재로 "이성과 과학을 위한 리처드 도킨스 재단"을 만들면서까지 사랑을 말하는 종교에 대하여 그토록 반대하는 것은 잘 알려져 있다. 2006년도 그의 저서 "만들어진 신"에서23) 언급한 것처럼 신의 존재를 믿는 것은 비합리적이며, 종교적 믿음이 사회와 인간에게 해를 끼친다고 생각하기 때문이다. 그는 과학적 방법론과 합리적 사고가 종교적 신념을 대신해야 하고, 종교가 도덕적인 삶을 살기 위해 반드시 필요한 것은 아니며, 오히려 기성 종교가 종종 갈등과 폭력을 조장한다고 비판한다.

---

23) 만들어진 신. 신은 과연 인간을 창조했는가? 리처드 도킨스. 김영사, 2007.

이는 기성 종교가 보이는 이기적 활동과 부정적 측면에 주목한 것으로 보이며, 역사적으로 종교가 인류 사회에 가져온 분란과 전쟁을 고려할 때 충분히 공감하지 않을 수 없다. 다만 그는 이타적 사랑을 말하는 종교가 왜 그런 모습으로 인류 사회에 작동하고 있는 지에 대한 성찰은 없다. 21세기 사회를 살아가는 도킨스 교수가 던진 공감되는 문제에 대하여 종교가 답을 하기 위해서는 자체 내부의 문제점을 밝혀내야 한다. 종교가 자체 내부 문제점을 찾아 직면할 수 없다면 도킨스 교수의 승리가 되기도 하며, 이는 사회와 종교의 관계 맺음에 있어서 중요한 질문이기도 하다. 사랑의 종교가 왜 인류에게 부정적인 모습으로 작동하고 있는가에 대한 직면을 하지 않을 바에는 차라리 자신의 신을 헌신짝처럼 땅에 던져 버리는 것이 좋다.

1. 답이 없는 질문

오랜 역사의 흐름에도 불구하고 종교와 사회의 관계라는 질문이 오늘날에도 유효한 것은 앞에서 말한 것처럼 사회 변화만의 문제는 아니다. 리처드 도킨스 교수의 문제 제기를 넘어, 종교 측에서도 무언가 놓친 것이 있고 아직도 해결되지 못한 것이 있기 때문에 늘 새롭게 해당 질문을 다시 던지게 되는 셈이다.

21세기에 종교 인구가 감소하는 현상은 선진국일수록 현저하며, 우리 사회에서도 비록 주류 종교가 긍정적인 활동도 있지만 전체적으로는 국민들로부터 지지받지 못하는 부정적 측면도 많다. 사실을 다루는 과학과 달리 종교는 언제나 변하지 않는 진리와 진실을 말한다면, 종교가 몇 천 년 동안 내려오면서도 인류 사회를 보다 나아지게 변화시키지 못하고, 심지어 도킨스 교수로부터 욕까지 얻어먹는 이유를 성찰해 사회와의 관계 맺음을 다시 정립할 필요가 있다.

전 세계적으로 많은 신자들을 거느린 주류 종교들의 역사 속에, 이단이나 사이비 종교는 물론 주류 종교인들이 돈과 권력 내지 정치권 앞잡이가 된 일부 종교인들과는 별도로, 진지한 종교 활동가들과 열정적인 순교자들도 많음에도 불구하고, 몇 천 년 동안 내려오면서도 인류 사회를 보다 나아지게 변화시키지 못한 이유, 기성 종교에서는 손쉽게 개인의 믿음과 실천 부족 등으로 답을 한다.

하지만 그에 더해 인간이 지닌 신에 대한 치명적인 오해가 작동하기 때문이라고 말하고자 한다. 결론으로서 교리 해석 부분으로 말한다면, 이는 기독교 내부에서 여전히 선과 악 혹은 빛과 어둠의 양가적 문제가 확실하게 정리되지 못했기 때문이다. 물론 종교에서 '선과 악'의 문제 역시 '종교와 사회'처럼 오랜 기간 내려온 주제다. 기독교, 불교를 막론하고 초월적 세계를 말하며 영적 삶을 말하는 모든 주류 종교는 교주를 절대선으로 강조함에도 불구하고, 여전히 세상에는 다양한 층위에서 다양한 형태로 악이 작동하고 유지되고 있다. 크게는 나치의 유대인 집단 학살이 있고, 작게는 증오범죄는 물론, 악인들이 호의호식하며 배불리 잘 사는 사례가 많다.

종교인으로서 유대인 집단 학살에 직면한 본회퍼 목사가 빛과 사랑인 신의 뜻이 어디 있는지 묻던 상황은 각종 불평등과 억압의 인류 역사 이래 종교를 가진 이들이 늘 가져왔던 것이기도 하다. 그는 자신의 고뇌에 찬 성찰 과정에서 하느님 역시 세상의 고통 속에서 인류와 함께 고난받고 있으며, 십자가에서 고통과 고난받는 예수를 통해 하느님은 인간의 고통과 고난에 깊이 연관되어 있음을 강조했다.24) 신학적으로

악의 상황에 대한 하나님의 동참으로 접근하지만, 본회퍼는 선한 하느님을 붙잡는 한계로 인해 거대 악을 극복하지 못하고 오히려 악을 실재화한 셈이다. 실재하는 거대 악에 대하여 신의 동참이라는 형태지만, 신은 악 자체에 대해서는 여전히 침묵을 지키는 셈이다. 본회퍼의 신학은 도킨스 교수가 던진 질문에 대하여 전혀 답이 되지 않는다.

오랜 기간 답이 없는 기독교의 선과 악, 빛과 어둠의 상대성에 있어서 본회퍼는 악과 하느님을 분리 시켜 타협했고, 타협할 수 없는 도킨스 교수는 지금도 무신론 운동에 매진하고 있다. 우리 역시 이 질문을 넘어서지 않는 한 종교와 사회라는 낡은 질문은 앞으로도 여전히 우리의 숙제로 남을 것이다. 이제 기독교와 사회관계에 있어서 서로 다른 길을 걷고 있는 본회퍼와 도킨스가 동시에 놓친 점을 칼 융의 관점을 접목해 살펴보도록 한다.

2. 신의 빛과 그림자

대다수 종교가 교주나 그의 가르침을 빛이나 광명, 질서로 표현한다. 즉, 종교는 빛을 추구하며 진리는 빛이자 절대 선의 질서와 확장하는 적극성으로 표현되고, 빛에 대하여 상대적인 악은 어둠이자 혼돈과 소극적 수동성으로 말해진다. 이렇게 누구나 받아들이는 생명으로서의 멋진 빛과 죽음이라는 부정적 어둠의 고정 관념이 있는 한, 나치의 유대인 인종 청소를 목격한 본회퍼 목사가 빛과 사랑의 하느님과 타협한 지점이나 도킨스 교수가 절절하게 신을 부정하는 것에 대하여 결코 답하기 어렵다.

---

24) 나의 청년에게, 디트리히 본회퍼, 복있는 사람, 2024.

이에 대한 분명한 답은 구약의 욥기에서 찾을 수 있다. 중세 독일의 신학자이자 신비주의자로 알려진 마이스터 에크하르트(Meister Eckhart, Eckhart von Hochheim)나[25] 조직신학자 폴 틸리히(Paul Tillich)가[26] 강조했던 만유의 기반(the Ground of Being)이 되는 신은 과연 빛일까? 세상의 근원은 빛이고, 모든 것은 빛에서 생성되었을까?

긴 종교 역사 중에 이 질문을 진지하게 던지면서 당당하게 직면한 이는 가톨릭 신자이자 전 세계 종교 현상을 연구한 심리학자인 칼 융이다. 칼 융은 그의 책 'Answer to Job'[27]에서 구약에 등장하는 욥이 이유를 알 수 없는 처절한 고통을 겪으면서 신에게 질문하고 도전하지만, 끝까지 순종하는 인물이라는 점을 통해 인간과 신의 관계를 탐구한다. 신성과 인간 사이에 존재하는 갈등을 통해 인간이 도덕적, 심리적으로 성장하며 동시에 신도 자신의 어두운 무의식적 측면을 통합함을 말한다. 그의 이론에 따라 무의식의 그림자(Shadow)를 이용해 신의 그림자를 수용한다.

신과 악마와의 내기로 인해 받는 욥의 고난은 신이 자기 자신을 이해하고 통합하려는 과정의 일환이며, 신성의 본질에 있어서도 그림자가 어둠으로 존재함을 거론한다. 그렇기에 융은 그리스도의 성육신이 인류의 죄를 하나님께 속죄하기 위한 것이 아니라, 하나님을 대속하기 위한 것이라고도 주장한다(이 부분은 예수의 고난과 십자가 대속은 창세기 아담과 하와에게 폭력을 행사한 하느님의 속죄와 관계 회복이라는 내 입장과 함께[28], 아담-욥-예수라는 '신의 역사'-일관된 고통의 역사성과 신의 드라마 divine drama를 이룬다).

---

25) 마이스터 에크하르트 독일 신비주의 최고의 정신, 게르하르트 베어. 안티쿠스 2009년
26) 사랑 힘 그리고 정의, 폴 틸리히. 한들출판사 2017년.
27) Answer to Job: (From Vol. 11 of the Collected Works of C. G. Jung), C. G. Jung. Princeton University Press. 1973.
28) 인류의 스승으로서의 붓다와 예수, 우희종, 김경재, 이만, 이정배. 동연, 2006.

물론 심리학자로서 그는 그림자의 통합을 말하지만, 그림자를 본디 의식적으로 받아들일 수 없는 부정적인 측면, 억압된 감정, 원시적 본능, 그리고 사회적으로 받아들여지지 않는 성향 등 어디까지나 어둡고 부정적 속성으로 보고 있으며, 또한 하느님을 여전히 신화 속의 인격신으로 파악하는 한계가 있다. 이 지점에서 창세기 1장의 '아무 형태도 없이 텅 비어 흑암에 싸인 채'는 많은 것을 담고 있는 상징이다. 결국 흑암에서 빛이 생겨나 밤낮이라는 '질서'가 생기면서 시간이 탄생했고, 이후 질서 잡힌 세상이 등장해 '보기 좋았다'고 한다. 종종 선악 이분법적 사고에 익숙한 이들은 어둠을 악, 빛을 선의 상징으로 사용하지만, 본디 세상의 근원은 '형태도 없이 텅 빈 어둠'이었다. 특히 '형태 없는 텅 빔'에 주목하는 것이 중요하다.

아무 것도 없이 텅 비었다면, 형태 없다는 말을 더할 이유가 없음에도 형태 없는 텅 빔이란, 불교 용어로는 진공묘유(眞空妙有)로서, 구체적 형태나 실체가 없지만 만물을 생겨나게 하는 그 무엇이자, 힘으로서의 깊은 비움과 어둠을 말한다 (과학에 익숙한 이들은 열역학 제2법칙에서 방향성 없는 완전 평형 상태에서 자유도는 최대인 균형이 있으며, 어둠에 있어서는 천체물리학에서 최근 들어 그 실마리가 잡히고 있는 우주 대부분을 차지하고 있는 암흑 에너지나 암흑물질을 연상해도 좋겠다.)

빛이 있어 세상은 질서가 잡혀 구분되고, 낮과 밤이 생기듯 생사도 생긴다. 빛은 질서이자, 조화를 이루기에 보기 아름답다. 질서와 조화는 관계성을 담는다. 그러나 빛이란 언젠가는 소멸하고 암흑으로 돌아간다. 빛과 어둠은, 질서와 자유는, 피조물과 창조주는 서로 둘이 아니다. 빛의 질서에서 보면, 무질서의 혼돈으로 보이기도 하는 대자유로움이 존재의 본모습이자 신의 본래 모습이다. 신은 모든 것의 기반인 흑암이자 심연이다. 선과 악, 빛과 어둠이라는 상대성을 넘어선

어둠이기에 '심연'이라 한다(도교에서 오묘함, 심오함, 깊고 고요함으로 해석
하는 玄이다).

　만물의 근원인 신이 빛이 아니라 어둠의 심연이라는 점에서 심연
의 어둠은 스스로 드러내지 못하기에 빛의 외피를 입는 것이 필요하
다. 빛은 어둠 없이 태어날 수 없는, 어둠을 위한 이둠의 자식이다. 빛
은 어둠을 드러내는 표피임에도, 서구의 이성과 아폴론적 질서로 상
징되는 확장성의 빛의 세계는 생태적이자 영적인 수동성의 어둠의 통
찰력과 자기의 통합적 표현을 억압한다. 이를 빛을 강조하는 기존의
신학적 관점을 넘어서는 감성과 영성 모두를 포괄하는 '심연의 신학
(theology of the abyss), 혹은 현(玄)의 신학'이라 부르고자 한다.

　욥이 겪었던 죽음보다 더했던 그 고통. 모든 것이 충족했던 표면적
빛의 세계로부터 암흑과 고통의 얼굴을 한 진정한 신을 체험하면서도
그 심연의 어둠을 끝까지 수용한 욥이다. 이러한 욥의 모습은 신약을
통해 관통되면서 십자가 위의 예수가 고통 속에 '나를 버리시나이까
(Eloi, Eloi, lama sabachthani?)를 외치고, 또 기도 속에 잔을 거두어 달라
고 하면서도 끝내 하느님 뜻대로 하시라는 모습으로 반복되어 제시된다.

　빛으로 이루어진 전형적 바른 삶(선악의 질서)속에 있던 욥은 모든
것을 잃어버리는 창조자의 심연/내면을 체험하는 갈등 속에서도, 욥
의 친구들이 주장하듯 머리로 헤아리는 빛의 고정 관념을 넘어, 믿음
으로 순종하며 불평하지 않는다. 그의 위대성은 선악을 넘어서서 모
든 것을 순종적으로 수용하고, 고통의 어둠조차 받아들여 진정한 해
방을 경험하는 피학적 존재로서 우뚝 선 그 지점에 있다. 창조적 수동
성을 체화한 피학성애자(masochist)다. 구체적 논의는 생략하지만, 생
명 발현의 힘은 리비도에 의한 섹슈얼리티로 표현되기 때문이다.[29]

빛과 어둠을 담고 있는 심연으로서의 신의 모습은 욥기 마지막에 혼돈의 폭풍우 속에서 등장하는 하느님의 결론에서 볼 수 있다. '빛만 찾는 인간들이 빛마저 만들어 내는 능력을 가진 흑암의 나를 아는가? 너희들의 잔머리로 나를 알 수 있는가? 너희가 사랑을 아는가?를 묻는 것으로 요약된다. 이로써 빛과 어둠이라는 상대성을 넘어서는 심연의 승리는 빛에만 머무르지 않은 욥의 이야기로 막을 내린다. 그것도 그동안 신의 실재를 막연히 소문으로 '듣던' 욥이 이제 눈으로 심연을 명확히 '보는' 것으로 고백하면서.

태양의 세상과 달의 세상, 적극적으로 확장되는 밝음의 세계와 수동적으로 위축되는 어둠의 세계, 가학과 피학, 선과 악, 긍정과 부정, 그런 상대성을 넘어선 깊은 침묵과 심연으로서의 신을 수용할 때, 비로소 인간은 진정한 신의 얼굴과 직면하게 된다. 본회퍼가 던진 질문과 답이 전통적인 빛의 신이라는 반쪽 인식에 기반한 것이며, 도킨스 박사는 신의 어두운 면을 주목하면서 신과 종교를 부정하는 셈이다. 그러나 흑암의 심연 속에서 밝음과 어둠은 동전의 양면일 뿐이다.

3. 고통과 창조적 피학성

기존의 해석과 달리 일반적으로는 부정적으로 생각하는 그림자 부분도 신의 일부이자 빛보다 더 근원적이라는 긍정적 재해석을 통해

---

29) The Deep Psychology of BDSM and Kink. Jungian and Archetypal Perspectives on the Soul's Transgressive Necessities, Thomas, D. Routledge 2023.

우리 사회가 겪는 차별과 고통에 대한 또 다른 접근이 가능하다. 영성 내지 초월성을 강조하는 종교는 특정 종교를 떠나 철저히 자기 비움을 요구한다. 모든 것을 내려놓는 절대적 순종의 수동성/피학성이 세상 고통을 짊어지는 인내를 수반하면서 현실 속에서 실천될 때, 사람들은 그런 이들을 성자 반열로 추앙한다. 이는 순종과 섬김의 디아코니아적 실천이기도 하지만,30) '마음의 풍요는 마음의 수용성에 있지, 소유의 축적에 있지 않다'는 융의 입장이기도 하다.31)

고통과 인내의 수동적 어두운 그림자 부분도 빛과 상대적인 모습일 뿐이며 신의 일부이자, 심연이 빛보다 더 근원적이라는 입장으로 사회와 종교가 건강한 관계를 맺으려면, 신을 빛으로만 인식하는 주류사회의 성찰과 변화가 필요하다. 십억 원 단위 주 헌금의 초대형교회로 상징되는 국내 기독교에서는 사회적 성취도 없이 소외되어 어둡고 수동적인 사람을 낙오자로 낙인하고 결코 존중하지 않는 고정 관념이 있다.

하지만 종교가 비움과 순종과 낮춤을 강조한다면 그런 이들이야말로 존중되고 우리가 바라보며 품어야 할 이들이 된다. 더욱이 태생적으로 비움의 성향을 지닌 이들이 있다면 이들은 고통을 쾌락 내지 기쁨으로 수용할 수 있기 때문에 보다 종교적 삶을 살아갈 수 있는 이들이다.(쉽게 보는 표피적 유형은 BDSM에서 피학성의 기쁨을 느끼는 피학성애자들이지만, 이들의 피동성은 주변을 통제하고 장악하려는 욕망으로부터 온다. 허나 종교적으로 승화된 피학성애자는 그들처럼 자신만의 '닫힌 수동성'을 통한 주변 통제와 장악에 대한 권력 추구의 변형된 표현이 아니다. 프로이트의 언급과 같이 일종의 도덕적 masochism이라기보다는 들뢰즈의 입장처럼 자신의 내적 욕망으로서의 masochism이며32), 철저한 비움을 통한 수용과 헌신이자 순종이라

---

30) 사회적 개신교와 디아코니아 (한신신학 59), 강원돈. 한신대학교출판부, 2016.
31) 원형과 집단 무의식, 칼 구스타프 융. 부글북스, 2024.

는 '열린 수동성'이다. 모든 종교적, 영적 가르침에서 세상은 이대로 온전하나, 속(俗)과 성(聖)의 차이는 오직 '닫힘'과 '열림'의 차이일 뿐이다.)

사회 낙오자들의 속성으로 여겨지는 수동성은 병적인 것도 아니며, 사회나 문화로부터 세뇌당한 것도 아닌, 인간의 다양한 유형 중의 하나로 존중되어야 한다. 끊임없는 가정 폭력에 시달리는 여성들이 적극적으로 종교 생활에 몰두하는 것을 종종 목격하지만, 빛만을 추구해 온 주류사회는 그런 종교 생활이 도피나 합리화가 아니라 일반적인 유형과 다른, 종교적 유형의 사람일 수 있음을 모른다. 그런 이들을 다수의 시각에서 사회 속 꼬인 별종이나 길들여지거나 병적으로 보는 시각이 오히려 폭력일 수 있음을 구약의 욥기는 분명히 말하고 있다. 빛 속에서 주류로 살던 욥이 절대적 고통마저 참고 수용하면서 점차 심연의 하느님에게 다가가는 모습은 욥이 그의 친구들과 무엇이 다른 지를 잘 보여주고 있다.

과거로부터 기성 종교가 여전히 사회 변화에 큰 힘을 발휘하지 못하는 것은 빛으로서의 신만을 강조하면서 사회와 관계 맺었기 때문이다. 아쉽게도 오랜 기간 주류 종교는 빛을 추구하며 어둠을 부정해 왔다. 그 점에서 도킨스 교수가 지적하는 폐해가 등장할 수밖에 없다. 그 결과 무고한 고통과 질곡 속에 욥이 했던 질문에 대한 하느님의 답변은 잊혀 지면서, 본회퍼가 다시 했던 질문은 답 없이 남겨지거나 적당히 타협된 채 해답 없이 무기력하게 사회 현실과 관계 맺어 왔고, 급기야는 도킨스가 돌을 던지는 상황이 되었다. 기성 종교가 추구하는 빛의 세계에서는 확산과 팽창이 미덕이고, 밝음과 질서와 이를 가능하게 하는 나름의 이성(理性)만이 강조된다. 주류 종교와 이성에 근간한 근

---

32) 매저키즘, 질 들뢰즈. 인간사랑 2007년

대 문명에서는 그렇게 확장하는 다수가 기득권을 유지해 왔다.

그러나 모든 것을 품는 심연익 어둠과 디오니소스적인 혼란이 오히려 더 큰 생명을 낳는 넉넉한 품이기에 종교가 지닌 어둠의 피학적 아름다움을 모른다면 앞으로도 사회와의 진정한 관계 맺기가 여전히 불가능하다. 수동적 피학성을 통해 신과 함께 하려던 중세 수노사들의 철저한 복종과 자기 학대(self-flagellation)는 대표적 사례다.33) 그들에겐 그것이 피학적 고통을 통한 창조적 해체와 좁은 문을 향한 수동적 복종과 인내의 여정이기 때문이다.

기성 종교가 강조하는 능동적 자기 비움이나, 그동안 무시되고 멸시되어 왔던 태생적 자기 비움이나, 종교에 있어서 도달해야 할 지점은 세상과 중생을 품는 실천의 '창조적 비움'이고, 그에 도달하는 힘은 역시 생명체의 기본 동력인 쾌락의 리비도적 힘이다. 대부분의 성자들이 폭력 속에 피학적 삶을 수용하고 견디며 살아간 이들이라는 점에서, 수동적 피학의 가치를 태생적으로 체화한 이들을 당당한 소수로서, 아니 소중한 부류로서 인정하고 존중하는 사회와 문화가 필요하다. 그들은 기본적으로 종교적 성향을 지니고 있어서 일반 다수보다는 쉽게 종교적 좁은 문과 사회 실천에 기여 할 수 있다. 수동성 탓에 사회에서 낙오자가 되기 쉬운 이들이야말로 수동적/피학적 고통을 통해 종교적 고통의 엑스터시를 겪는다. 이런 이들을 품는 자세로 종교와 사회가 관계 맺어야 비로소 종교가 사회에 대하여 제대로 된 역할을 할 수 있다. 선악을 통합한 하나님이라면 우리는 사회악이나 소외된 이들 문제가, 타자화된 대상에 다가가 해결해야할 사안이 아

---

33) Medieval Monasticism (The Medieval World) 5th Ed. Lawrence C.H. Burton J. Routledge 2023.

니라, 바로 우리 자신 스스로의 문제임을 알게 된다.

4. 포스트휴먼 시대와 신의 진화

21세기 포스트휴먼 사회로의 진입은 전통적인 기술, 문화, 인간 관념에 대한 비판적 검토가 요구된다. 로봇, AI나 SI와 같은 인공물에 서부터 인간과 긴밀한 관계를 맺고 있는 동물이나[34] 사물과 같은 비인 간의 지위는 인간 너머의 세계를 말하는 포스트휴먼 시대에 중요한 연 구과제다.[35]

지구 생태계에 존재하는 다양한 구성원들의 상호의존성이 포스트 휴먼의 기본적인 바탕이다. 건강한 포스트휴머니즘은 지구 생태계를 구성하는 다양한 종류의 생명체들, 동물, 식물, 세균 등등에 대한 진 지한 성찰과 그 의미에 기반을 두며, 사물, 로봇, 인간, 동물, 자연, 지 구의 권리와 그 권리의 깊은 연결을 중요하게 탐색한다.[36] 따라서 인 간 중심적 사유의 산물인 기성 종교에게 포스트휴먼 사회와의 관계 맺기는 매우 도전적 질문이 된다. 그 점에서 포스트휴머니즘은 자본 주의보다도 더욱 종교에 근본적인 대척점에 선다. 이제 인간을 세상 의 중심에서 내쫓고, 인간들의 인격적 신은 자연의 정령화로 내몰기 때문이다.[37]

---

34) 포스트휴먼 사회의 동물권 ― 인간, 동물, 인공지능의 생명 존재론, 전철, 우희종. 신학사상 vol 193. pp.61-85, 2021
35) 철학적 포스트휴머니즘. 포스트휴먼 시대를 이해하는 237개의 질문들, 프란체스카 페란도. 아카넷 2021.
36) 포스트휴먼 지식. 비판적 포스트인문학을 위하여, 로지 브라이도티. 아카넷 2022.
37) 애니미즘과 현대 세계. 다시 상상하는 세계의 생명성, 유기쁨. 눌민 2023.

그런 흐름에 앞장 서 있으며 당장 우리 생활에 자리 잡아 가는 로봇에 있어서, 그들에게 인격과 권리를 법적으로 부여하는 법인격 문제는 로봇을 도덕적 행위자(AMA: Artificial Moral Agent)로 볼 수 있는가의 문제다. 로봇과 인공물의 법적, 도덕적, 인격적 문제에 대한 사회적 규범 마련이 중요해진다. 유럽의회는 2017년 "로봇공학 분야 민법 규칙"(European Civil Law Rules in Robotics)을 발표하기도 하였다.38) 로봇이 엄밀한 의미의 생명체는 아니지만 존재물로서 권리가 인정되어야 한다면, 인간과 로봇을 포함하는 또 다른 수많은 존재들의 권리 역시 인정하게 된다.

또한 2008년 에콰도르 제헌의회는 숲속 동물들에도 생존권을 보장하는 취지로 자연에 권리를 부여하는 '자연권' 헌법을 제정했다. 자연이 인간을 위한 종속적 활용 가치만으로 그 의미를 지니는 것이 아니라 그 이상의 본질적 가치(valor intrinseco)가 있음을 헌법을 통해 인정함으로써, 인간과 마찬가지로 자연의 모든 생물에게도 지속해서 존재하고 재생하며 진화할 수 있는 권리를 부여했다.39)

이제 자연은 착취의 대상이 아니라 존중의 대상으로서 그 자연이 새로운 법적, 도덕적, 인격적 의미를 부여받는 과정에 있다. 이러한 자연의 권리에 관한 새로운 노력을 법률가인 데이비드 보이드(David Boyd)는 다음과 같이 표현한다.40)

"자연 착취를 멈추고 자연 존중으로 이행하려면, 우리의 법, 교육, 경제, 철학, 종교, 문화에 걸쳐 엄청난 변화가 필요하다. […] 모든 살아

---

38) https://www.europarl.europa.eu/RegData/etudes/STUD/2016/571379/IPOL_STU(2016)571379_EN.pdf
39) 야생의 법. 지구법 선언, 코막 컬리넌, 로도스 2016.
40) 자연의 권리. 세계의 운명이 걸린 법률 혁명, 데이비드, 교유서가 2020.

있는 존재가 공통의 조상을 두고 있으며 누구나 생존을 위해 공기, 물, 대지, 햇빛에 의존한다는 것은 과학적인 사실이다. 우리는 인간이 수백만의 다른 놀라운 종과 연결돼 있다는 현실을 인정해야 한다."

인간 중심 관점이 아닌 생명과 생태 중심의 관점에서 국가와 사회적 제도를 재구성하는 일련의 흐름은 독일에서도 발견할 수 있다. 독일은 2002년 6월 21일 세계 최초로 국가가 미래 세대의 관점에서 생명의 자연적 기반과 동물을 보호할 책임이 있다는 내용을 기본헌법 20조에 명시했다. 이후에도 EU에서는 보다 생명 감수성이 높은 정책이 이어지고 있지만, 이는 사회구성원들의 인식 변화와 노력을 통하여 생명권과 동물권을 국가의 헌법을 통하여 입법화한 매우 상징적인 성과다. 이처럼 인간과 동물, 인간과 자연의 새로운 의미와 권리 부여가 진행되고 있는 21세기 현대사회의 흐름을 우리에게 낯익은 용어로 말한다면 인간과 모든 생명을 존중하는 '영성의 회복'이다.

이 지점이 인간중심의 기성 종교가 포스트휴먼 시대와 만나는 접점이 된다. 신이 곧 자연(Deus sive natura)이라는 입장의 스피노자를 비롯하여, 동물의 윤리적 대우를 강조하는 피터 싱어(Peter Singer)나, 모든 생명체를 민주주의 구성원으로 포함하자는 게리 스나이더(Gary Snyder)와 같은 관점이 기성 종교에도 요구된다. 종교와 관련해 주목해야 할 것은 다양한 구성물(agents)이 관계 속에 작동하는 포스트휴먼 논의의 저변에는 인간 중심 문화에서 발생한 사물의 '고통'이 주요 관심사라는 점이다. 이는 인간 중심 세계관이 만들어 낸 기후 위기나 팬데믹 유행에 대한 성찰과 흐름을 같이 한다.

포스트휴먼 사회의 중층적 논의에서 종교와 연계될 실마리는 '영성회복'과 '고통'이다. 물론 생태계 유기체의 생명체가 느끼는 고통과 기계 부품의 조합과 정보망으로 이뤄진 로봇이 느끼는 고통의 차이는 보다 면밀하게 논의될 지점이 있다. 다니엘 대닛(Daniel Dennett)[41]과 쟈크 데리다(Jacques Derrida)[42]는 사람과 동물이 지니는 인식의 현상학적 해석에서 고통의 지위를 성찰한다. 고통은 인식의 하나의 내용이며, 인식은 고통을 인지하는 형식이다. 이는 유기체적 생명체만이 아니라 장차 기계적 사율성을 넘어선 메타인지의 SI에게도 해당된다. 이에 우리는 고통을 정신적인 고통(suffering)과 신체적 통증(pain)으로 나눌 필요가 있다. 포스트휴먼 시대의 고통은 감정적인 인지와 이를 인식하며 울부짖는 '인간과 사물'의 몫이다.[43]

빛과 어둠이라는 진정한 신의 모습을 직면하면서 얻게 되는 '영성회복'과 비움과 순종의 '고통'을 새롭게 보아야만 기성 종교가 사회와 새로운 관계 맺음이 가능하다면 이는 포스트휴먼 사회에서도 변하지 않는다. 단지 신에 대한 기존 고정 관념을 넘어서는 기성 종교의 자각이 있다면 시대 변화 불문하고 종교는 사회와의 관계에서 제 역할을 할 수 있다. 하지만 포스트휴먼 시대에 심연이나 길이나 진리, 생명이 아닌, 인격적 신은 폐기될 가능성이 높다. 로마에서 기독교가 국교로 채택되면서 당시 로마 신화의 인격적 제우스가 기독교의 인격적 야훼로 쉽게 대체되었으나, 포스트휴먼 시대에 있어서 그런 신화적 종교는 과거 그리스로마 신화가 걸었던 길을 걷게 될 것으로 추정된다. 인간이 종교를 믿는 본질적인 이유는 '진리와 구원' 및 '해방과 자유'의 실천적 모습 때문이다. 향후 SI가 등장하고 기술이 발달했을 때는 종교

---

41) Darwin's dangerous idea, Daniel Dennett. Simon & Schuster 1996.
42) The Animal That Therefore I Am, Jacques Derrida, Fordham University Press 2008.
43) 인간 너머의 인간, 포스트휴먼 시대의 신, 인간, 자연, 이경민, 홍성욱, 우희종, 전철, 김태연, 강금실, 김진호, 이상철. 사월의책 2021.

의 신화적인 형태는 사라지면서 기존 종교의 '진리란 무엇이며 그 실천은 무엇인가'는 또 다른 층위의 새로운 질문으로 재등장하게 될 것으로 보인다.

기성 종교와 달리 진정한 심연의 '영성 회복'과 고통에 대한 '수동적 피학성'을 당당하게 인정하며 진화된 인간의 종교는 더 이상 인격적 신을 팔아 장사하기보다는 삶의 현장에서 세상 고통과 함께 하며, 생활 속 실천의 모습으로 존속할 것이 예상된다. 종교 지도자들은 지금과는 달리 고통에 대한 적극적 수용과 비움의 자세로 스스로를 낮추고 낮춰 옳기에서 나타난 진정한 고통의 의미를 생활 속에서 구현하는 모습이 되어야만 포스트휴먼 시대의 종교인으로 존중될 것이다.

Ⅳ. 낮은 곳에 선 당당한 짝사랑

종교는 신도들을 위로하고 공감하는 역할을 하면서 동시에 내 존재의 의미를 고민하면서 '왜 사는가'라는 질문에 답을 주는 역할도 한다. 고뇌하는 질문에 대한 답으로서 신앙으로 종교 안에서 '편하다'라는 말은 중층적이다. 눈앞의 세계를 넘어 영적 지평을 여는 종교의 본질은 우리가 기존에 가지고 있던 편안함을 오히려 흔들어 버리는 것에 있다.44) 편안한 자에게는 불편함을 주지만, 고통 속에 불편한 자에게는 그 불편함을 편안하게 느끼도록 우리에게 요구한다. 세상 만물에 대하여 깨어나45) 주어진 고통에 감사하며 너와 내가 둘이 아닌, 이

---

44) "내가 세상에 화평을 주러 온 줄로 생각하지 말라 화평이 아니요 검을 주러 왔노라" (마태복음 10:34).
45) 붓다의 길은 자신을 아는 것이고, 자신을 아는 것은 자신을 잊는 것이며, 자신을 잊는 것은 세상 만물에 의해 깨어나는 것이다 - 도겐 (道元:1200~1253).

옷을 자신의 몸과 같이 여기며 존재하기를 요구한다.

푸코(Michel Foucault)에 이어 생명정치를 이야기했던 아감벤(Giorgio Agamben)은 권력과 함께 '호모 사케르'(homo sacer)라는 벌거벗은 투명 인간을 언급했다.46) 이들에게는 민주주의나 상식도 허울에 불과하다. 기성 제도권에서 벗어나 있어 제도권이 지닌 기득권에 의해서 언제든지 죽어도 되는, 그들의 죽음에 누구도 관심 가지지 않는 투명 인간들이지만 이들에 의해 권력은 존립한다. 권력의 관점에서 종종 "나는 살아남는다. 그러므로 존재한다"라고 언급한 쟈크 데리다의 사유는 철학의 주변에 맴돌던 동물에게까지 진행됨에 주목할 필요가 있다.47) 권력은 언제나 생명을 가진 이들을 '호모 사케르'로 만들려고 하기 때문이다.

오랜 기간 인류 역사에서 대표적 권력이 종교 권력임은 부정할 수 없다. 빛이라는 신을 동원하여 능동적인 팽창과 자신들을 위한 질서를 강요했다. 그러나 이제 우리는 이를 거부하고 저항하면서 모든 생명체의 고통을 존중하며 동참하는 또 다른 긍정의 전환이 필요하다. 포스트휴먼 시대를 맞이하여 인류세가 자행해 온 '테라 사케르'(terra sacer)마저 해방하는 새로운 전환이 앞으로 종교가 존재할 수 있는 기반이 된다.

사회적 동물인 인간은 태어나면서부터 타자와의 관계 속에 자신을 인식하는 틀로서 자신만의 페르소나(일종의 가면 역할. 불교에서는 아상我相)를 지니지만, 이렇게 만들어진 페르소나에 대한 과도한 동화나 지나친 의존은 본래의 자아 사이의 갈등으로 고통이 된다는 것이고, 제

---

46) 호모 사케르. 주권 권력과 벌거벗은 생명. 조르조 아감벤. 새물결 2008.
47) The Beast and the Sovereign, Vol I, II, Jacques Derrida. University of Chicago Press 2011.

대로 된 자기 직면을 통한 참된 자아와 페르소나 간의 통합(개인화-각
자의 통합화 과정)이 중요하다는 것이 융 입장이다.[48] 그런데 개인만이
아니라 사회, 문화, 집단도 나름의 페르소나가 있고(공적 가면, '퍼브로나
pubrona'라 명명하고자 한다), 그것은 늘 변하는 인간 사회나 문화에서
강조되는 시대정신이나 사회 가치로 작동한다.

한편, 시대와 문화를 떠나 늘 변하지 않는 보편 진리를 말하는 종
교는 어떨까? 가르침은 시대나 문화에 따라 특정 퍼브로나를 가질 필
요는 없으나, 종교라는 형태의 조직과 집단은 사회 속에 있다보니 대
부분 빛의 퍼브로나를 취한다. 진지하게 종교를 접하는 이들은 대부
분 삶과 분리된 빛만의 가면 사이에 생기는 간극에서 혼란과 갈등을
느낀다(보편적 가르침으로서의 종교 핵심은 특정 종교 불문하고 다르지 않으며,
이를 심층 종교라 부르기도 한다).

종교를 포함해 인류 사회의 퍼브로나는 확산하는 빛과 밝음에 있
다. 퍼져 나아가는 능동적인 밝은 빛의 페르소나를 강조하는 인류는
욥의 고통 과정과 이를 십자가에서 재현한 예수, 더 나아가 유대인 집
단 학살이라는 거대악을 이해하기 어렵다.

빛의 세상과 능동적인 팽창과 질서라는 아폴론적 인류 사회에서
심연으로서의 어둠은 위축되고 수동적이며, 낮고 별 볼 일 없는 주변
marginal으로 나타나 왔다. 하지만 가장 작은 자에게 한 것이 신에게
한 것이라면 어둠과 낮은 곳에서 소외되어 있는 호모 사케르가 진정
한 신의 얼굴이자 모습이다. 이성을 넘어 감성과 혼돈의 디오니소스
적 가치와 빛과 어둠을 담아내는 영성 회복이야말로 우리 사회와 종
교의 관계 맺음에 절실하다. 이를 위해서는 장기간 내려오면서 우리

48) 칼 융 분석 심리학, 칼 구스타프 융. 부글북스 2021.

조차 내면화한 기성 종교의 빛의 고정 관념과 그에 의거한 순종적 피학성과 고통에 대한 부정적 인식의 전환이 필수적이다.

종교와 사회의 관계 맺음에서 종교집단이 결코 사회 주요 집단으로 등장해서는 안된다. 빛으로의 신을 강조하는 주류 종교는 늘 확장을 꿈꾸며 적극적으로 나서지만,49) 그것은 영성 회복이라는 바람직한 관계에서는 오히려 폭력이다. 종교는 사회 그늘과 뒤편에서 세상의 어둠과 고통을 어루만져야 한다. 가진 자들의 시혜 모습이 아니라, 세상 어둠과 고통과 함께 하는 것이 곧 신을 사랑하는 것이자 진리의 얼굴을 바라보는 것임을 자각하는 순종과 비움의 자세다.

이를 비유로 말하면 '종교는 사회를 짝사랑해야 한다'. 사회 뒷켠 낮은 곳에서 사회의 고통과 아픔을 바라보며 대중과 함께 하는 어둠과 심연의 자세. 사랑은 이성이 아니라 카오스적 혼돈과 혼란의 마음이며, 짝사랑은 결코 자신을 드러내고 강요하지 않는다. 대상을 향한 뜨거운 열정으로 모든 것을 집중해 상대방의 행복과 평안을 위해 노력한다. 종교 역시 지금처럼 돈과 권력이라는 번쩍이는 빛만 쫓으며 사회 기득권이 되어서는 희망이 없다. 자신들을 빛으로 강조하면서 다수 입장에서 기득권을 추구하는 것은 진정한 신을 모르고 반쪽 신의 이름으로 사회 분란의 원인일 뿐이다.

모든 종교에서 박해와 고난, 이에 대한 철저한 수용과 실천을 요구함을 생각한다면, 이제 우리는 종교의 빛나는 용어인 수난, 박해, 능동, 주의 종, 수모, 비움, 맡김 등등의 주류 용어만으로 이뤄진 퍼브로나에 대한 칭송이나 강조는 기득권의 폭력이며, 그런 관념을 넘어 가해, 피학, 자해, 수동, 노예, 치욕, 포기, 방치 등의 어둠의 용어도 대등하게 존중해야 한다. 이를 위해서는 그들이 대립이나 둘이 아니라

---

49) 아랍인의 눈으로 본 십자군 전쟁, 아민 말루프. 아침이슬 2002년.

는 것에 직면할 용기가 있어야 한다. 이를 통해 종교가 밝은 성전에서 나눠주는 환상의 마약으로부터 어두운 길거리에서 방황하는 환자를 치유하는 의학으로서의 마약이 될 수 있다.

다행히 피학적 고통을 통한 창조적 해체가 가능하게 하는 빛과 어둠을 관통하는 한마디가 있으니, 그것은 '감사'다. 불난 집(火宅)이라는 표현마저 있을 정도의 고통 찬 삶에서 감사함으로 고통의 수용을 통해 빛 속에서나 어둠 속에서나 신과 만나면서 살아갈 수 있다. 기존 기독교의 퍼브로나를 넘어 기독교 내면의 진정한 통합이 이뤄져 더 이상 생태계 위기를 불러오는 기독교적 인류 문명에 종언을 고하는 기독교의 교리적, 집단 심리적 전환의 밑바탕 형성이 필요하다.

욥과 예수의 삶의 자세에서 보이는 수동적 피학성과 수용을 통한 비움의 존중에 대한 강조는 종교를 불문한다. 신약의 해당 구절은 매우 많지만, 마가복음 10장 45절의 "인자가 온 것은 섬김을 받으려 함이 아니라 도리어 섬기려 하고 자기 목숨을 많은 사람의 대속물로 주려 함이라."는 대표적인 디아코니아적 순종과 섬김의 자세다. 개인 자세에 있어서도 사도 바울은 고린도후서 12장 10절 "그러므로 나는 그리스도를 위하여 병약함과 모욕과 궁핍과 박해와 곤란을 겪는 것을 기뻐합니다. 내가 약할 그 때에 오히려 내가 강하기 때문입니다."가 있고, 선과 악의 불이(不二)를 강조하는 불교의 보왕삼매경에서 널리 알려진 "몸에 병 없기를 바라지 말라. 몸에 병이 없으면 탐욕이 생기기 쉽나니, 그래서 성인이 말씀하시되 '병고로서 양약을 삼으라' 하셨느니라."가 있다.

노자 도덕경의 '천지불인(天地不仁)'이나 '천도무친(天道無親)'과 더불어 13장에는 "수모를 신기한 것처럼 좋아하고, 고난을 내 몸처럼 귀하게 여기십시오.(...) 내 몸을 바쳐 세상을 귀히 여기는 사람 가히 세상을 맡을 수 있고, 내 몸을 바쳐 세상을 사랑하는 사람 가히 세상을 떠맡을 수 있습니다." 내지 61장의 "암컷은(牝) 언제나 가만히 있음(靜)으로써 수컷을(牡) 이기고, 가만히 있음으로써 아래가(下) 된다."와 같이 진정한 초월적이자 영적 관계의 본질은 피학적 수동성에 있음을 알 수 있다.

결국 각자의 세상은 각자가 믿는 대로 존재한다. 근대를 해체했던 '포스트모던'과 모든 것을 비인간 요소(agent)를 포함한 '관계'로 접근하는 '포스트휴먼' 사회에 대한 이해에 있어서는50) 연기실상이라는 불교의 '관계 지향적 사유'와 빛과 어둠이 '서로 둘이 아니라는 불이(不二)'적 관점 등과 같은 깊은 성찰이 요구된다. 이는 오랜 기간 빛의 기득권을 누려온 서구 기독교의 허상을 벗기는 데에 매우 도움이 된다. 모든 형상이 관계로 이루어져 있으니 허망하게 인식하라는 것과 세상 만물의 평등성, 그리고 그에 기반해 삶의 현장 속 고통의 문제로 접근하는 것. 특히 구체적 삶에서 중요한 회광반조(廻光返照)라고 하는 비언어적 암묵지와 메타인지의 성찰이라는 점에서 더욱 그렇다.

불교 역시 진리를 광명이나 빛을 강조하는 기득권의 용어에 익숙한 퍼브로나를 갖고 있지만, 청정도론 20장에 보면 "숙련되고 슬기롭고 경륜이 있고 지성을 갖춘 수행자는 광명 등이 일어날 때 '이런 광명이 일어났구나. 이런 것은 무상하고, 형성된 것이어서 조건 따라 일어나 부서지기 마련이고, 사라지기 마련이고, 빛바래기 마련이고, 소멸하기 마련이다'라고 통찰지로 한계를 보면서 면밀히 살핀다"라는 표현에서처럼 불교에서의 광명은 빛과 어둠의 상대적 층위를 벗어난 빛

---

50) 트러블과 함께하기, 도나 해러웨이. 마농지 2021.

임을 알 수 있다.

기성 주류 종교는 그동안 어둠에 상대적인 빛에 너무 많은 의미 부여했다. 어둠에 비하면 빛은 부차적이다. 다시 강조하지만, 창세기에서도 '혼돈'과 '텅 빔'과 '어둠'이 먼저 있었고, 후에 빛은 어둠으로부터 등장했다(… He separated the light from the darkness. 창세기 1:4). 빛보다 어둠이 선행해 존재했다. 더할 것 없는 어둠은 그 자체로 아무 것도 할 바 없이 편안한 적멸 내지 열반이라는 본연의 모습이다, 신을 빛이라 하는 이들은 다시 생각해 볼 필요가 있다. 어둠을 부정하는 빛을 유지하려면 끝없는 노력과 소비가 필요하고, 이를 외부에서 조달해야 하기에 확장하고 빼앗아 와야 한다.

하지만 모든 것의 기원인 신은 깊고 깊은 우주의 어두운 심연과도 같은 어둠이다. 사회와의 관계 맺음에 있어서 만유의 근원(ground of Being-Itself, a Power of Being)인 하느님을 제대로 부르려면, '인간이 헤아릴 수 없는 깊은 심연의 주여'라고 해야 한다. 어느 종교나 신이나 진리를 빛으로 비유하기 좋아하지만, 신이라 부르건, 생명이라 부르건, 진리라 부르건, 그 본질은 상대적 빛이 아니라 '어둠'에 있고, 또한 적멸에 있다. 그 어둠은 깊은 심연의 바다 혹은 깊고 깊은 우주의 어둠(玄)과 같다.

우리가 표면적인 삶으로 허덕일 때, 저 깊고 깊은 어둠으로 침잠해 그 안에 꿈틀거리는 생명을 찾아 경험하면서 다시 현실 속 빛으로 분리되어 나올 필요가 있다. 우리 모두 빛의 하나님만을 찾지만, 우리는 어둠의 자식이다. 자신의 일상에서 어둠을 직시하며, 보기 좋은 빛의 질서도 즐기는 자세로 사회와 관계 맺는다면 그것이 종교적 삶이다. 물론 이 때 우리를 가장 섬뜩하게 하는 성경 말씀은 창세기 3장의 '아

담아, 네가 어디 있느냐?'다. 이는 사회 속의 각자의 삶의 위치와 존재의
좌표를 되짚어 묻는 엄중한 실존적 질문이기 때문이다. 하인리히 뵐
(Heinrich Böll)도 자신의 책 제목으로 사용했지만,51) 'Wo warst du,
Adam?'이라는 질문이야말로 눈밭 길을 가는 자세를 언급한 서산대
사의 시를 연상케 하면서 (踏雪野中去 不須胡亂行 今日我行蹟 遂作後人程) 언
제나 우리에게 존재의 사회적 의미를 엄숙히 묻는다.

　한편 그동안 빛의 인격적 신을 강조하는 주류 기독교 신앙의 본질
이 이기심이라는 것은 분명하다. 그들이 내건 것은 믿는 자들의 구원
과 영생이다. 그 떡밥에 걸린 욕심장이 이기적 인간들을 모으면서도
점차 그 떡밥을 버리고 길, 진리, 생명으로 나아가라는 가르침을 펴는
교회는 거의 찾아보기 힘들다. 빛나는 인격적 신을 내세워 개인 구원
과 영생으로 가득찬 낡은 구태 기독교는 기득권 신앙과 신학의 한계
를 보여준다. 물론 이는 기독교에만 국한된 것이 아니라 빛을 내세워
장사하는 다른 종교 역시 다르지 않다.
　사회와 건강한 관계 맺음을 위해서 빛이 지닌 기득권을 내려놓고
수동성과 피학성의 어둠을 긍정적으로 존중하고 인정하면서 욕망의
비움과 철저히 낮은 곳으로 임하는 자세가 요구된다. 수동과 피학성
으로 사회에서 소외된 이들은 더 이상 구제 대상이 아니다. 이들의 순
종과 인내와 실천이야말로 미덕이며, 경우에 따라서는 극한 상황에서
목숨마저 버리며 이를 받아들이는 이들이다.
　생사를 넘어 불멸 내지 영생의 생명을 말하는 종교는 일반적인 상
황인 사업 실패나 살면서 잘 나가다 어려움에 처하거나 사랑에 실연
한 이들용은 아니다. 그들이 종교를 통해 위안을 얻기는 하지만, 각자

---

51) 아담 너는 어디에 가 있었나, 하인리히 뵐. 지식을 만드는 지식 2011.

세속에서 원하던 것을 얻으면 큰 어려움 없이 즐겁게 산다. 종교는 점차 절실성을 잃고서 삶의 겉껍질이 될 뿐이다.

종교는 태생적으로 무엇을 갖고 있던 마음이 공허하고 가난한 자들, 삶이 무의미하고 본인 존재 의미조차 희미한 채 힘들게 살아가는 이들에게 필요한 것이자, 역할이 가능하다. 스스로 내면화한 시대나 사회의 틀 속에서 힘들어하는 이들의 손을 잡아주며, 가랑비에 옷 젖듯이 서서히 어둠과 수동성 밑에서 꿈틀거리는 끈질긴 생명을 찾아주어야 한다.

결국 종교적 가르침의 본질은 모든 것을 품어 안는 수동성의 수용적 삶의 자세와 고통에 대한 철저한 인내와 순종이다. 단지 그것을 부정하는 다수가 기성 종교를 이끌고 있고, 그것을 기쁨과 평안으로 여기는 자들은 오히려 배제되고 멸시되어 오면서 종교는 사회의 필요악이 되었고, 도킨스 교수가 그 해악을 지적한다.

팽창과 질서로 기득권을 챙겨온 기성 종교의 본질적 전환은 개인 욕망의 만족과 추구가 미덕인 자본주의 사회에서는 결코 쉽지 않겠지만, 기존 종교가 지닌 선과 악, 빛과 어둠이 대립 구도는 종교의 세상 역할에 있어서는 철저하게 무력하고 오히려 분란과 갈등을 일으키는 요인이 된다. 더 이상 종교가 그릇된 사회 시스템을 유지하는 도구가 되어 고통을 잠시 희석하고, 잊게 하는 아편이 되어서는 안된다.

이제 종교는 그 어떤 시대일지라도 사회의 어둡고 소외되고 때로 방탕하고 사악한 이들에 대하여 성경을 품에 안고 시혜의 모습으로 다가가는 것이 아니라, 그들이 자기 자신의 한 부분임을 자각하며 맺는 관계이어야 한다. 그것도 어떻게 되어야 한다는 기대나 바람을 갖거나 요구하지 않아야 하는 것은 물론이다. 지금 이대로 우리 모두는 온전하다. 오직 질서 속에 서열과 잘잘못이 생겨 온전한 삶이 침해당하고 있는 셈이다.

다시 한 번 강조한다면, 종교는 이제 빛과 질서의 확장이라는 클리셰를 버리고 어둠 속에서 사회를 짝사랑하는 관계에 서는 것이다. 사회의 어둠과 고통이 선악을 넘어선 신의 얼굴임을 받아들여 그 앞에 무릎 꿇고 그 안에 거하며, 선인이나 악인이나 고통 받는 이들과 함께 묵묵히 나아가는 것, 시대 변화에 상관없이 종교가 사회와 맺는 관계다. 즉, 신은 선과 악이라는 양면성을 넘어선 존재임을 인정하면서 그동안 소외되고, 무시되어 온 사회 약자들과 함께 하는 종교의 모습은 이제 더 이상 그들을 타자화시켜 구원할 대상으로 다가가는 것이 아니라, 바로 우리 자신 스스로의 문제로 인식하면서 풀어가는 것임을 알게 된다.

기독교가 종교로서 사회와 제대로 된 관계를 맺어 참된 종교 역할을 하려면, 기존의 빛과 밝음과 성취와 성공 등의 강조를 넘어서, 밝음과 어둠의 통합된, 그리하여 젖과 꿀이 흐르고 사슴과 사자가 함께 뛰노는 퍼브로나가 요구된다. 그렇다면 밝음과 질서만이 아니라, 어둠과 무질서의 자유와 평화도 우리의 일부이자 생명력의 발현으로 수용되면서 사회와의 관계 맺음이 가능하고, 더 이상 종교와 사회와의 관계에 있어서 애매한 부분은 없어진다.

밝은 것이 오면 밝은 것으로 치고, 어두운 것이 오면 어두운 것으로 치고, 사방팔면에서 오면 회오리바람으로 치고, 허공 속에서 오면 도리깨로 치리라.
明頭來明頭打 暗頭來暗頭打 四方八面來旋風打 虛空裏來連架打 – 보화존자(?~861)

사회 속에 나타난 종교적 유토피아니즘

김 종 만

이 글은 2021년 대한민국 교육부와 한국연구재단의 지원을 받아 수행된 연구 (NRF- 2021S1A5C2A02088321)이며, 『신종교연구』 49(2023), pp.103-135에 실린 논문을 수정한 것임을 밝힌다.

사회 속에 나타난 종교적 유토피아니즘

김 종 만 (경희대학교 종교시민문화연구소 학술연구교수)

Ⅰ. 들어가는 말

인류는 시대를 막론하고 이상 사회를 꿈꾸어 왔다. 성서의 에덴 동산, 고대 그리스와 로마의 지상낙원, 황금시대와 황금 종족, 아일랜드의 매콩글린의 환상(Vision of MacConglinne) 등이 그 예이다. 또한 수메르, 초기 유대교의 설화에 바탕을 둔 유토피아, 중국의 도화원기(桃花源記), 도교의 태평(太平)이라 불리는 이상적인 사회, 인도의 종교 경전을 바탕으로 한 유토피아 등도 있다.[1] 만약 사람들이 배고픔을 느끼지 않고 고독하지 않으며, 자신이 생각하기에 최고의 옷을 입고, 최고의 집에서 살고, 최고의 차를 타고, 최고의 교육을 받으며, 최고 혹은 최상의 건강 상태를 유지한다면, 이러한 조건이 이상적인 상태가

---

[1] 라이먼 타워 사전트, 이지원 옮김, 『유토피아니즘』 (파주: 교유서가, 2018), pp.27-29, 120-128 참고.

될 것이다. 그러나 현실은 '최고의'라는 표현과 형용사의 부재로 디스토피아(dystopia)[2])가 되어 있다. 이는 불만과 불행을 유발하는 심리적 동기를 형성한다.

　이 글에서는 간디의 '마을 스와라지'와 오늘날 유토피아 장르의 전형으로 자리 잡은 모어의 '유토피아'는 인간이 '최상의' 존재를 추구한다는 심리적 메커니즘을 반영한다. 이들 작품은 물질적 욕망, 경쟁과 파괴, 비인도적인 디스토피아적 현실을 비판한다. 이를 통해 현실적 기반 위에서 개인과 집단의 행복을 추구하며, 인류의 유토피아적 이상을 투영한다. 비슷한 예로는 원시기독교 공동체, 인도의 아쉬람 공동체, 이스라엘의 키부츠, 미국의 아미쉬, 영국의 플럼 빌리지, 한국의 두레와 같은 다양한 공동체 모델이 있다.[3])

　이 글은 힌두교의 이상 사회 건설을 현대적 개념으로 소환한 간디의 마을 스와라지를 소개하고, 이를 모어의 유토피아와 비교한다. 연구 방법으로는 간디가 제시한 '마을 스와라지'를 다룬 『마을이 세계를 구한다』와 모어의 『유토피아』의 내용을 비교·분석한다. 특히 간디가 추구한 종교적, 사회적, 정치적 유토피아의 주요 논점을 중심으로 기술하고, 모어의 유토피아와 대응하는 요소를 대조함으로써 필요한 부분을 인용하여 논의를 전개한다.

　비교학적 연구는 언제나 편견을 버리고 공정하게 이루어져야 한다. 서양의 유토피아를 단순한 이상으로 제한하고 동양의 사회 이상을 소

---

2) '나쁜 곳'을 뜻하는 '디스토피아'는 루이스 헨리 영(Lewis Henry Young, 1694~?)이 1747년 『유토피아-아폴론의 황금시대』(*Utopia: or, Apollo's Golden Days*)에서 처음으로 사용한 개념이다. 같은 책, p.13.
3) 이외에도 기독교계 유토피아니즘으로 천년왕국, 그리스도교 사회주의(Christian socialism), 마르크스주의 철학자 블로흐(Ernst Bloch)와 이에 영향을 받은 몰트만(Jürgen Moltmann)의 희망의 신학, 남미 해방신학자 구티에레스(Gustavo Gutiérrez)의 해방신학 등이 있다. 같은 책, pp.148-173 참고.

극적이고 부정적인 현실로 정의하는 것은 바람직하지 않으며, 그 반대도 마찬가지이다. 따라서 이 글은 마을 스와라지와 유토피아에 대한 가치 판단을 피하고, 두 작품의 유토피아니즘을 중립적으로 분석하는 '탈가치적 서술' 방식에 집중한다.

이 글은 이런 논점에 따라 첫째로『마을이 세계를 구한다』와 모어의『유토피아』를 소개하고, 각 작품의 특징을 기술한다. 둘째로 마을 스와라지와 유토피아를 비교 · 분석한다. 구체적으로는 마을 스와라지와 유토피아의 '완전성' 개념을 마을 스와라지를 중심으로 탐구하고, 두 작품에서 드러나는 종교적, 사회적, 정치적 측면을 분석하여 공통점과 차이점을 살펴본다.

II. 마을 스와라지와 유토피아의 특징

1. 마을 스와라지(Village Swaraj)

마을 스와라지의 저자는 모한다스 카람찬드 간디(Mohandas Karamchand Gandhi)이다. 간디는 카스트 신분 제도에서 농업과 상업을 담당하는 바이샤 가문에서 태어났다. 그는 인도 독립운동의 국부로서, 비폭력 평화운동을 상징하는 대표적인 인물이다. 생물학적으로는 간디는 이 세상에서 존재하지 않는다. 하지만 그는 인도 사람들에게 특별한 방식으로 그 영향력이 지속되고 있다. 그는 거리와 건물의 이름에서, 정치인들의 운동에서, 저술가들의 작품에서, 그리고 개개인의 정체성을 구축하는 이야기 속에서 여전히 살아 숨 쉬고 있는 인물이다.[4] 또한 간디는 인도의 구루(Guru)이자 모세와 같은 인물로, 민족의 도덕적 기

틀을 세운 중요한 인물로서 기억된다.

> 그는 인도인들에게 애국심과 자립심을 가르쳤고, 고도의 정치만이 아
> 니라 일상적인 일의 중요성을 가르쳤고, 계급차별을 하지 않고 형제애
> 를 발휘할 것을 가르쳤고, 영국인이라고 해도 사람을 미워해서는 안된
> 다는 것, 용감해야 한다는 것, 인도인의 유일한 적인 두려움을 알아야
> 한다는 것을 가르쳤다.5)

간디는 인도인들에게 단순히 인간을 넘어선 존재였다. 그는 아시
아와 아프리카의 민족주의의 출발점이자 수많은 평화 활동가의 이상
적 모범이었다.6) 그를 위대하게 만든 것은 무엇일까? 간단히 말해, 그
것은 간디의 네 가지 위대한 사상 때문이다.

간디에게 가장 중요한 사상적 원칙은 '아힘사'(ahimsa)와 '사티아
그라하'(satyagraha)였다. '아힘사'는 '비폭력'을 뜻하는 말로 일체의
생명에 해를 입히지 않는 것, 즉 생명 살림과 생명 경외를 의미한다.7)
'진리파지'(眞理把持)로 번역되는 '사티아그라하'는 인간의 행동이 감정
이나 이해관계에 의해서가 아니라 참된 현실을 진정으로 꿰뚫어 본
결과에서 나와야 한다는 의미이다. 예를 들어, 영국의 인도 식민지화

---

4) 제프리 애쉬, 『간디평전』, 안규남 옮김, (서울: 실천문학사, 2007), p.817.
5) 같은 책, p.818.
6) 같은 책, pp.818-821.
7) 그런데 자이나교에서의 비폭력과 간디의 비폭력 개념에는 차이가 있다. 전자는 살아
   있는 생명에 어떠한 위해도 가하지 않기 위해 인간 행위의 절대적인 포기를 선택하
   는 것으로, 소수의 수도승(무니)이 독점적으로 누릴 수 있는 제한된 권리이다. 이에
   반해 후자는 무집착(無執着)과 애타주의(愛他主義) 정신에 기초하여 농사와 물레(차르
   카) 등의 일부 폭력이 동반된 행위를 허용하는 것으로, 간디는 인도인들이 이에 동참
   해 주기를 요청했다. 따라서 간디의 아힘사는 자이나교의 경우처럼 일부 수도사만의
   특권이 아닌 모든 인류가 일상에서 실천할 수 있는 만인의 특권이다. "자이나교의 아
   힘사", 「나바지반」, 1928년 10월 21일, 『간디전집』(43:150); 안신, 「간디의 다문화
   종교관에 대한 연구: 비폭력과의 관계를 중심으로」, 『종교연구』57(2009), p.123에
   서 재인용.

는 인도 사람들만 비인간화되는 것이 아니라 인도를 식민지화한 영국인들도 비인간화되는 것이다. "인도의 독립은 감정이나 이해의 문제가 아니라 인도 사람들과 영국 사람들이" 모두 인간으로서의 존엄성을 인정받아야 한다는 것이 필수적인 과제라는 논리이다.8)

이외에도 간디는 '브라마차리아'(brahmacharya)와 '아파리그라하'(aparigraha)를 매우 중요한 실천 원칙으로 삼았다. 전자는 성생활을 포기하고 금욕적인 삶을 살아가는 것을 의미하며, 후자는 탐욕을 버리고 무소유의 간소한 삶을 지향하는 것을 뜻한다. 이 두 가지 원칙을 바탕으로, 간디는 36세에 부인의 동의를 얻어 성관계를 중단하고, 채식과 과일 식이(食餌)를 통해 간단한 생활을 유지했다. 또한 일주일에 하루는 침묵 속에서 보내며, 이발과 빨래도 직접 하였으며, 불가촉천민을 위한 뒷간 청소까지 직접 도맡아 했다.9)

이로 인해 간디는 자신의 고향인 인도를 넘어 북미, 유럽, 아프리카, 그리고 아시아 전역에 영향을 미쳤다. 간디의 사상에 영향을 받은 인물로는 미국의 마틴 루터 킹 목사, 앨 고어 미국 부통령, 오바마 대통령, 영국의 가수 존 레논, 미얀마의 아웅 산 수치 여사, 남아프리카의 데스몬드 투투 주교와 넬슨 만델라, 독일의 디트리히 본회퍼, 그리고 한국의 류영모와 함석헌 등이 있다.10) 인도뿐만 아니라 전 세계 곳곳에서 간디의 정신이 현존하는 이유는 고귀한 사상을 실천하는 힘에서 비롯된다.

이 글에서 소개하는 『마을이 세계를 구한다』는 간디의 사상과 실천 능력을 집약한 걸작으로 평가할 수 있다. 이 책은 1962년 인도의 나바지반 출판사에서 간디가 저술했던 수많은 저서 중에서 '마을 자

---

8) 오강남, 『종교, 심층을 보다』 (서울: 현암사, 2011), p.411.
9) 같은 책, pp.411-412.
10) 같은 책, p.412.

치'라는 핵심 주제를 중심으로 흩어져 있던 내용을 선별하여 'Village Swaraj'로 번역한 것이다.11) 총 29장으로 구성된 이 책은 내용에 따라 크게 4부로 나눌 수 있다. 1부는 들어가는 말로 "스와라지란 무엇인가?", 2부는 "마을 스와라지의 특징", 3부는 "마을 스와라지의 여러 요소", 4부는 나가는 말로 "인도와 세계"를 다루고 있다.

2. 유토피아

인류는 시대를 초월하여 항상 이상적인 사회를 갈망해 왔다. 사람들은 그러한 사회를 유토피아(Utopia)라고 부른다. 이는 모든 사람이 행복하게 살 수 있는 이상적인 공동체를 상상하는 것을 의미한다. '유토피아'라는 용어는 1516년 토마스 모어(Thomas More, 1478-1535)가 처음 제안했다. 모어는 1478년 영국 법률가 존 모어의 아들로 태어나, 르네상스 인문주의 정신에 영향을 받으며 14세에 옥스퍼드 대학에 입학한다. 거기서 라틴어와 고대 그리스어를 배우면서 학문적 기초를 다진다. 이후 법학 공부를 시작하고 변호사로서 경력을 쌓아갔다. 헨리 7세와 헨리 8세의 치세에서는 역경을 견뎌내며 법률가, 외교관, 런던시 사정장관보, 대법관을 역임하는 등 나름의 정치적인 업적을 이루기도 했다. 또한 신학, 역사, 철학, 문학 등 다방면의 지식을 습득하여 최고의 인문학자로 자리매김하게 되었다.12)

모어가 살던 시기의 유럽 사회는 경제적, 사상적, 그리고 지리적으

---

11) 마하트마 간디, 『마을이 세계를 구한다』, 김태언 옮김, (서울: 녹색평론사, 2006), p.296.
12) 연효숙, 『모어의 유토피아-왜 유토피아를 꿈꾸는가』 (고양: EBS Books, 2021), p.26-33; 주경철, 『어떻게 이상 국가를 만들까?: 유토피아의 역사에서 배우는 미래를 위한 교훈』 (서울: 김영사, 2021), pp.17-18.

로 전환기에 놓여 있었다. 경제적으로는 백년전쟁, 페스트, 기근 등의
위기를 극복하고 성장기로 진입하던 시기였다. 사상적으로는 중세의
어둠에서 르네상스와 종교개혁의 시대로 전환되는 중이었으며, 이는
고대 그리스·로마의 인문주의가 부활하는 시기였다. 지리적으로는
유럽인들이 새로운 교역로 개척과 신대륙 발견에 몰두하던 시기였다.
모어는 헨리 8세의 이혼 반대와 가톨릭 신앙을 고수하며, 경제적 성장
기에 불균형한 분배를 비판하고 신대륙 발견의 사회적 분위기에 영향
을 받았다. 이러한 맥락 속에서 모어는 "양이 사람을 잡아먹는다"는
'인클로저'(inclosure)와 신대륙 발견의 사회적 분위기를 바탕으로 유
토피아를 기획하게 되었다.13)

　　그러나 1516년 모어를 통해 소개된 이 개념은 오랜 역사를 가진
인류사에서 기인한다. 이는 개인의 안락 뿐만 아니라 모두의 행복을
보장하는 이상적인 공동체를 추구한다. 그러나 현실은 이와 반대로,
유토피아가 아닌 디스토피아가 지배한다.14) 그래서 유토피아의 원래
뜻은 라틴어로 '아무데도 없는 곳'이라는 '누스쿠아마'(Nusquama)15)

---

13) 연효숙, 앞의 책, pp.24-26; 주경철, 앞의 책, pp.18-20. 인클로저가 일어난 배경
은 다음과 같다. 여느 나라의 시골과 마찬가지로 영국의 시골 사람들도 농사를 지
으면서 생계를 유지했다. 어느 순간 직물업이 성장하여 양모 수요가 늘어나 가격이
급등했다. 그러자 지주 귀족들은 양을 쳐서 양모를 파는 일이 농사보다 훨씬 큰 이
득을 남긴다는 사실을 알게 된다. 그들은 농민을 내쫓고 그 자리에 울타리를 쳐서
목장을 만든다. 이것이 인클로저이다. 고향에서 내쫓긴 농민들은 도시의 빈민으로
살거나 더 심하면 생계형 범죄자가 되기도 한다. 이때 지주 귀족은 더 많은 이익을
남겨 더 큰 부자가 되고 추방된 농민은 더 가난한 삶을 살게 된다.
14) 주경철, 앞의 책, p.7.
15) 유토피아가 창작된 배경은 에라스무스와 관련된 사건이 있다. 모어는 자신보다 12
살 많은 인문학자 에라스무스와 깊은 교제를 나누었다. 유토피아가 쓰이기 전 에라
스무스는 『우신예찬』(Encomium Moriae, 愚神禮讚)을 저술한다. 이는 모어가 당대
의 현실을 신랄하게 풍자한 책을 써 달라는 요청에 따라 이루어졌다. 우신예찬에서
우신의 'Moria'는 모어의 라틴어 이름 'Morus'에서 연유한다. 몇 년 후 에라스무스
는 모어에게 반대로 우신이 아니라 지혜의 신에 대한 책을 저술해 보라고 권유한다.
이에 대해 모어는 지혜의 신이 다스리는 세상은 "세상 그 어디에도 없다"는 말로 결론
짓는다. 그래서 모어는 라틴어로 '아무데도 없다'는 '누스쿠암'(Nusquam)을 연상하고

에서 유래한다. 모어는 이것을 부정(不定)과 부재(不在)를 뜻하는 'ou'
에서 차용한 'u'와 장소와 위치를 뜻하는 'topos'를 합친 그리스어 이
름인 '유토피아'(Utopia)로 제목을 변경한다.16) 하지만 통상 『유토피
아』로 불리는 이 책의 원래 라틴어 제목은 『공화국의 최선의 상태와
새로운 섬 유토피아에 관한 즐거우면서도 유익한, 진실로 황금과도
같은 작은 책』이었다. 황금과 같은 시대는 철의 시대, 청동기 시대, 은
의 시대를 지나며 역사적으로 황금시대로 알려져 있다. 이는 그리스·
로마 신화에서 묘사된 이상적인 세계를 포함하고 있다.

> 머나먼 과거, 인류 역사의 초기에는 사람이 힘들게 일하지 않아도 땅
> 에서 원하는 것을 다 얻을 수 있었다. 그때에는 사람들도 모두 선하고
> 순진무구하여 평화롭게 살아갔다. 이때가 황금시대이다. 그런데 시간
> 이 흐르면서 모든 사람과 대지(大地)가 나쁘게 변질 되었다. 은의 시
> 대, 청동기 시대를 거쳐 시간이 갈수록 사정이 나빠져서 오늘날 철의
> 시대에 이르자 온종일 땀 흘리며 일해도 먹을 것 하나 구하기 어렵고
> 사람의 성정은 각박해져서 서로 칼부림하며 싸운다.17)

황금시대는 개인과 공동체가 모두 평화와 행복, 안락과 여유, 평등과
조화가 넘치는 유토피아를 상징한다. 반면 철의 시대는 아픔과 눈물,

여기에 '땅' 혹은 '나라'를 의미하는 접미사 'a'를 더하여 '누스쿠아마'(Nusquama)
라고 명명했다. 토마스 모어, 『유토피아』, 주경철 옮김, (서울: 을유문화사, 2007),
pp.169-171.

16) 조극훈, 「동학의 유토피아적 개벽사상」, 『동학학보』 56(2020), p.406; 라이먼 타워
사전트, 앞의 책, p.11. 라틴어로 기술된 『유토피아』는 초판은 1516년, 신판은
1518년에 발간되었다. 『유토피아』는 1524년에 독일어로, 1548년에 이탈리아어로,
1550년에는 프랑스어로 출간되었다. 영어 번역 출간은 다소 늦은 시기인 1551년에
이루어졌다. 그 이유는 영어 번역에 대한 모어의 반대 때문이었다. 그래서 영문본은
모어의 사위가 맡은 이후 출간되었다. 현재 영어 번역본은 상당수에 달하며 국내에
번역된 『유토피아』 번역본은 16편이 있다. 같은 책, p.11; 문선영, 「천일국과 토마
스 모어의 『유토피아』」, 『통일사상연구』 6(2013), p.146.

17) 주경철, 앞의 책, p.8.

경쟁과 불안, 죽음과 전쟁, 불행과 불평등이 넘쳐나는 디스토피아이
다. 디스토피아 세계는 입시 경쟁, 취업 전쟁, 국가 간 분쟁과 전쟁,
인종과 민족, 종교 간 갈등과 반목, 이데올로기 대립 등으로 인해 인
간과 자연이 병들고 죽음의 위협을 받고있는 상황이다. 이러한 인식
에 따르면 모어는 중의적으로 유토피아를 이 세상에 존재하지 않는
이상적인 세계라는 뜻의 누스쿠아마와 유토피아라는 뜻 외에도 'eu'
(좋은)와 'topos'(땅, 나라)를 합쳐 '에우토피아'(Eutopia, 이상적으로 좋은
곳), 즉 행복한 나라로 반복하여 설명한다.18)

　유토피아라는 명칭 자체가 부정과 긍정이 서로 모순되게 작용하는
이중성을 내포한다. 부정성은 실재하지 않는 이상적 세계에 대한 좌
절과 절망을 의미하며, 긍정성은 불행한 현실을 넘어서 이상적인 유
토피아를 구현할 수 있는 희망을 제공한다. 이는 결국 유토피아가 부
정의 절망과 긍정의 희망이 교차하는 모순된 충돌을 담고 있다는 것
을 의미한다. 모어는 닫힌 결말이 아니라 오히려 우리 모두가 참여하
는 과정에서의 결말을 탐구하는 주체로서 유토피아를 쓴 것으로 해석
된다. 상상력을 좀 동원하면 그 과정을 기대하는 것도 다름 아닌 '희
망하는 인간' 즉 '호모 스페란스'(Homo Sperans)에 있다. 당대 최고의
휴머니스트답게 모어는 이상 사회의 건설을 타자의 개입을 통한 개벽
이나 차안을 넘어선 피안, 즉 "도피의 유토피아"가 지향하는 종교적
유토피아19)에서 찾지 않고 시종일관 인간에서 시작하여 인간에게서
구현하려 했다.

　따라서 모어가 꿈꿨던 유토피아는 현재에는 없는 상상의 섬으로서
사회를 개선하기 위한 이상적인 정치적 기획이 함의되어 있다.20) 즉

18) 조극훈, 앞의 글, p.406.
19) '육체의 유토피아'라고도 불리는 '도피의 유토피아'는 자연이나 기독교 혹은 다른 종
　교에서의 신의 힘으로 구현된다. 라이먼 타워 사전트, 앞의 책, p.27.

유토피아는 단순히 현실 세계에 존재하지 않는 저 너머 피안에 대한 갈망을 향유하는 곳[21])이자 우리가 스스로 만들어 가는 곳임이 틀림없다.

III. 마을 스와라지와 유토피아 비교 분석

이제 간디의 스와라지와 모어의 유토피아를 비교·분석하여 그들 사이의 공통점과 차이점을 탐구하고자 한다. 먼저, 이 글에서는 간디의 스와라지 개념을 종교적 관점을 중심으로 살피고, 이에 함의된 '완전성'의 의미를 탐구한다. 이후 유토피아의 완전성에 대해서는 일부 학자들의 평가를 중심으로 부분적으로 기술하며, 종교적 부문과 사회·정치적 부문에서 두 이상을 비교하고 설명한다. 비교 분석은 가치 판단을 제외하고 오로지 분석의 대상에 기반한 설명 방식을 취한다.

1. '완전성'에 대하여

우선 간디의 스와라지 개념을 살펴볼 필요가 있다. '스와라지'(swaraj)는 베다어로 '자기 자신'의 'swa'와 '통치'를 뜻하는 'raj'의 결합어로 '자치'(self-governance or self-rule)를 의미한다. 간디에게 사용된 스와라지는 여러 특징을 지닌다.

첫째, 스와라지는 '토착화'가 중요한 요소로 강조된다. 이는 스와

---

20) 연효숙, 앞의 책, p.48.
21) 그 점에서 유토피아는 레비타스(Ruth Levitas)가 잘 지적하였듯이 "더 나은 존재 방식을 향한 욕망"으로서 '욕망 교육'의 한 측면일 수도 있다. 라이먼 타워 사전트, 앞의 책, p.15.

라지가 보편적인 방식으로 국가나 민족에 적용되어서는 안 되며, 단
순한 정치적 독립을 넘어선다는 것을 의미한다. 간디는 예를 들어, 소
비에트, 이탈리아의 파시스트, 그리고 독일의 나치 통치에서의 정치
적 독립과는 다른 스와라지를 지향했다. 각 나라의 스와라지는 그들
의 체제와 사회적 맥락에 맞추어 적용되어야 한다고 강조했다.[22] 간
디는 소위 스와라지의 토착화에 대해 "나의 스와라지는 우리 문명의
특징을 온전하게 유지"하고, "그것은 모두 인도라는 바탕 위에 쓰여질
것"임을 강조한다.[23] 이러한 간디의 토착화에 대한 정의를 한국 기독
교 토착화의 의미로 재서술하면 '정체성'의 문제와 연관된다.[24] 이는
조직신학적 관점에서의 토착화를 의미하며, 윤성범의 논의는 간디의
스와라지의 특징을 비교적 잘 대변한다. 그는 다음과 같이 주장한다.

> 예수께서 主體意識 없는 인간을 개나 돼지로 비유한 바 있다. (중략)
> 하느님께서는 자아의식이 없는 자에게 은혜를 주시지 않는다. (중략)
> 한국 교회는 지금 바야흐로 이 물고 뜯고 하는 개나 돼지 꼴을 나타내
> 고 있지 않은가? 복음이 우리의 마음속에 들어가면 말짱하고 온전하
> 고 얌전한 사람이 되는 것이 원칙일 텐데, 이와는 달리 복음을 받았다
> 는 인간이 도리어 정신 나간 일을 하고 있으니 예수께서 말씀하신 것
> 이 한국의 오늘의 형편을 두고 하신 것과 같이 생각된다. (중략) 이것
> 은 다같이 주체 의식의 결여, 다시 말하면 한국이라는 나의 자각이 없
> 는 상태에서 복음을 받은 탓이라고 볼 수밖에 없다.[25]

---

22) 마하트마 간디, 앞의 책, p.26.
23) 같은 책, p.26.
24) 소요한은 한국 기독교의 토착화 논의에서 토착화에 대한 정의를 세 가지로 구분한
    다. 첫째는 선교학적인 관점에서의 토착화, 둘째는 역사적 관점에서의 토착화, 셋째
    는 조직신학적인 관점에서의 토착화이다. 이에 대한 세론은 소요한, "한국개신교의
    보수주의와 토착화 신학," 『대학과 선교』 42(2019), pp.160-163 참고. 본고는 셋
    째 관점에서의 토착화에 주목하고 간디의 스와라지의 특징과의 연관성을 탐색한다.
25) 윤성범, 『韓國宗敎와 基督敎』 (서울:대한기독교서회, 1965), pp.12-14.

이런 인식에 동의하며, 이정배는 변선환의 토착화 신학을 통해 서구 기독교는 구조적 빈곤에 얽매여 있는 비기독교적 종교들을 정복하려는 은폐된 식민주의적 기독론에서 벗어나야 한다고 강조한다. 이와 같이, 조직신학의 '정체성' 관점에서 진행된 토착화 논의는 간디가 서구 제국주의 문명과 문화에 대한 억압적이고 무분별한 수용이 아닌 인도 고유의 특성을 유지하며, 그 바탕 위에 재창조된 문명을 의미한다는 점에서 맥락적으로 일치하는 측면이 있다.

둘째, 스와라지는 '자기 내면 능력'을 지향한다. 이는 타자에 의해 규정되는 형식의 포기를 의미한다. 스와라지는 자신의 내면적인 힘에 의존하며 가장 어려운 역경에 맞서 싸울 수 있는 능력을 강조한다. 또한, 스와라지는 교육을 통해 대중이 자신들의 권위를 규정하고 통제할 수 있는 능력을 스스로 깨닫게 한다고 본다.[26] 이 개념은 붓다가 자신의 제자들에게 내린 종교적 교설인 자등명(自燈明)·법등명(法燈明)과 상통한다. 붓다는 당시의 브라만교가 절대자를 상정하고 이를 이용하여 대중을 억압하는 모순을 지적하며, 이에 대한 대응으로 어떠한 절대자도 인정하지 않는 교설을 펼친다. 붓다는 『근본설일체유부비나야잡사』에서 다음과 같이 말한다.

> 난다여, 너는 나를 믿지 말며, 내가 하고자 하는 것을 따르지 말라. 나의
> 말을 의지하지 말고 나의 형상(形相)을 보지 말라. (중략) 그러나 다만
> 내가 스스로 증득(證得)한 법에 대하여 홀로 조용한 곳에서 사량(思
> 量), 관조(觀照), 성찰(省察)하고, 항상 많이 수습(修習)하여 용심(用心)
> 의 관찰한 바 법을 따라 바로 법의 관상(觀想)에서 정념(正念)을 성취
> 해 머물러 있음이 옳은 일이다.[27]

---

26) 마하트마 간디, 앞의 책, pp.25-26.
27) 이수창, 「自燈明 法燈明의 번역에 대한 고찰」, 『불교학연구』 6(2003), p.157.

붓다는 자신이 예경(禮敬)의 대상이나 승단의 지도자가 아니라고 주장하며, 자신을 맹종하거나 맹신하지 말고 비구들에게 자신의 섬(自洲)에 머물며 자기 자신에게 귀의(自歸依)하라고 강조한다. 그는 또한 법의 섬(法洲)에 머물며 법에 귀의(法歸依)하라고 말하며, 다른 것(他)에 귀의하지 말라고 이야기한다.28) 이러한 붓다의 설법은 외부의 절대자나 타자에 의한 규정보다 자신의 내면의 능력을 강조하는 간디의 주장과 맥을 같이한다.

셋째는 스와라지는 '특수주의'를 넘어선 '서발턴'적 요소를 함의한다. 특수주의는 특정한 개인이나 소수에 한정되어 권한을 행사한다. 하지만 스와라지는 학식의 여부와 빈부의 차이, 인종이나 종교의 차이를 초월한다. 간디에게 스와라지는 "학식 있는 사람이나 부자들이 독점하는 것도 아니며 농부들과 장님, 그리고 특히 불구자들, 굶주리며 힘들게 일하는 수백만을 포함한 '모두'를 위한 것이다."29) 특히 간디는 자신이 희망하는 스와라지는 가난한 사람의 것이라고 말한다. 그에게 스와라지는 뼈만 남은 인도 민중의 해방을 뜻하는 것으로 "완전한 스와라지는 벙어리가 말하기 시작하고, 절름발이가 걷기 시작하는 상태를 의미한다."30) 이것은 예수 당시 이스라엘의 갱신을 꿈꿨던 예수의 활동과 연관된다. 보그(Marcus Borg)는 예수를 소종파적인 재활성화운동(revitalization movement) 혹은 갱신 운동을 일으킨 사람으로 간주하고, 그 당시 바리새인이나 서기관, 제사장들에 의해 지배되는 사회적 통념을 전복한 것으로 본다. 예수는 죄인들, 여성들, 가난한 자들을 배제하지 않고 당시의 신분적 불평등, 남녀의 차별, 유대인

---

28) 같은 글, p.158. 붓다의 자등명 법등명의 법설에 관한 후대의 해석은 첫째, 무아론파(無我論派)를 지지하는 학자군과 둘째, 초월적 유아론파(超越的 有我論派)를 지지하는 학자군으로 나뉜다.
29) 마하트마 간디, 앞의 책, p.27.
30) 같은 책, p.27.

과 이방인의 불공정한 처우에 맞서며 새로운 사회적 질서를 위한 대안을 제시했다.31) 이에 반해 정치·종교 지도자들은 이들을 철저히 무시하고 착취와 이용의 대상으로 삼았다. 그 점에서 예수의 운동과 간디의 스와라지는 서발턴적 요소가 중시된다는 공통된 특징이 있다.

넷째는 스와라지의 '상호성'이다. 스와라지는 가장 낮은 단위의 요소로부터 시작한다. 하지만 인종이나 색깔에 상관없이 모두 독립된 상태에서, 서로 배타하지 않고 내·외부의 상호의존성과 공존에 기초한다.32) 스와라지의 상호성의 특성은 틱낫한의 '상호존재'(interbeing)와 맥락적으로 흡사하다. 틱낫한의 상호존재는 불교의 연기설을 현대적으로 표현한 용어로, 모든 사물의 자주적이거나 자립적인 존재를 부정한다. 틱낫한은 기존에 사용되는 '존재하다'라는 영어 동사 'to be'가 존재론을 설명하는 데 부적절하다고 보며, '존재하다'가 온전하게 되기 위해서는 접두사 'inter'(사이의, 상호간의)와 동사 'to be'가 결합된 새로운 동사 'inter-be'로 변해야 한다고 주장한다. 이에 'ing'를 더해 'interbeing'(상호존재)라는 용어가 만들어진다.33) 틱낫한은 'being'의 자주적 실체를 거부하고 모든 존재를 상호존재로 이해한다. 따라서 상호존재는 만물의 상호연관성과 공생(共生)을 기반으로 하며, 이는 스와라지에서 상호성 개념과 일치하는 측면이 있다.

이로써 간디는 완벽한 스와라지인 '푸르나 스와라지'(Purna Swaraj)를 추구한다. 그는 푸르나 스와라지를 다음과 같이 설명한다.

푸르나 스와라지는 왕자에게나 농부에게나 똑같고, 부유한 지주에게

31) 마커스 보그, 『예수 새로보기』, 김기석 옮김, (1997, 한국신학연구소), p.173.
32) 마하트마 간디, 앞의 책, p.28.
33) 김종만·유광석, 「'상호존재 신론'(interbeing-theism) - 틱 낫한(Thich Nhat Hanh)과 폴 니터(Paul F. Knitter)의 인터빙(Interbeing) 개념을 중심으로」, 『신학과 사회』 32(2018), pp.144-145.

나 땅이 없는 농군에게나 똑같고, 힌두에게나 무살만에게나 똑같고,
파시교도와 기독교도에게나 똑같고, 자이나교도 유태교도 시크교도에
게도 카스트나 종파나 신분에 상관없이 똑같다.34)

간디에게 푸르나 스와라지는 네 개의 축으로 구성된다. 첫째는 완
전한 정치적 독립, 둘째는 완전한 경제적 독립, 셋째는 도덕적·사회
적 요소, 넷째는 가장 높은 의미의 '다르마'(Dharma)이다.35) 한마디
로 푸르나 스와라지는 정치·경제·사회·문화(종교)의 요소가 모두
포함된 그야말로 '완전한' 것이다. 요점은 네 개의 축으로 구성된 푸
르나 스와라지를 지탱하는 두 가지 정신적 요소는 '진실'과 '아힘사'
라는 사실이다. 진실과 아힘사는 푸르나 스와라지를 구축하고 유지하
며 실천의 힘을 동력화하는 수단이다. 푸르나 스와라지는 거짓말과
폭력주의에 의해서는 달성될 수 없고 오로지 진실과 비폭력에 의거해
야 한다.36) 간디는 푸르나 스와라지를 통해 이루어지는 사회를 이상
적인 사회로 간주하고 이를 아래와 같이 설명한다.

카스트도 계층도 없는 사회, 거기에는 수직적 구분은 없고 오직 수평
적 구분만 있다. 높이 이도 낮은 이도 없고 모든 일은 같은 지위를 갖
고 같은 임금을 받는다. 빈민도 거지도 없을 것이며 높은 사람도 낮은
사람도, 백만장자도 고용주도 굶주리는 피고용인도, 여성도 남성과 같
이 존경받을 것이며 어떤 종교를 가진 사람이든 아내 이외의 여성들을
모두 나이에 따라 어머니나 누이나 딸로 대접할 것이다. 불가촉천민은
없고 모든 신앙이 동등하게 존중될 것이다.37)

---

34) 마하트마 간디, 앞의 책, p.27.
35) 같은 책, p.29.
36) 같은 책, pp.29-30.
37) 같은 책, pp.32-33.

간디는 푸르나 스와라지가 정치 · 경제 · 사회 · 문화의 모든 요소를
완벽하게 포함하고 있다고 여겼다. 그에 반해 모어의 유토피아는 간
디의 푸르나 스와라지와는 달리 완벽한 곳이 아니다. 도덕주의자의
공예품으로 유토피아를 지칭한 정치 이론가 쥬디스 슈클라(Judith N.
Shklar)는 유토피아가 필연적으로 불변하고 조화로운 완전체이긴 하
나, 그것이 완벽하거나 완전한 곳은 아닌 것으로 규정한다. 유토피아
문헌인 플라톤의 『국가』에서는 플라톤이 자신의 이상 국가가 반드시
무너질 것을 주장했고, 마르크스는 『독일 이데올로기』에서 소외로부터
해방된 인간이 어떤 사회를 만들지 자신은 알지 못한다고 단언했다.
랄프 다렌도로프(Ralf Dahrendorf)는 "플라톤의 국가로부터 조지 오웰
의 1984년 멋진 신세계에 이르기까지 모든 유토피아의 한 가지 구조
적 공통점은 변화가 결여된 사회라는 것"이라고 논평했으며, 칼 포퍼
(Karl Popper)는 유토피아니즘이 지나치게 매혹적인 이론으로써 위험
하고 유해하며 심지어 자멸적 폭력을 초래할 수 있다고 지적했다.38)

2. '종교적' 부문에 대하여

푸르나 스와라지와 유토피아는 종교적 부문에서 공통점과 차이점
을 동시에 지닌다. 이는 두 개념 모두 종교적 다원성을 반영한다는 점
에서 나타난다. 먼저, 간디의 종교적 이념에 기반을 둔 푸르나 스와라
지를 살펴본다.
간디는 힌두교의 비슈누를 숭배하는 가정에서 태어났다. 이는 그
의 종교적 기반이 힌두교임을 의미한다. 그는 "힌두에서 태어났으므

38) 라이먼 타워 사전트, 앞의 책, pp.178-179.

로 나는 힌두로 남아 있다"라고 분명히 밝혔으며,39) 종교에 관해서는
"나는 조상들의 종교만을 가져야 한다. 즉 내게 가장 가까운 종교 환
경을 사용하는 것이다. 만일 내가 그것에 결함이 있다고 본다면 그 결
함을 제거함으로써 그것에 봉사해야 한다"고 설명했다.40)

　　그런데 간디는 유년기부터 자이나교에 익숙한 환경에서 자랐으며,
특히 자이나교 철학자 라즈찬드라(Rajchandra Shrimad, 1867-1901)의
사상에 깊은 영향을 받았다.41) 어린 시절부터 자이나교의 영향을 받
아 성장한 그는 이후에는 기독교, 무신론 등 다양한 종교와 교류하며
영향을 받았다. 간디의 종교적 신념의 핵심은 몸과 마음으로 일체의
살아있는 존재를 해치지 않는 '아힘사'에 있었다.42) 간디는 세상을 유
지하는 힘으로서 '힘사'(himsa)라는 파괴적인 힘 대신 '아힘사'(ahimsa)
라는 창조적 에너지를 의미한다고 이해했다. 따라서 간디에게서 비폭
력의 개념을 의미하는 '아힘사'는 모든 종교에서 공통적인 가치라 할
수 있으며, 종교적인 측면을 반영한 변형된 개념이기도 했다.43) 간디는
아힘사를 종교적 이상을 달성하기 위한 수단으로만 보지 않고, 오히
려 종교와 진리를 추구하는 삶의 궁극적 목적 그 자체로 간주한다고
설명했다.44)

---

39) M.K.Gandhi, *Hindu Dharma*, (New Delhi: Orient Paperbacks, 1978), pp.8-9;
　　조수동, 「간디의 사회사상」, 『철학논총』 27(2002), p.365에서 재인용. 간디가 힌두
　　교도임을 알 수 있는 대목은 다음과 같다. 첫째는 베다, 우파니샤드, 푸라나, 그리고
　　힌두 성전의 이름에 의해 쓰여진 모든 것을 믿고, 신의 화현과 재생을 믿으며, 둘째
　　는 베다적인 견해에서 바르나슈라마(Varnashrama를) 믿고, 셋째는 소에 대한 보호
　　와 숭배, 넷째는 우상숭배를 인정한다.
40) 마하트마 간디, 앞의 책, p.83.
41) 세샤기리 라오, 『간디와 비교종교』, 이명권 옮김, (왜관: 분도출판사, 2005), p.22.
42) "아힘사에 대하여: 라라 라쯔빠뜨 라이에게 보낸 답장", 「모던리뷰」, 1916년 10월,
　　『간디전집』(15: 191); 안신, 앞의 글, p.122.
43) "보그라 노동자 학교에서의 연설", 「영 인디아」, 1925년 6월 4일, 『간디전집』(31:
　　233); 같은 글, p.122.
44) 같은 글, p.122.

간디는 심지어 아힘사를 신(神)으로까지 받아들였다.45) 아힘사가
신과 진리로 기능하는 간디의 종교관에는 힌두교, 이슬람교, 기독교
등의 개별 종교 전통이 와해되고, 초종교와 초종파적 세계관이 자리
한다. 이러한 관점 덕분에 간디는 자신의 종교를 다른 종교보다 우월
하다고 주장하거나 비하하지 않았으며, 다른 사람에게 자신의 종교로
개종하도록 강요하는 포교를 폭력의 일종으로 간주하고 비판했다.46)
간디는 세계의 주요 종교들이 진리의 통찰을 담고 있지만, 그것은 모
두 인간이 만들어낸 불완전하고 거짓된 형태에 지나지 않는다고 여겼
기 때문이다.47)

간디는 자신의 종교적 신념과 인도의 종교적 상황을 반영하여 푸
르나 스와라지가 실현되는 사회를 힌두교, 이슬람교, 기독교 등이 공
존할 수 있는 사회로 이해한다. 그는 각각의 개별 종교를 인정하지만
동시에 이를 넘어서는 '다르마'를 추구한다. 다르마란 힌두교인, 이슬
람인, 기독교인, 자이나교인, 시크교인 등 각각 독립된 신앙을 가진
개별 종교의 신자들이 넘어서는 보다 공통적인 세계로 나아가는 것을
의미한다. 간디는 이를 유기적 조직체로 비유하며 설명한다: "모든 종
교는 세부와 외적 형태는 다를지 모르지만 한 나무의 잎새들처럼 근
본에서는 하나이다. 잎 하나하나는 분리된 존재이지만 모든 줄기에서
나온 것이고, 유기적으로 줄기에 연결되어 있다."48) 그 이유는 간디
의 신관에 있다. 간디는 신의 존재를 다음과 같이 이해한다.

우주의 근본원리는 신이다. 신은 일체 만물에 두루 편재되어 있다. 신은

---

45) 안신, 앞의 글, p.123.
46) 같은 글, p.122.
47) 마하트마 간디, 앞의 책, p.68.
48) 같은 책, pp.67-68.

일체 만물 즉 존재를 의미한다. 그러므로 존재인 신은 진리이다. 더 나아가 진리가 곧 신이다. 왜냐하면 신이란 각 개인에 따라 일신, 다신, 무신, 범신 등으로 다양하게 받아들일 수 있기 때문이다. 또한 신을 부정하는 자도 진리를 부정할 수는 없다. 이와 같은 논거에 입각하여 나는 신이 진리라기보다는 진리를 신이라고 해야 한다는 것을 알게 되었다.49)

간디는 진리와 사랑이 세상을 지배해야 하며, 인류는 이들을 통해 생활해야 한다고 주장한다. 간디에게 진리는 인류의 공통된 기본 도덕 원리의 기초이며, 각 종교의 본질이라고 이해된다. 그는 세계의 종교들이 외형은 다르지만 모두 진리와 사랑을 기반으로 하고 있으며, 따라서 진리는 모든 사람들이 인정할 수 있는 최고의 원칙이라고 믿는다.50) 이에 따라 간디는 모든 종교가 본질적으로 하나라고 보며, 그의 종교적 신념에 따라 힌두교, 기독교, 이슬람 등 여러 종교의 신을 동일시한다.

힌두교의 신들의 이름들과 이슬람의 알라가 지닌 이름들은 초월적 신의 속성들(attributes)을 의미할 뿐이며 어느 특정 종교도 신의 본질을 배타적이고 독점적이며 절대적으로 기술할 수 없다고 생각한다. 그러므로 '신에 대한 살아있는 신앙'은 인류 전체에 대한 가족애로 승화되어야 하며 이웃 종교에 대한 경의와 공존의 태도로 드러나야 한다.51)

간디의 종교관에서 신은 신의 이름은 무수히 많지만 신은 오직 하나이며, 그 신이 바로 비폭력이라고 이해된다.52) 간디는 진리 이외에

---

49) 조수동, 앞의 글, pp.365-366.
50) 같은 글, p.366.
51) "페샤워르, 이슬라미나대학에서의 연설", 「힌두스딴 타임즈」, 1938년 5월 5일, 『간디전집』(73: 157); 안신, 앞의 글, p.133.
52) "질문란", 「하리잔」, 1940년 2월 4일, 『간디전집』(77: 356); 같은 글, p.139.

는 실재하는 것이 없으며, 모든 활동은 진리를 중심으로 이루어지며 진리는 아힘사를 통해만 발휘될 수 있다고 믿는다. 이에 따라 간디는 아힘사를 모든 종교의 공통적인 원리로 규정한다.53) 따라서 간디에게 개별 종교를 넘어선 고차원의 종교적 목표인 '다르마'는 다름 아닌 '아힘사'였다. 간디는 힌두교, 이슬람, 기독교를 넘어서 이들 간에 조화와 실재성을 부여하면서도 인류가 비폭력의 종교 아래 통합되어야 한다고 주장한다.54) 그러면서 이를 다음의 비유로 설명한다. "똑같은 잎은 하나도 없지만 서로 싸우지 않는다. 오히려 그들은 같은 바람에 춤을 추며, 함께 아름다운 교향곡을 만들어낸다."55) 간디의 이러한 사고는 다양한 종교 간에 존중과 공존을 유지하며 종교적 배타성을 넘어서기 위함이다. 이는 전형적으로 인도의 다종교적 환경에서 비롯된 것으로 볼 수 있다. 간디의 종교적 관점은 전통적인 힌두교 세계관을 초월하여 다양한 종교 전통을 아우르는 독특한 세계관을 구축하고 있다.56)

유토피아에서도 다양한 종교의 자유가 보장된다. 섬 전체나 각 도시에서도 여러 형태의 종교가 존재하며, 태양이나 달, 별 등을 신으로 숭배한다.57) 이는 독실한 기독교 신자였던 모어의 개인적인 종교적 신념과는 달리 유토피아에는 다양한 종교가 인정되고 이에 따른 종교적 관용이 중시된다: "기독교를 받아들이지 않는 사람이라도 다른 사람의 기독교 개종을 막는다든지 비난하지는 않습니다."58) 왜냐하면 유토피아 공동체에서 특정 종교만을 승인하여 개인의 종교적 혹은 사상적 신념을 억압하고 특정 종교의 교리에만 매달리게 한다면 공동체

---

53) 조수동, 앞의 글, p.366.
54) 안신, 앞의 글, p.139.
55) 마하트마 간디, 앞의 책, p.68.
56) 안신, 앞의 글, p.121.
57) 토마스 모어, 앞의 책, p.134.
58) 같은 책, p.136.

성원들의 공익 추구에 방해가 될 수 있다.59) 이를 보여주는 예가 『유토피아』에 등장한다.

> 내가 그곳에 있을 때 기독교도 중 한 사람이 사법적인 제지를 당한 적이 있습니다. 이 사람은 세례를 받자마자 분별력을 잃고는 공공연히 기독교를 전도하고 나섰습니다. 우리가 그렇게 하지 말라고 만류했음에도 불구하고, 그 사람은 우리의 종교를 선호하는 정도를 넘어서 다른 종교들을 사악하다고 비난하고, 다른 종교들을 따르는 불성실하고 신성모독적인 사람들은 지옥 불에 떨어질 것이라고 비난했습니다. (중략) 유토피아 사람들은 그를 체포했습니다. 그는 다른 종교를 비난한 죄가 아니라 공공질서를 어지럽힌 죄로 재판을 받아서, 결국 추방형을 선고받았습니다.60)

유토피아의 종교적 원칙 중 하나는 어떤 종교도 강요해서는 안 된디는 것이다.61) 다양한 종교를 신봉하는 유토피아인은 교회에 모여 사제의 인도에 따라 각자가 숭배하는 신을 향해 공동으로 예배를 드린다. 종교 예식은 대체로 기독교와 유사하지만, 유토피아인이 신으로 여기는 중요한 존재는 '미트라스'(mythras)이다. 미트라스는 우주의 창조주이자 지배자로, 하나의 최고의 존재이며 모든 사물의 원천이자 유일한 힘과 권위로 간주된다.62)

> 그들은 대신 하느님의 힘을 믿는데, 그것은 불가지하고 영원하며 물질적으로가 아니라 권세로서 우주 전체에 퍼져 있다고 봅니다. 이런 존재를 그들은 '아버지'라고 부르며, 모든 가시적인 사물의 기원, 성장,

---

59) 라이먼 타워 사전트, 앞의 책, p.41.
60) 토마스 모어, 앞의 책, pp.136-137.
61) 같은 책, p.137.
62) 같은 책, p.135.

진보, 변화, 종말의 원인을 그에게 돌립니다. 따라서 그 외의 다른 어
떤 존재에 대해서도 신성한 권위를 인정하지 않습니다.63)

유토피아인은 각자의 종교와 종파를 따라 태양, 달, 별을 신으로
숭배한다. 하지만 유토피아 현인들은 미트라스를 최고의 존재로 삼으
며, 그의 위상은 스와라지에서 다르마의 중요성에 비견된다. 미트라
스는 개별 종교에서의 신격 개념이 지닌 고유 명사가 아니라 절대적
존재로서의 신을 지칭하는 일반 명사이기 때문이다. 스와라지에서 각
개인의 종교적 배경이 달라도 그 상위 개념으로서 다르마에 대한 목
표를 통해 종교적 다원성과 조화가 가능하듯이 유토피아에서는 미트
라스가 그런 기능을 담당한다.64)

한편 유토피아에는 모어 당시 종교적 풍습이 반영되어 사제를 공
직자와 같이 선거로 선출하는 제도가 있었다.65) 그것도 각 도시마다
한 교회당 소수의 사제인 13명을 배치한다. 그 이유는 사제들의 존엄
성이 평가절하되지 않도록 하기 위해서이다. 그래서 신에게 성스럽게
봉헌된 사제는 비록 범죄를 저질렀다 해도 사람이 손을 댈 수가 없다.
사제의 주요 업무는 "신성한 예배를 주도하고, 종교 의례를 정하며,
공중도덕을 감시"하고 아이들과 청년들을 교육하는 것이다.66) 이러
한 기독교의 종교적 관습이 반영되어 유토피아에서는 덕(德)과 행복을

---

63) 같은 책, p.134.
64) 연효숙, 앞의 책, pp.160-161. 유토피아의 종교 예식이 기독교의 예식과 유사한 이
유는 모어가 독실한 가톨릭 신자였기 때문에 자신의 종교적 경험이 유토피아의 종
교성에도 반영되었기 때문이다. 그는 헨리 8세와의 종교적 대립으로 교수형을 당할
정도로 철저한 종교적 신념을 지켰지만, 유토피아 건설을 위해 개인적인 신앙을 일
시적으로 포기한 것으로 보인다. 이는 유토피아 체제에 대한 그의 강한 열망을 나타
내며, 종교보다 이상적인 사회 체제를 중시한 결과로 해석된다.
65) 유토피아에서는 사제로 선출되는 것에 성별 제한이 없다. 여성도 남성과 동등하게
사제로 선출될 수 있다. 이는 현대 가톨릭교회와 일부 개신교 교회에서 여성 성직
이 허용되지 않는 현실과 대조될 때 매우 혁신적인 제도라고 할 수 있다.
66) 토마스 모어, 앞의 책, pp.143-145.

공동체의 주요한 가치로 인정한다. 덕과 행복 혹은 즐거움은 다른 무엇보다 종교적 원칙을 통해 완전해질 수 있다고 본다. 이것은 유토피아인들의 일상에서 드러난다.

> 유토피아 사람들은 하루 24시간 중 여섯 시간만 일에 할당합니다. 이들은 오전에 세 시간 일하고 점심을 먹습니다. 점심 식사를 한 후에는 두 시간 정도 휴식을 취하고 다시 나머지 세 시간은 일을 하러 갑니다. 그 후에 식사를 하고 8시에 취침하여 여덟 시간을 잡니다.[67]

유토피아인은 노동시간을 오전 9시부터 12시까지와 오후 2시부터 5시까지로 하여 총 여섯 시간으로 정하고 있다. 이후 오전 4시부터 9시까지와 오후 5시부터 8시까지의 여덟 시간 동안에는 자유롭게 시간을 보내지만, 술을 마시거나 나태하게 시간을 낭비하는 것을 제외하고는 지적인 활동에 주력하거나 종교 활동에 참여하는 등 자신들의 행복을 증진시키는 지적·정신적 수양에 힘쓴다.[68]

또한 유토피아는 영혼의 불멸성에 근거한 선행과 악행에 따른 사후의 보상과 처벌에 관한 종교적 원칙을 포함하고 있다.[69] 이 원칙은 덕과 선한 행위를 통해 진정한 쾌락에 도달하게 하는 동기부여가 되며, 따라서 유토피아 섬은 종교적 신념을 바탕으로 한 유토피아인의 도덕적 삶이 현실화된 사회라 할 수 있다.[70] 반면에 스와라지는 특정 종교적 관행을 통한 종교적 지복(至福)을 추구하지 않는다. 간디는 아힘사의 신념하에 종교적 특성과 상호성을 용인하며, 종교로 인한 갈등과 분쟁을 방지하기 위해 모든 종교를 초월하는 다르마의 추구를

67) 같은 책, p.73.
68) 같은 책, p.73; 주경철, 앞의 책, p.33.
69) 토마스 모어, 앞의 책, p.96.
70) 문선영, 앞의 글, p.154.

이상적인 것으로 여긴다. 그에게 다르마는 '최고의 종교적 의미'를 지닌 것이기 때문이다.[71]

요컨대, 푸르나 스와라지와 유토피아는 하나의 종교가 그 사회를 지배하는 종교 독점이나 혹은 소수의 종교가 사회를 통제하는 종교 과점 현상은 드러나지 않고 여러 종교를 인정하는 종교 다원적 분위기가 나타난다. 이들 배경에는 각각의 스와라지의 다르마와 아힘사, 유토피아의 미트라스라는 상위 개념이 존재하여 종교 간의 갈등이나 배타성을 방지하고 이를 통해 공동체를 하나의 울타리로 묶어주는 역할을 한다. 하지만 스와라지와 유토피아는 동일한 종교 다원성의 특징을 갖추고 있지만, 스와라지는 종교 간의 배제, 갈등, 차별을 용인하지 않는 포용적이고 상대적인 윤리성이 더 강조되는 반면, 유토피아는 영혼의 불멸[72]과 사후 보상 및 처벌을 통한 도덕적 책임 강화가 기독교적 윤리성에서 두드러지게 나타난다고 볼 수 있다.

3. 경제 · 사회 · 정치적 부문에 대하여

이상적인 사회는 국가가 없는 민주주의, 계몽된 무정부 상태이며, 거기서는 사회생활이 아주 완전해져서 자기 규제가 이루어진다. 모든 필수품은 하느님이 주신 공기와 물처럼 모든 사람들이 자유롭게 사용할 수 있어야 한다. 그것은 어떤 나라도, 국민도, 단체도 독점해서는 안된다.[73]

---

71) 마하트마 간디, 앞의 책, p.29.
72) 유토피아인들은 영혼의 불멸을 신봉하기 때문에 죽음을 비관적으로 여기지 않는다. 그들은 죽음을 슬퍼하지 않고 오히려 즐거운 것으로 간주하며 고인을 보내는 것도 희망에 찬 마음으로 추모한다. 이는 사후에 인간이 누릴 행복이 매우 크다고 여기기 때문이다. 연효숙, 앞의 책, p.159.
73) 마하트마 간디, 앞의 책, pp.12, 59-60.

간디의 마을 스와라지는 지적인 사람들의 육성에 초점을 둔다. 마을 사람들은 짐승처럼 더러움과 어둠 속에서 살지 않으며, 모든 남성과 여성이 자유롭게 살며 다른 사람에게 굴복하지 않는 공동체를 추구한다. 간디가 이루고자 하는 목표는 지적 · 도덕적 성장을 거듭한 인간의 행복에 있고, 이 목표를 달성하기 위해 탈중심화와 공유경제 사상에 기반을 두고 있다.[74] 그는 이러한 공동체 구성을 위해 구체적으로 새로운 패러다임의 산업화에 중점을 둔다.

간디는 마을 스와라지를 통해 주장하는 산업화가 서구식 기계 의존적 산업화와는 다르다고 설명한다. 그는 기계나 산업화 전체를 본질적으로 반대하지 않지만, 모든 기계에 반대하느냐는 질문에 '아니오'라고 대답하며, 인도를 그가 생각하는 방식으로 산업화할 것이라고 강조한다.[75] 간디는 기계 자체를 반대하는 것이 아니라, 기계로 인해 빈곤과 나태함이 증폭되는 악마와 같은 인간의 욕망을 부정한다. 그는 기계에 대한 지나친 열광이 이곳을 불행하게 만들 수 있음[76]을 경고하며, 기계 사용 증가로 인한 인간의 소외를 우려한다. 이에 따라 서구식 산업화에 대한 근본적인 혁신을 촉구한다.

간디는 산업화 자체를 반대하는 것이 아니라, 서구의 도시 문명에 기반을 두지 않고 마을 스와라지를 중심으로 한 산업화를 강조한다. 그는 서구 도시 문명의 산업화가 강대국이 약소국을 정치적, 군사적, 경제적으로 지배하며 식민지화하고 노예로 만드는 형태임을 지적한다: "봄페이의 공장노동자들은 노예가 되었다. 공장이 없었을 때 이

---

74) 같은 책, pp.57-58. 탈중심화는 정치 · 행정적 제도와 상응하고, 공유제 사상은 종교적 도덕에 기초한다.
75) 같은 책, pp.41, 43.
76) 같은 책, p.47.

여성들은 굶주리지 않았다. 가난한 마을 사람들은 외국 정부에 의해 착취당하고 또한 같은 나라 사람들, 도시 거주자들에 의해 착취당한 다. 그들은 식량을 생산하고 굶주린다. 그들은 우유를 생산하지만, 그 들의 아이들은 우유를 먹지 못한다."77) 이에 반해 마을 스와라지의 산업화는 마을 내에서 필요한 모든 것을 생산하고 도시에 필요한 것 을 공급하는 방식이다. 여기서는 마을 자체에서 생산과 분배가 이루 어지며 가내공업에 의한 개인 차원의 대량 생산과 자립이 가능한 산 업화가 이루어지는 일종의 '자연경제' 체제이다.78)

간디는 부자와 빈자가 차별받지 않는 모든 이의 생계를 위한 노동 을 강조한다. 그는 생계를 위한 노동이 계급의 구별을 철폐하고, 비폭 력을 지키고, 진리를 숭배하고, 계율을 지키는 자연스러운 행동이며 참된 축복이 될 것이라고 설명한다. 그러나 간디는 부자가 여전히 존 재할 것이라고 하면서도 그들이 자신들의 재산을 '소유자'가 아니라 가난한 이들의 재산의 '수탁자'로 생각하고, 그 재산을 주로 공공의 이익을 위해 사용할 것이라고 확신한다.79) 한마디로 그는 지위의 평 등화를 추구했으며, 이는 평등한 분배를 통해서가 아니라 공정한 분 배를 통해 실현된다고 보았다.80)

이러한 간디의 정신은 사회적인 분야에서 인권사상으로 드러난다. 그 핵심은 만인의 평등이다. 그러면서 푸르나 스와라지를 다음과 같 은 세상으로 설명한다.

이곳에서는 모든 일이 같은 등급이고, 같은 임금을 받기 때문에 (중략)

---

77) 같은 책, pp.47-48.
78) 같은 책, pp.40-45.
79) 같은 책, pp.70-71.
80) 같은 책, p.63.

모든 사람이 충분한 여가와 기회와 교육과 문화를 의한 편의를 누린
다. (중략) 그것은 경제적인 자립이 강화되면서 개인의 자유의 범위는
최대한으로 확대되는 스와데시의 세계이다.

이와 같은 세계는 민인의 평등과 개인의 자유가 최대한 확대되는
세계로서, 개인에 내재된 개성의 특수성과 개인과 집단 사이의 다양
성이 보장된다. 간디는 개성과 다양성이 동시에 강조되어야 한다고
말한다. 그는 사람이 개성을 잃고 기계의 일부가 되는 것은 인간의 존
엄성을 잃는 일이라고 설명한다.81) 한 사회나 문명의 체제를 절대적
으로 강요하고 모든 사람에게 일률적으로 적용하려는 획일성은 인간
의 존엄성을 파괴하는 행위와 같다.

이는 간디가 그리는 정치 제도와 자연스럽게 연결된다. 간디가 푸
르나 스와라지를 통해 이상화했던 정치 체제는 시방 자지를 갖춘 공
화국이다. 그는 이상적인 마을 스와라지를 이웃과는 독립적이지만 상
호의존적인 관계를 맺는 공화국으로 정의한다.82) 간디는 어떤 마을이
든지 마을 정부를 갖춘 그런 공화국이 될 수 있다고 주장한다. 마을에
는 목화를 통한 식량 작물과 옷의 자급화, 가축을 위한 양식 비축, 어
른과 아이들을 위한 놀이터와 오락 시설 구비, 마을극장, 학교, 공회
당 설치, 자체 급수 시스템, 의무 교육 프로그램 완비, 비폭력적인 법,
마을 회의(판차야트) 운영이 포함된다.83) 간디는 이를 토대로 자신이
생각하는 모범적인 마을의 대략적인 비전을 다음과 같이 묘사한다.

---

81) 같은 책, p.39.
82) 같은 책, p.55.
83) 같은 책, pp.55-56.

이상적인 마을은 완전한 위생에 적합하도록 만들어질 것이다. 집들은 반경 5마일 이내에서 구할 수 있는 재료로 충분히 밝고 환기가 가능하도록 지어질 것이다. 집에는 식구들을 위한 채마밭과 가축들을 둘 마당이 있을 것이다. 마을의 길에는 불필요한 먼지가 일지 않을 것이고, 누구나 쓸 수 있는 필요한 만큼의 우물이 있을 것이다. 모두를 위한 기도의 집, 사람들이 모일 수 있는 장소, 가축들이 풀을 뜯을 마을 공유지, 협동 낙농장, 산업교육 중심지의 초급·중급학교 그리고 분쟁을 해결할 판차야트가 있을 것이다. 마을은 자신의 곡물, 채소, 과일과 자신의 카디를 생산할 것이다.84)

정치적인 영역에서 간디는 탈중심화와 토착 제도, 즉 인도 고유의 독립적이고 자립적이며 자치적인 스와라지를 활용해야 한다고 주장했다.85) 간디는 인도가 유럽 문명, 특히 세계를 구속하는 영국의 경제적 제국주의인 서구의 산업주의를 모방하는 것이 파멸의 길이라고 인식하며, 현대 세계에서 존재하는 두 가지 사상 중 하나를 선택해야 한다고 명확히 밝혔다.

현대 세계에는 두 부류의 사상이 있다. 하나는 세계를 도시들로 나누려는 것이고, 다른 하나는 마을들로 나누려는 것이다. 마을 문명과 도시 문명은 전적으로 다르다. 하나는 기계와 산업화에 의존하고, 다른 하나는 수공업에 의존한다. 우리는 후자를 택하고자 한다.86)

간디는 가내공업과 소규모 농업 협동체로 구성된 사회를 매혹적인 모델로 설명하며, 이 안에서 자민족 중심주의나 카스트 체제가 존재할 여지가 없음을 주장한다.87) 간디의 관점에 따르면, 이러한 구조는

---

84) 같은 책, p.57.
85) 같은 책, p.83.
86) 같은 책, p.46.

평등과 다양성이 상호보완적으로 존재하며, 결국 스와라지는 비교적 강한 평등성과 강한 다양성이 보장된 사회 체제를 형성한다고 말할 수 있다.

　　반면 유토피아에서는 만인의 평등성이 스와라지보다 약간 더 약해지는 경향을 보인다. 유토피아는 영국 사회와 같이 지주 귀족이 너 많은 토지를 소유하고 이로 인해 가난한 사람들이 쫓겨나 비참하게 죽는 일을 근본적으로 막기 위해 화폐를 폐지하고 귀금속을 천시하는 교육과 풍조를 조성했다.88) 이로써 경제적 평등은 어느 정도 달성되었으나 정치적 · 사회적 평등은 여전히 미흡하다고 할 수 있다. 구체적으로 말하면, 유토피아에서도 스와라지와 유사한 민주주의적인 지방자치제도가 존재한다.89) 이는 플라톤의『국가』에서의 철인 통치체제와는 다르게 고대 폴리스의 직접 민주주의와 현대의 지방자치제도가 결합한 형태이다. 이런 형태가 가능한 이유는 유토피아가 다른 나라와 완전히 분리된 섬으로 구성되어 있기 때문이다.90)

> 이 섬에는 크고 장엄한 도시 54개가 있는데, 이 도시들은 언어, 관습, 제도, 법이 모두 같습니다. 지리적 여건에 따라 다소 차이는 있겠지만, 이 도시들은 모두 하나의 계획안에 따라 건설되었으며, 따라서 똑같은 모양을 하고 있습니다. 가장 가까운 도시 간에도 적어도 24마일 떨어져 있고 또 가장 멀리 떨어진 도시 간에도 하루에 걸어가지 못할 정도로 멀지는 않습니다.91)

---

87) 같은 책, p.46.
88) 주경철, 앞의 책, p.28. 귀금속을 천시하는 풍조를 조성하기 위해 금과 은으로 죄수를 묶는 족쇄나 요강 같은 물건을 만들었다.
89) 연효숙, 앞의 책, p.86.
90) 연효숙, 앞의 책, p.84.
91) 토마스 모어, 앞의 책, pp.64-65.

또한 유토피아는 매년 30가구가 모여 하나의 관리를 선출한다. 이 관리들의 총 숫자는 200명으로, 이들을 촌장 시포그란투스92)라고 부른다. 그들은 최우수로 평가되는 사람을 원수(元帥, princeps)로 선출하기로 약속하며 비밀 투표를 통해 선택한다. 원수는 폭군으로 지목되지 않는 한 평생 직위를 유지한다.93) 유토피아는 매우 규칙적인 도시 형태를 유지하며 크기와 모양이 동일하고 단일한 행정 체계와 계층적인 관료화가 구축되어 있다. 이는 매우 규범적이고 다양성이 줄어든 사회로 여겨질 수 있지만, 중요한 것은 모든 결정 과정에서 공동체의 이익을 최우선으로 고려한다는 점이다. 개인의 욕망과 이익보다는 공동체의 행복과 이익을 중시하는 원칙이 기본 전제로 존재한다.94) 이 공동체는 단순히 고립된 유토피아 사람들을 위한 것으로만 볼 수 없다.

유토피아에는 사유재산제가 없어 경제적으로 빈부 격차가 기본적 의식주 생활에서 나타나지 않는다. 그러나 유토피아에서는 결정적으로 노예 제도가 존재해 사회적으로 인간 간의 평등성이 매우 약하다고 할 수 있다. 유토피아에서 노예는 크게 네 가지로 분류된다.

> 유토피아 사람들은 그들과 전쟁을 하다가 잡힌 포로들을 노예로 삼습니다. 대부분의 노예는 이 나라 시민 중에 아주 큰 잘못을 저지른 사람이든지, 혹은 다른 나라 출신으로서 자기 나라에서 사형선고를 받은 사람입니다. 그리고 다른 나라의 빈민 출신으로 스스로 원해서 유토피아에 노예로 온 사람들입니다.95)

---

92) 현대에는 '필라르쿠스'라고 하는 '시포그란투스'는 지금으로 치면 일종의 관리직이다. 그들은 사람들이 게으름 피우지 않고 일을 할 수 있도록 관리함으로써 사회의 노동이 잘 유지될 수 있게 한다. 다만 이들은 육체노동을 하지 않는데, 그 점에서 유토피아 사회는 모든 이들이 노동을 하는 사회라 할 수 있다. 단지 노동의 형태가 다를 뿐이다. 연효숙, 앞의 책, pp.91-92.
93) 토마스 모어, 앞의 책, pp.70-71; 연효숙, 앞의 책, p.86.
94) 연효숙, 같은 책, p.86.
95) 토마스 모어, 앞의 책, pp.111-112.

　마을 스와라지와 달리 유토피아에서는 만인의 평등성이 완전히 보
장되지 않는 이유는 경제적 불평등과 관련된 사회적 불평등이 존재하
기 때문이다. 특히 노예 제도와 그로 인한 신분에 따른 죄와 벌의 차
별적 적용이 주요한 요인이다. 가령, 유토피아 시민의 신분으로 죄를
지어 노예가 된 경우는 더 가혹하게 다루어지고 족쇄를 차고 일해야
한다. 유토피아에서 좋은 교육과 도덕적 훈련을 받았음에도 불구하고
잘못을 저질렀기 때문이다. 반면 타국에서 유토피아의 노예가 되기
위해 온 사람들은 유토피아 시민보다 더 열심히 일해야 하는 것만 제
외하고는 유토피아 시민과 비슷한 대접을 받는다. 또한 유토피아인은
그들이 다시 본국으로 돌아갈 경우에 빈손으로 보내지 않는다.96) 이
로 보건대, 유토피아에서는 동질적이고 단일한 체제 아래 권위적이고
위계적이며, 좋은 권리에 따른 의무를 성실하게 이행하지 않으면 엄
격한 상벌제도가 있고, 외국인 수용도 고려하는 측면이 있는 것으로
보아서 배타성이 적은 사회 체제를 유지하고 있는 것으로 이해된다.
그러므로 유토피아는 약한 평등성과 강한 단일성을 갖춘 사회 체제라
할 수 있다.

　따라서 간디가 모색한 푸르나 스와라지는 모어의 유토피아가 아닌
푸코(Michel Foucault)의 헤테로토피아의 다른 변형이라 할 수 있다.
왜냐하면 유토피아는 하나의 단일하고 동질적인 공동체를 지향하는
반면에, 푸코의 헤테로토피아는 이념이 다양하고 이질적인 공동체를
추구한다는 점에서 차이가 있다.97)

---

96) 같은 책, p.112.
97) 연효숙, 앞의 책, p.52.

Ⅳ. 결론

지금까지 『마을이 세계를 구한다』와 『유토피아』에서 묘사된 유토피아니즘을 비교하고 분석했다. 『마을이 세계를 구한다』에서 간디가 추구한 마을 스와라지는 인도 총독 찰스 메트 칼프(Charles T. Metcalfe)의 말대로 "거의 자족적이고 외부에 대해 거의 독립적인 작은 공화국이며, 각각이 분리된 작은 국가인 이 마을공동체들의 연맹은 그들의 행복과 자유와 독립의 상당 부분을 누리는 데 크게 도움"[98] 이 되는 공동체이다. 이는 작은 단위로 아래의 세 영역으로 나뉘어 실천될 때 푸르나 스와라지를 형성할 수 있다.

> 종교의 영역에서는 조상들의 종교를 가져야 하고, 정치의 영역에서는 토착의 제도를 활용하고 그것들이 가진 결함을 치유하는 것으로써 그것에 봉사하고, 경제의 영역에서는 네 가까운 이웃들이 생산한 것만을 사용해야 되고, 그런 산업들을 효율적이고 완전하게 만드는 것으로써 그들에게 봉사해야 한다. 그런 스와데시가 실천된다면 천년왕국이 도래할 것이다.[99]

간디는 종교와 정치 그리고 경제의 영역에서 스와데시 실천을 통한 천년왕국 도래를 꿈꿨다는 점에서 유토피안이었다. 그는 종교, 경제, 사회, 정치 등 모든 분야에서 비폭력, 즉 아힘사를 중시했다. 그에게 아힘사는 사랑의 힘처럼 만물을 끌어당기며 만물에 대하여 평등한 마음을 갖게 도와준다. 그는 비폭력을 신과 진리의 동의어로 여기며, 이 이상을 실천하는 공동체를 푸르나 스와라지를 통해 구현하고자 했다.

---

98) 마하트마 간디, 앞의 책, pp.11-12.
99) 같은 책, p.83.

이 점에서 간디는 새로운 종교의 창시자라 할 수 있다.100) 왜냐하면 간디의 "종교적 이상은 언제나 현실과 결부되었으며, 그의 종교적 신념은 항상 현실에 대한 비판과 적극적인 참여를 전제로 한 것"이기 때문이었다.101) 따라서 비폭력을 '사랑의 종교'102)로 간주하며 그가 시도하고자 했던 마을 스와라지는 일종의 종교가 내장된 사회 실험실이었다. 특히 간디의 마을 스와라지에서는 종교적 부문에서 다양한 종교를 아우르는 다원적인 특성이 돋보이며, 경제, 사회, 정치적 부문에서는 강한 평등성과 다양성의 특징이 나타난다.

이에 비해 유토피아는 종교적 부분에서 모어의 종교적 기반인 기독교의 의례 체제를 고수하면서도 정신적으로는 여러 종교를 인정하는 종교 다원적 현상이 드러난다. 그러나 유토피아에서는 기독교의 교리적 요소인 영혼 불멸에 따른 사후 세계, 그리고 현세적 삶에 따른 피안의 세계에서의 보상과 처벌 등의 윤리적 요소가 강하게 엿보인다. 또한 사회·정치적 면에서는 사유재산과 화폐제도가 없다는 점에서 강한 경제적 평등이 나타나는 반면에, 관료적이고, 계층적인 위계질서, 노예 제도, 엄격한 법과 가혹한 처벌이 시행된다는 점에서 약한 사회·정치적 평등성, 그리고 모든 제도 체계가 획일적이라는 점에서 강한 단일성의 특색이 드러난다.

그럼에도 불구하고 두 공동체는 거시적 관점에서 보면 작은 영토와 적은 인구의 특색을 보이기 때문에 노자의 '소국과민'(小國寡民)과 아리스토텔레스가 제안한 '최선의 국가 형태'103)와 유사한 측면이 있

---

100) 안신, 앞의 글, pp.139-140.
101) 조수동, 앞의 글, p.364.
102) 안신, 앞의 글, p.121.
103) 노자의 소국과민은 "나라는 작게 만들고, 백성을 적게 만들어라. (중략) 그러면 배가 있어도 탈 일이 없고, 병기가 있더라도 쓸 일이 없다. (후략)"이다. 요약하자면,

다. 뿐만 아니라 두 공동체의 공통점은 공통된 가치를 증진하고 상호 합의된 목적에 바탕을 두며 특정한 삶의 방식을 실천하기 위해 설립된다는 점에서 '계획 공동체'(intentional community)[104]와도 흡사하다.

따라서 마을 스와라지와 유토피아는 물리적으로는 적은 인구와 작은 영토에서 자급자족이 가능한 공동체였으며, 정신적으로는 내향적이며, 고독과 고립은 지양되고, 지적인 교류의 삶, 즉 상호 의존과 상호 소통이 가능한 사회를 지향한 공동체였다고 할 수 있다.

소국과민은 작은 정부를 가진 공동체로서 전쟁을 하지 않고 기계와 무기를 사용하지 않으며, 유민들이 방랑하지 않고 근원적인 원시 문명을 즐기는 공동체이다. 아리스토텔레스가 제안한 '최선의 국가'는 거의 자족적이고 외부에 거의 독립적인 작은 공화국으로, 각각이 분리된 작은 국가인 이 마을공동체들의 연맹은 그들의 행복과 자유와 독립의 상당 부분을 누리는 데 크게 기여한다. 그러나 이런 사회의 가능성은 비천한 노동을 수행할 비(非)시민의 참여가 필요한다. 따라서 미시적 관점에서 보면, 노자가 상상한 소국과민은 간디의 마을 스와라지와 더 유사하고, 아리스토텔레스의 이상 국가는 모어의 유토피아에 더 가까운 측면을 갖고 있다. 라이먼 타워 사전트, 앞의 책, p.38 참고; 『노자』, 「왕필본」 80장; 김윤경, 「도가의 유토피아 - 조선후기 및 일제강점기, '소국과민'과 '무하유지향'에 대한 이해-」, 『동양철학연구』 89(2017), pp.174-175 참고.

104) 라이먼 타워 사전트, 앞의 책, pp.17, 64. '유토피안 공동체'(Utopian community), '실천적 유토피아'(practical utopia), 혹은 '꼬뮨'(Commune, 공동체)이라고도 불리는 계획공동체는 새로운 생활양식을 창조하고 이상을 공유하는 전형적인 공동체로서 농촌이나 도시 어디에나 있을 수 있으며 정신적 수련을 강조한다. 전호상, 「계획공동체 마을의 공간구성」, 성균관대학교 박사학위 논문, 2007, pp.12-13.

종교의 공공성 논의: 호세 카사노바의 공적 종교 (public Religion) 논의를 중심으로

서 동 은

이 글은 〈평화와 종교〉 제16호 (2022년 11월) 페이지 161~181쪽에 게재된 논문을
재구성한 것입니다.

종교의 공공성 논의: 호세 카사노바의 공적 종교(Public Religion) 논의를 중심으로

서 동 은 (경희대 종교시민문화 연구소 연구단장)

국문초록

　이 글은 호세 카사노바의 공적 종교에 대한 논의를 소개하면서 그가 제시한 공적 종교의 의미를 적극적으로 수용하면서 새로운 공적 종교의 가능성을 모색해 보고자 한다. 호세 카사노바는『근대세계의 공공종교』에서 계몽주의 이후 종교의 세속화로 인해 종교가 사적인 영역으로 축소되었다는 입장에 대해 반박하며, 여전히 종교는 새로운 공적 영역에서 다시 등장했다고 주장한다. 그는 미국에서의 가톨릭과 개신교 근본주의, 브라질의 민중 교회, 폴란드의 시민 교회, 스페인의 탈 제도화(Disestablishment) 운동의 교회 등에서 이러한 사례들을 발견한다. 그는 근대 이후 종교가 여러 분화의 과정에서 성과 속의 한쪽에 머물러 개인의 사적인 영역으로 축소되어 더 이상 공적인 힘을 발휘하지 못하고 있다는 주장에 맞서 종교는 여전히 세속 사회 한복판에서 공공종교로서 기능하고 있다고 주장한다. 그의 주장은 오늘날 한국에서의 종교의 공공성 논의와 관련하여 많은 시사점을 던져 준다. 여기서는 그의 사례 연구의 지평을 한국의 공적 종교현상과 연관하여 비교 고찰함과 동시에 현대적 의미의 공적 종교의 기능에 대해 논의해 보고자 한다.

주제어: 공적 종교, 사사화, 탈사사화, 근대성, 세속화, 생태적 공공성

1. 들어가는 말

근대 이후 한국 사회에서 종교는 그 시작부터 사적 영역과 공적 영역이 분리되지 않고, 복지, 의료, 교육 등의 공적인 일에 참여하였다. 특히 가톨릭과 개신교, 불교를 포함하여 전통 종교들은 지역 사회와 연계하여 공적 활동을 해 왔다. 이러한 한국의 종교 상황은 기독교 문화에서 과학혁명과 계몽주의의 흐름과 더불어 분화되는 과정에서 성/속의 분리라는 방식으로 이원화되어 종교를 사적인 영역으로 간주한, 서양의 종교 상황과는 구별된다. 근대 이후 한국은 다양한 종교가 공존하면서 공적 시민사회에 기여하고자 하였고, 많은 성과가 있었다.

그러나 최근에는 이러한 다원화된 종교와 그 종교의 공적 활동이 개별화되고, 때로는 종교 간의 갈등과 반목으로 인해 공적인 사회와 유리되는 경향이 있었다. 예를 들면 어떤 종교는 코로나-19 펜데믹 시기에 국가의 공적 대안에 반발하기도 하였다. 그래서 현대 한국 사회에서는 자칫 종교가 공적인 시민사회 및 국가와 단절되어, 시대의 흐름에 부합하는 공적인 역할을 다하지 못할 수도 있다. 이러한 종교와 세속 권력과의 갈등, 종교와 시민 사회와의 단절 및 종교와 종교

간의 갈등을 극복하고 종교의 공적 역할을 수행하기 위해서는 다수가 합의할 수 있는 공적 목표 아래서 서로 단합하고 소통할 수 있는 새로운 공공선에 대한 합의가 그 어느 때보다도 절실하다.

한국 사회에서 종교가 해왔던 복지, 환경, 권력 감시, 자원봉사, 모금, 대안 사회, 외국인 노동자의 문제, 도시 빈민의 문제 등의 공적 활동은 개인이나 국가가 쉽게 해결하기 힘들었던 일들을 한국의 여러 종교가 개입하여 새로운 공공성을 창출한 사례라고 할 수 있다. 전명수는 「종교와 공공성, 이론과 실제」라는 논문에서 특별히 개신교, 불교, 천주교의 공공성 논의를 소개하고 있다.[1]

한국 사회에서 개신교는 특히 의료와 복지 분야에서 종교의 사적 영역을 넘어 공적 영역에 참여하여, 긍정적 역할을 하였다. 가톨릭과 개신교 그리고 불교가 복지 분야에 많은 참여가 있는 이유는 나눔과 봉사를 강조하는 종교 고유의 가치관과 밀접한 연관이 있기 때문일 것이다.

이러한 종교의 긍정적 가치에 기초한 공적 영역에 참여는 여전히 지속되어야 할 것이다. 염승준은 한국에서의 종교의 공공성 논의와 관련해서 그 논의가 대부분 종교가 이와 같은 사회 정치적 역할에 주목해 왔다고 말한다.[2] 종교의 공공성 논의는 종교 밖에 있는 시민들에게는 없는 공통의 전통에 기초하여 단합된 목소리를 낼 수 있다는 점에서 그 의미가 크며, 또 이것이 각 종교의 사적인 영역을 넘어 시민사회와 국가와 협치를 이룰 수 있는 좋은 기능을 하기 때문에도 그 의미가 크다. 크게 보아 종교의 공적 활동은 세속적 의견과 유리되지 않으면서도 종교 고유의 세계가 가진 유의미성을 새롭게 재발견하려

---

1) 전명수, 「종교와 공공성, 이론과 실제」, 『한국학 연구』 68, 2019. 203-234.
2) 염승준, 「종교적 `공공성'의 개념과 의미 고찰」『원불교 사상과 종교문화』 72. 2017. 27.

는 시도라고 볼 수 있을 것이다.

종교의 공공성 논의에 들어가기 전에 공공성 개념에 대해서 잠시 살펴볼 필요가 있다. 공공성이라는 개념과 관련된 논의에서 먼저 생각해야 할 것은 한국어로 쓰는 공과 사의 개념 구분이다. 중국어나 일본어도 한국어와 마찬가지로 공과 사의 개념을 구분해서 쓰고 있지만, 그 뉘앙스에는 많은 차이가 있다. 더욱이 이러한 동아시아 전통에서 공과 사의 범주와 영어권에서 사용되는 공과 사를 같이 쓰게 되면 혼란이 생길 우려가 있다.

왜냐하면 공과 사를 규정하고 논의하는 역사적인 맥락과 범주가 두 문화권에서 서로 다르기 때문이다.3) 서양 언어권에서도 사회학적인 입장 혹은 종교 사회학적인 입장에 따라 종교의 공공성을 논의하는 차원이 서로 다르다. 그래서 특히 종교의 공공성을 논할 때, 이를 논의하는 학자가 주장하는 학문적 배경 및 역사적 맥락과 연관하여 논의할 필요가 있다. 예를 들면 아렌트가 말하는 공공성, 하버마스가 말하는 공공성 및 종교의 공공성4)과 카사노바가 말하는 종교의 공공성

---

3) 영어와 일본어 및 서양과 동양에서의 공공성 이해의 차이에 대해서는 다음을 참조. 飯田哲也・浜岡政好 編, 『公共性と市民』, 東京, 學文社, 2020. 1-22. 참조.

4) 하버마스는 『공론장의 구조변동』에서 과시적 공공성과 근대 민주주의의 공공성, 그리고 황색 저널에 의해서 일반화된 공공성을 구별한 바 있다. 이때 그가 근대 민주주의의 공공성이라고 주장하는 부분이 근대적 합리성의 핵심이다. 하버마스가 여기서 말하는 근대성의 특징은 의사소통적 합리성이다. 즉 과거의 미신과 종교적 세계관에서 벗어나 상식에 기초하여 합리적인 담론의 과정을 통해 이루어지는 합리성이다. 하버마스는 이러한 합리성이 프랑스 혁명 이전에 커피 하우스와 살롱에 모였던 계몽주의자들의 공통적 관점이었다고 주장한다. 그리고 이러한 근대적 공공성 개념이 프랑스 혁명의 토대 역할을 했다고 주장한다. 이후 하버마스는 오스틴의 수행발화 이론을 수용하면서 의사소통 행위이론(Kommunikatives Handeln)을 이야기한다. 하버마스의 입장은 이상적인 담화상태에서 소통하고 이 소통을 통해 합의에 이르는 것에 주안점이 있다. 이러한 주장을 펼쳤던 하버마스가 최근에 등장하는 종교적 현상에 주목하면서 새로운 차원의 종교적 합리성에 주목한 바 있다. 하버마스는 여기서 이른바 번역 조항을 내걸며, 현대 세계의 종교적 언어들이 세속적인 언어로 번역될 수 있을 때, 합리적 의사소통이 가능하다고 본다. 이렇게 하버마스는 근대 이후 등장한 새로운 종교적 합리성의 차원을 보면서, 새로운 공적 종교의 가능성을 찾고 있기도 하다. 다음의 논

은 그 용어상의 유사성에도 불구하고, 그 지시하는 영역과 내용은 아주 다르다.5)

여기서 카사노바의 입장을 더 상세하게 논의하려는 것도 이러한 학문적 역사적 맥락을 고려해야 하기 때문이다. 주지하는 바와 같이 서양에서 종교와 관련해서 공과 사의 구분은 계몽주의 이후 세속화와 더불어 시민사회 및 정부를 공(公)으로 종교를 사(私)적인 영역으로 분리하여 정교분리 원칙을 수립하면서 시작되었다. 카사노바의 공적 종교 논의는 바로 이러한 제도 분화의 과정에서의 사사화에 대한 탈사사화로서의 종교의 공적 등장과 연관되어 있다.

국내에서 카사노바의 공적 논의에 대한 언급은 자주 등장하지만, 그의 저술의 내적인 배경과 맥락에 대한 상세한 논의와 더불어 그의 입장에 대한 소개를 찾아보기 힘들다. 그래서 그가 구체적으로 어떤 배경을 가지고 논의를 전개하는지 알 수 없는 경우가 많다.6) 그래서 여기서는 그의 저서에 나오는 논의의 맥락을 충실하게 따라가면서 세속화 이후 사라졌다고 믿었던 종교의 공적 영역의 등장 과정에 대한 논의를 살펴보고자 한다.

문을 참조. Juergen, Habermas, *Religion in the Public Sphere*, European Journal of Philosophy Vol. 14, 2006. 1-25. 참조. 하버마스의 종교의 공공성에 대한 논의로는 다음의 논문들을 참조. Bernd, Irlenborn, *Religion in the Public Sphere: Habermas on the Role of Christian Faith*, The Heythrop Journal, Vol. 53. 2012. 5. 참조. Cristina, Lafont, *Religion in the Public Sphere Remarks on Habermas's Conception of Public Deliberation in Postsecular Societies*, Constellations Vol. 14; Iss. 2. 2007. 239-259. 참조. Patrick, Neal, Habermas, *Religion, and Citizenship*, Politics and Religions 7, 2014. 322-324. 참조.
5) 공공성 및 종교의 공공성에 대한 다양한 접근에 대해서는 다음을 참조. 허남진, 「종교와 공공성」, 『월간 공공 정책』, Vol. 155. 2018. 76-80.
6) 이와 관련된 논문으로는 다음을 참조. 정태식, 「현대사회에서의 종교의 사회적 위치와 공공성」, 『신학 사상』, 142. 2008. 참조. 이 논문에서도 카사노바의 공적 종교에 대해서 다루고 있으나, 카사노바가 『근대 세계의 공적 종교』에서 다루는 맥락은 서술되어 있지 않다.

카사노바는 저서 『근대세계의 공적 종교』[7]에서 계몽주의 이후 종교의 세속화로 인해 종교가 사적인 영역으로 축소되었다는 관점에 대해 반박하며, 여전히 종교는 새로운 공적 영역에서 다시 등장했다고 주장한다. 근대 이후 종교가 여러 분화 과정에서 성(聖)과 속(俗)의 한쪽에 머물러 개인의 사적인 영역으로 축소되어 더 이상 공적인 힘을 발휘하지 못하고 있다는 주장과 달리 종교는 여전히 세속 사회 한복판에서 공공종교로서 기능하고 있다는 것이 카사노바의 논지이다.

카사노바는 사례 연구를 통해서 기존의 세속화론자들이 주장하는 것처럼 종교가 결코 사사화 되지 않고 있음을 제시한다. 그가 주목한 공적 종교현상은 그가 연구한 서양의 배경과는 다른 역사와 전통을 가지고 있는 한국의 종교 전통에 시사하는 바가 크다. 거꾸로 이야기하면 한국 사회에서 기존의 종교가 했던 역할에 주목해서 보면, 카사노바의 공적 종교 현상에 대한 사례 연구는 전혀 새롭지 않다.

카사노바의 시선과 달리 특히 최근에 펜데믹 시대에 드러났듯이, 시민사회와 국가가 분리되어 사사화 현상을 보이기도 하였다. 이러한 움직임에 주목해 볼 때 그의 공적 종교에 대한 논의는 한국 사회에서 시사하는 바가 크다. 여기서는 카사노바의 내적 논리에 따라 진행되는 공적 종교에 대한 입장을 소개하고, 이를 비판적으로 고찰 검토하면서, 그의 입장이 한국 종교에 주는 의미와 한계 및 앞으로 지향해야 할 한국 종교의 공공성에 대해 논의해 보고자 한다.

---

7) 카사노바의 이 책의 일본어 번역본은 공공종교로 번역되었다. ホセ・カサノヴァ, 津城寬文 譯, 『近代世界の公共宗教』, ちくま學藝文庫, 2012. 이 논문에서는 때로는 공적 종교로 때로는 공공종교로 서술하였다.

2. 근대세계의 공적 종교현상

카사노바의 근본 물음은 근대 이후 종교는 세속화되어 개인의 사적인 영역에 머물러 있으며 더 이상 공공종교의 역할을 할 수 없게 되었는가이다. 그는 이렇게 우리가 암묵적으로 받아들인 종교의 세속화의 현상 가운데서도 특별히 사사화에 의문을 제기한다. 그가 이렇게 의문을 제기하는 이유는 근대 이후 서양의 종교현상들을 보면 종교가 사라지거나 사적인 영역으로 전락한 것이 아니라, 이전과 비슷한 방식으로 혹은 이전과 전혀 다른 방식으로 새롭게 드러나고 있기 때문이다. 미국의 가톨릭, 개신교 근본주의자들이나 남미의 해방신학 등장을 보면, 종교는 세속화론자들이 생각하는 것처럼 축소되거나 사사화 되기보다는 공공종교의 형태로 다시 등장했다는 사실을 알 수 있다는 것이다. 엄밀하게 말하면 여전히 이전의 종교를 고수하면서 제도화된 형태의 종교로 남아 있기도 하고, 새로운 사회 정치 상황에 직면하여 공적인 영역에 적극적으로 참여하는 종교도 있고, 이전과는 달리 그 형태를 달리하여 시민운동의 형식으로 공공종교의 모습을 띠며 나타나는 종교현상들도 있다는 것이다.

호세 카사노바가 『근대세계의 공공종교』에서 주장하고자 하는 핵심 테제는 1980년대에 일어난 공공 종교 활동에 대한 사례 연구를 바탕으로 근대세계에서 종교의 탈 사사화(Deprivatization)가 진행되고 있음을 증언하는 데 있다. 그는 3장에서 7장에 걸쳐 이러한 사례 연구를 진행하고, 8장 결론 부분에서 지구적 맥락에서의 일반적 현상과 관련해서 이러한 논의를 진행하고 있다. 그가 이러한 논의를 하는 이론적 토대는 기본적으로 세속화 이론에 대한 비판적 고찰과 연관되어 있다. 3장에서 7장에 논의된 사례 연구는 총 5개이지만, 종교로 분류하면 크게 두 개의 종교로 압축된다. 한 개의 개신교와 4개의 가톨릭 사례 연구이다. 그가 1~2장에서 다루는 이론적 틀은 다음과 같다. 첫 번째는 세속화 이론과 관련해서이고, 다른 하나는 사적/공공종교와 관련해서이다. 카사노바는 세속화 이론을 세 가지로 분류한다. 1) 종교 감소로서의 세속화, 2) 종교와 세속의 분화(differentiation)로서의 세속화, 3) 사사화(privatization)으로서의 세속화이다.[8] 카사노바가 이 책을 통해 밝히고자 하는 핵심은 세속화 이론가들이 주장하는 세속화 자체에 대해 반대 의견을 제시하는 데 있다기보다는 위에서 말하는 두 번째 종류의 세속화는 인정하지만, 종교 감소와 사사화로서의 세속화는 인정하지 않는다는 데 있다. 즉 세속화를 통해 종교가 여러 가지 영역으로 분화한 것은 맞지만, 실제의 사례 연구를 통해서 보면, 세속화 이론에서 주장하는 것 중에서 첫 번째와 세 번째의 경우는 사실과 부합하지 않다는 것이다.

카사노바는 이를 세부적으로 다음과 같은 논점으로 그 분석 틀을 제시한다. 일단 계몽주의 이후 종교가 감소한다는 생각은 전적으로 잘못된 주장이라고 못 박는다. 세계 곳곳에서 일어나는 종교현상들은 이에 대한 반증이기에 그렇다는 것이다. 카사노바는 세속화의 두 번째 관점 즉 종교와 세속이 구별되었다는 것은 긍정한다. 그렇지만 카사노바는 성/속의 구별이 '필연적으로' 종교의 국소화나 사사화로 귀결되었다거나 그 반대로 공적종교의 출현이 '필연적으로' 근대성(Modernity)을 위태롭게 한다는 관점에 대해 비판적이다. 세속화 이론과 비판적 대결을 취하면서 카사노바가 강조하고 싶은 것은 새로 출현한 공적종교의 특징들은 근대성을 거부하거나 근대성을 방해하는

---

8) 피터 버거는 이 두 번째 의미에서 세속화 과정을 이해한다. 그는 구약성서에서 발견할 수 있는 초월화, 역사화, 윤리의 합리화 과정이 근대의 세속화 이전의 세속화라고 본다. 피터 버거, 『종교와 사회』, 이양구 옮김, 종로서적, 1983.124-141. 참조.

것이 아니고, 오히려 계몽과 근대성에 부합하는 긍정적인 역할을 한다는 것이다. 종교는 근대 이후 근대적 가치와 양립할 수 없는 것으로 치부되는데, 카사노바는 세속화 이론가들이 말하는 것처럼 축소되거나 사사화 되지 않았다는 것을 사례 연구를 통해 밝히고자 한다. 즉 세속화 되어 사라질 것 같았던 공공 종교가 새로운 시대, 새로운 공공성의 영역을 창출해 가고 있다는 것이다. 카사노바의 논의를 따라가려면 사적/공적의 구분 및 사적 종교와 공공종교의 차이와 그 역사적 발전 과정을 면밀히 살펴볼 필요가 있다. 왜냐하면 그의 논의에서 세속화의 반례로 제시하는 핵심적인 주장이 사적 종교 곧 사사화가 아니라 공적종교의 등장에 있기 때문이다.

3. 사적/공적 영역의 구분

카사노바는 사적/공공종교를 다루기에 앞서 종교는 근대 세계 이후 사적인 영역으로 분화 축소되었다는 주장을 소개한다. 근대에 종교가 사적인 것으로 되었다는 말은 제도적인 분화의 과정에서 세속적인 영역이 종교적 규범과 교회의 지배로부터 해방되었다는 것을 의미한다고 말한다. 전체적으로 볼 때 근대과학, 자본주의 시장과 근대 국가 관료제도 등이 이제는 더 이상 신이 존재하지 않는 것처럼 그렇게 작동되었다는 것이다.[9] 그러나 이러한 주장에도 불구하고, 정교분리를 통한 사사화와 더불어 교회와 국가의 분리라는 근대적 벽이 종교와 국가가 서로 관통하며 때로 공생 관계를 형성해 갔다는 역사적 사

---

9) Jose, Casanova, *Public Religions in the Modern World*, The University of Chicago Press, Chicago and London, 1994. 40. 참조.

실은 간과되고 있다고 카사노바는 지적한다.10) 그런데 카사노바에 따르면 사람들은 종교가 근대세계에서 더욱 사적인 영역으로 되어감과 동시에 또한 종교의 탈 사사화(deprivatization)가 목격되고 있다고 말한다.

그는 이러한 역설적 현상을 설명하기 위해 사적/공적 구분에 대한 논의에 들어간다. 카사노바는 특별히 제프 와인트라우(Jeff Weintraub)의 구분을 소개하고 있다. 그에 따르면 사적/공적 논의는 크게 4가지로 분류된다. 1) 시장 경제와 국가 행정의 구분, 2) 시민성과 정치 공동체의 구분, 3) 개인적인 영역과 유동적이고 다양한 형태의 사회모임(Sociability)의 구분, 4) 가계과 시장 경제의 구분이다. 기본적으로는 이러한 구분에 나타난 용어의 불일치는 근대 사회에 부합하는 것을 찾는 과정에서 헤겔이 구분한 가족, 시민/부르주아 사회 그리고 국가라고 하는 세 가지 범주를 이원적으로 나누는 과정에서 발생했다고 카사노바는 보고 있다. 이러한 사적/공적 구분은 고대 그리스의 가계(oikos)와 폴리스(police) 사이의 구분으로 거슬러 올라간다.11) 이러한 구분은 카사노바도 지적하고 있듯이, 고대 그리스의 노예제 사회에서 구분한 사적영역의 가계(Oikos)와 정치적인 영역(polis)의 구분이 근대에 부르주아의 등장과 더불어 발생한 새로운 영역을 어느 쪽으로 분류할 것인가의 문제와 연결된다. 경제활동은 고대 그리스에서는 노예들의 영역이고, 정치활동은 귀족들의 영역이어서, 이때 사적/공적 영역의 구분은 확실했다.12) 하지만 근대 부르주와 계급의 등장과 더불어 근대 국가가 등장했기에 이들의 활동 여부에 따라 사적인 영역과

---

10) Jose, Casanova, *Public Religions in the Modern World*, 41. 참조.
11) Jose, Casanova, *Public Religions in the Modern World*, 42. 참조.
12) 예를 들면 아렌트는 이러한 구분에 따르면서 그의 공공성 논의를 진행한다. Arendt, Hannah, *The Human Condition*, Chicago & London, 1998. 26. 참조.

공적인 영역의 구분이 될 수밖에 없었다는 것이다.

이와 같은 논의를 거친 후 카사노바는 사적/공공종교의 구분을 세 가지 범주로 나누어 다룬다. 1) 상호작용의 측면에서 개인적 종교성과 집단적 종교성의 구분이고, 2) 제도적 차원에서 종교적 공동체와 공동체 제의(Cult)의 사이의 구분이며, 3) 사회적 차원에서 종교와 세계 사이의 구분이다. 카사노바는 첫 번째 사례로 종교의 개인적 체험의 차원을 강조한 윌리엄 제임스와 종교의 집단적 차원을 강조한 로버트슨 스미스의 말을 인용하면서, 종교의 사적인 영역과 공공적인 측면을 소개하고 이와 더불어 이 양 측면의 상호작용에 대해서 논의한다.

두 번째 사례로는 종교적 공동체(Religious Communities) 대 공동체 제의(Community Cults)의 구분인데, 제도적 차원에서 보면 전자는 사적인 영역으로, 후자는 공적인 영역으로 구분하는 경향이 있다.13) 종교적 공동체는 정치적 공공 영역과 분리되는 경향이 있는데, 구원종교(Salvation Religion)가 대체로 이러한 경향을 띠고 발전하지만, 이러한 종교의 모습은 시기, 문화 그리고 전통의 차이에 따라 사적인 측면이 우세하게 나타나기도 하고, 공적인 측면이 우세하게 나타나기도 한다. 역사적으로 보면 기독교는 로마 제국 시기에 종교적 공동체의 특성과 정치적 공동체 특성의 결합이 나타나기도 했다. 이슬람은 종교적 공동체의 차원과 공동체 제의 곧 정치적 공동체가 분리되지 않는 유일한 역사적 사례라 할 수 있을 것이다.

세 번째는 서구에서 사회 분화의 과정에서 형성된 일반적인 현상에 해당한다.

---

13) Jose, Casanova, *Public Religions in the Modern World*, 42. 51-63. 참조.

4. 사적 종교/ 공적 종교의 구분

카사노바는 아브 하미드 무함마드 알 가잘리(Abu Hamid Munammad al-Ghazzali)가 말하는 종교와 국가의 관계에 대한 비유를 소개하면서 사적 종교, 공적 종교에 대한 논의를 전개한다. 그 비유는 다음과 같다. 당신이 세 종류의 사람과 관계가 있다고 하자. 하나는 왕자, 총독 그리고 압제자와의 관계이다. 첫 번째이자 가장 나쁜 관계는 당신이 그들을 방문하는 것이고, 두 번째이자 첫 번째보다 더 좋은 관계는 그들이 당신을 방문하는 것이다. 그리고 마지막이지 가장 확실한 관계는 당신이 그들과 멀리 떨어져서 지내는 것이다. 그래서 내가 그들도 보지 않고, 그들도 당신을 보지 않는 것이다.[14] 이는 종교와 국가가 맺는 관계의 세 가지 유형을 잘 말해 준다.

첫 번째는 황제교황주의(caesaropapism)에 해당하고, 세속 권력에 종교의 권력이 종속되는 관계이다. 두 번째는 신정정치(theocracy)이다. 종교인의 입장에서 바랄법한 관계이기는 하지만, 자칫 세상일에 관여하면서 이 세상의 일에 얽혀 헤어나지 못할 수도 있다. 세 번째는 종교와 세상의 완전한 분리이다. 이 세 가지 중에서 어느 것도 종교와 세상 사이의 긴장을 영구적으로 해결할 수는 없을 것이다. 카사노바는 사적 종교/공공종교의 세 가지 구분을 소개하기도 한다. 1) 개인적 종교성 vs. 집단적 종교성, 2) 종교적 공동체 vs. 정치적 공동체, 3) 종교적 공동체 vs. 세속적 영역, 카사노바는 이 세 번째를 종교 vs. 세상으로 구분한다.[15] 카사노바는 종교 자체가 내부적으로 합리화 과정을 거치고 동시에 세속 국가의 종교로부터의 해방이라고 하는 이중의 과

14) Jose, Casanova, *Public Religions in the Modern World*, 42. 48-49. 참조.
15) Jose, Casanova, *Public Religions in the Modern World*, 51-52. 참조.

정에서 종교 분리가 진행되었다고 말한다. 이 과정에서 종교는 양심의 자유와 정의 및 근대의 규범적 관점에서 자기주장을 펼쳐 감으로써 공공종교로 모습을 드러냈다고 한다.

카사노바는 다음의 세 가지 관점을 강조하며 종교가 더 이상 사적인 영역에 머물지 않고, 공공종교로서의 사회적 기능을 수행했다고 말한다. 1) 종교가 절대주의, 권위주의 국가에 대항하여 자신의 종교의 자유를 보호할 뿐만 아니라, 근대적 자유와 권리 및 민주 시민 사회의 권리를 보호하려고 할 때이다. 폴란드와 브라질의 가톨릭이 이에 해당한다. 2) 종교가 세속적 영역의 절대적 법적 자율성에 의문을 품고 이질적인 도덕적 고려와 관계없이 기능적 분화의 원리에 부합하는 요구를 할 때이다. 미국 가톨릭이 이러한 역할을 한 바 있다. 미국 가톨릭교회는 군비 경쟁이나 국가의 핵무기 정책 및 자본주의 경제 체제의 비인간적인 결과에 이의를 제기한 바 있다. 3) 교회가 행정적 혹은 법률적 국가의 침투로부터 전통적인 생활세계(life-world)를 보호하고자 할 때이다. 스페인의 탈 제도화 운동이 이해 해당할 것이다. 이것이 바로 종교의 탈 사사화(Deprivatization) 현상을 보여주는 사례들이다. 카사노바는 탈사사화를 다음과 같이 정의한다. "내가 근대 종교의 탈사사화라고 부르는 것은 종교가 사적인 영역에 할당된 자신의 위치를 포기하고, 구별되지 않는 시민 사회의 공적인 영역에 진입하여 진행되는 논쟁의 과정, 가늠하기 어려운 정당성 문제에 참여하며 그 경계를 재편하는 데 있다."16)

카사노바는 가톨릭 특성상 로마 가톨릭의 영향 아래 있지만 그럼에도 개별 국가마다 다른 양상을 띠면서 공적 종교의 성격으로 발전되었다고 본다. 스페인, 폴란드, 브라질의 가톨릭의 경우 민주화에 중

---

16) Jose, Casanova, *Public Religions in the Modern World*, 65-66. 참조.

요한 역할을 하면서 공적 종교로서의 위치를 확고하게 보여준다고 평가했고, 미국의 가톨릭의 경우, 제2 바티칸 공의회의 문서 4개가 미친 영향력을 평가하면서 미국에서의 가톨릭의 공적 종교로서의 역할에 주목한다. 그는 제2 바티칸 공의회 선언에 주목한다. 제2 바티칸 공의회에서 제시한 4가지 선언 문서는 인간의 존엄(Dignitatis Humane), 기쁨과 신앙(Gaudium et Spes), 인류의 빛(Lumen Gentium), 주 그리스도(Christus Dominus) 문서이다.17) 카사노바는 이러한 원칙이 미국 가톨릭이 공적 종교로서의 역할을 하는데 기여했다고 본다.18) 카사노바는 공적 종교 여부를 판단하는 데 있어 종교적 교리나 정의(self-definitions)를 통해서가 아니라, 특정 사회에서의 구조적 위치(structural location)에 따라 평가하고자 하였다.

5. 카사노바의 공적 종교에 대한 비판적 고찰

염승준은 종교의 공공성에 대한 논의와 관련하여 4가지 범주를 제시한다. 그의 4가지 범주는 카사노바가 말하는 공적 종교 현상에 대한 좋은 비판적 안목을 제시해 준다. 여기서는 그의 4가지 범주에 따라 카사노바의 공적 종교 현상을 비판적으로 고찰해 보고자 한다. 첫 번째는 종교의 사회 참여를 종교의 공공성으로 보는 경우, 두 번째는 행위주체자들의 공과 사의 대립에서 발생하는 종교의 공공성이다. 예를 들어 기독교 근본주의나 이슬람 근본주의자들이 자신의 신념에 따라

---

17) Jose, Casanova, *Public Religions in the Modern World,* 72-73. 참조.
18) 사실 가톨릭의 이러한 시도들은 엄밀하게 말해 시민의 자발적 운동이라기보다는 로마 교황청에서 내려오는 권위적 선언에 불과하다.

사회 참여를 하며 자신의 행위가 공적 종교의 활동이라고 주장하지만, 다른 행위 주체들은 그것을 공적 활동으로 인정하지 않을 수도 있다. 세 번째는 공적인 것과 사적인 것을 넘어서는 형이상학적이고 종교적인 초월성을 종교적 공공성으로 보는 경우이고, 네 번째는 종교적인 신적 이념과 초월성이 국가의 주권, 정치체, 국가의 법 생활과 일치할 경우이다.19) 염승준의 이러한 범주 가운데 첫 번째를 카사노바의 공적 종교 입장에 대입해 보면, 카사노바가 종교의 사회 참여를 종교의 공공성으로 보는 것은 분명해 보인다. 지금까지 서술했듯이, 카사노바는 세속화론에 대항하여 사적인 영역에 머물지 않고, 적극적으로 종교의 사회 정치적 참여의 사례들을 소개하고 있기 때문이다.

이때 두 번째의 범주 즉 공과 사의 대립에서 발생하는 종교의 공공성 문제는 카사노바의 한 사례에서 논의의 여지가 있다. 염승준은 미국의 기독교 근본주의나 이슬람 근본주의들의 사회 참여를 종교의 공공성이라고 말할 경우, 과연 이것을 종교의 공공성 차원으로 해석할 수 있는지 묻고 있다. 이때 공공성을 둘러싼 내적 갈등이 있을 수 있다. 왜냐하면 이들이 자신들의 활동을 제외한 다른 활동을 강제적으로 사적 영역으로 전락시켜 버리기 때문이다. 전체적으로 보면 카사노바는 가치중립적 입장에서 종교의 공적 현상을 그대로 서술하고자 한 인상을 준다. 그럼에도 염승준의 두 번째 범주에서 보면 카사노바의 미국 근본주의의 사례는 논의의 여지가 있다. 이와 아울러 카사노바가 말하는 '근대'의 범주는 학자마다 관점의 차이가 있는데, 그가 주로 제시한 민주화와 정치참여와 같은 사례만 가지고는 '근대'의 '공적 종교'로 말하기에는 무리가 있다.

염승준이 분류한 세 번째 범주인 공적이고 사적인 것을 넘어 형이

---

19) 염승준, 「종교적 '공공성'의 개념과 의미 고찰」, 72. 참조.

상학적이고 종교적인 초월성의 관점을 카사노바의 논의에 대입할 경우도 또 다른 논의가 필요해 보인다. 염승준은 카사노바의 공적 종교 논의는 공과 사의 어느 쪽에도 귀속되지 않는 범주에 부합한다고 본다.[20]

그러나 과연 카사노바가 공과 사의 범주를 넘어선 제3의 초월적 형이상학적 관점을 취하는지 의문이다. 이렇게 해석된 카사노바의 초월성이 과연 카사노바가 말하는 공적 종교현상에 부합하는지도 의문이다. 앞에서도 서술했듯이, 카사노바는 서양의 세속화 이론에 맞서 사회적으로 드러나는 공적 현상에 주목했기 때문이다. 더욱이 그가 말하는 앞의 인용문(각주 17)에서 알 수 있듯이, 그가 말하는 종교의 탈사사화는 종교의 사적인 영역의 경계를 넘어 시민 사회의 공적인 영역에 진입하여 그 경계를 재편하는 데 있다. 이때 그 경계를 재편한다는 말이 종교적 초월성으로 이해될 수 있는지 의문이다.

위의 인용문(각주16)의 맥락에서 해석할 때, 카사노바의 이 말은 종교의 사회 참여라고 해석할 수 있다. 염승준은 카사노바에 대한 이러한 해석과 연결하여 칼 슈미트의 입장을 소개한다. 그의 해석에 따르면 칼 슈미트는 『정치신학』에서 서양에서 주권자는 신의 대리자의 역할을 했는데, 정치적 주관자에 대한 이러한 형이상학적 초월적 특징이 사라지고, 민주주의라는 제도로 평준화되었다고 평가했다. 칼 슈미트의 관점에 따라 염승준도 사라져 버린 종교적 초월성을 정치적 선택과 법에 합치시키는 과정이 진정한 공공성을 회복하는 길이라고 본다. 즉 칼 슈미트의 정치신학과 연결 지어서 해석하는 데서 그의 초월성의 의미가 더 두드러지는데, 공적인 영역으로 자리하고 있는 정치 영역에서 상실된 잃어버린 종교적 초월성을 회복하는 것으로 본

---

20) 염승준, 「종교적 `공공성'의 개념과 의미 고찰」, 21-23. 참조.

다.21) 이러한 염승준의 해석은 서양의 정교분리 과정의 역사적 맥락에서 충분히 이해할 수 있다.

하지만 이러한 입장에 서게 되면, 앞에서 비판한 두 번째 사례 즉 미국 기독교의 근본주의나 이슬람 근본주의가 말하는 공공성의 위험에 처하게 될 수 있다. 즉 주권자의 예외 상황에 대한 선언이 종교적 초월성을 내재한 정치적 결단이고, 이것이 종교의 공공성 구축이라고 한다면, 즉 이러한 예외 상태 선언을 공공성이라고 선언하는 순간, 나머지 다양한 민주적 의견 절차들이 사적인 것으로 전락할 위험이 있기 때문이다. 칼 슈미트의 관점에서의 초월적 공공성은 염승준이 칸트의 말을 인용하면서 우려했듯이, 최고 주권자가 사적 이익의 관점에서 행동할 때의 문제점에 노출될 수도 있다. 주지하듯이, 예외 상태에서 주권자의 결단을 강조하는 칼 슈미트의 입장은 독재를 정당화하는 이데올로기로 작용할 수도 있다.

이러한 입장은 히틀러의 등장과 이후 독재 국가의 사례에서 많이 드러나고 있다. 이 점에서 볼 때, 카사노바의 개신교 근본주의는 사례는 공적 종교에서 여전히 논의의 여지가 있다. 이외에도 다 종교 상황에서 있는 한국 상황에서 특정 종교의 초월성과 종교적 결단이 합치될 수 있는 가능성은 희박해 보인다.

나는 염승준이 지향하는 종교적 초월성을 기초로 한 종교적 공공성의 구축은 토마스 베리(Thomas, Berry)가 『위대한 과업』에서 말하는 모든 생명에 대한 종교적이고 초월적인 체험에 기초해서 구축될 수 있지 않을까 생각한다. 토마스 베리는 자연을 단지 인간의 도구로만

---

21) "신과 인간의 질적 차이를 강조해 온 서양 종교와 달리 신과 인간의 동일성을 강조하는 한국 종교의 종교적이고 형이상학적인 초월성을 적극적으로 해석하고 그러한 초월성에 내재된 사회 정치적 함축성을 현실에서 실천해 나가는 것이 한국 종교의 공공성 재구축을 위한 선행과제라고 할 수 있다." 염승준, 「종교적 '공공성'의 개념과 의미 고찰」, 32.

보지 않고, 자연을 물질이면서 동시에 영혼이 있는 것으로 보아야 한다고 주장한다. 토마스 베리가 말하는 세계의 영혼(Amor mundi) 개념이 바로 그것이다. 토마스 베리는 우연이 계곡에서 자연의 소리를 경험한 것을 바탕으로 하여, 봄, 여름, 가을, 겨울로 순환하는 자연의 움직임을 잘 관찰하며, 자연의 리듬에 맞게 생활하는 것이 중요하다고 말한다.

토마스 베리는 이를 자연에 대한 거룩한 경험(numinous experience)이라고 말한다. 토마스 베리에 따르면 근대 이후 자본주의 국가체제의 법체계 안에서는 자연 속에 존재하는 다양한 생명들이 권리의 주체에 포함될 수 없었다. 그 때문에 그는 기존의 법체계를 넘어서 새로운 법체계 수립이 절실하다고 말한다. 그가 말하는 핵심은 일차적으로 영성에 대한 체험이다. 그는 지구 전체를 생각하는 영성을 가지고 생활하는 것을 강조한다.[22] 나는 이러한 영성에 기초해서 생태적 공공성을 확립해 나가는 것이 한국의 종교들이 공적 종교로 가는 바람직한 길이라고 본다. 그런데 이 점은 카사노바가 공적 종교현상을 서술할 때 빠져 있는 부분이기도 하다.

---

22) Thomas, Berry, *The Great Work: Our Way into the Future*, New York, 1999. 25. 베리의 이러한 관점에 집중하여 생명의 권리에 대한 사례 연구로는 다음을 참조. Peter, Burdon, The Jurispurdence of Thoman Berry, Worldviews Global Religions, Culture, and Ecology, 2011, Vol.15 (2), p.151-167. 앞으로 나는 한국의 각 종교가 최근에 논의 되는 생태 시민(ecological citizenship)개념에 대한 연구와 관련하여 각 종교 고유의 생태 담론을 발굴하고 이러한 운동에 참여하여 그 공공성의 영역을 확장해 나갈 필요가 있다. 생태 시민 관련 논의로는 다음의 책들을 참조. Andrew, Dobson, *Citizenship and The Environment*, Oxford University Press, 2004. Andrew, Dobson, and Derek, Bell, (ed.), *Environmental Citizenship*, The MIT Press, London. 2006.

6. 카사노바의 공적 종교 논의의 현대적 의미

카사노바가 공적 종교의 특징에서 특별히 주목한 부분은 지금까지의 논의에서 드러났듯이 종교의 시민 사회 참여 여부라 할 수 있다. 이는 현대의 종교들이 진지하게 받아 들어야 할 부분이다. 과거에 한국에서도 국가의 위기 앞에서 종교 단체들이 연합하여 독립 선언서를 작성하거나, 독재에 맞서 종교인들이 시민운동을 하기도 하였고, 민중 봉기 형태로 봉건주의 질서에 맞서는 운동을 전개하기도 하였다. 이러한 종교 활동들은 종교가 단지 개인적이고 사적인 체험에 머물며 세상과 유리된 것이 아니라, 사회 안에 존재하며 잘못된 정치나 사회에 경종을 울린 사건이며, 종교의 공적 활동이라 할 수 있다. 이때 논의할 부분이 있다. 만약 종교와 국가 혹은 종교와 시민 사회가 서로 다를 주장을 할 때 어느 쪽이 옳은가 하는 것이다. 종교가 본질적으로 정치와 대립할 때 종교가 과연 선한 쪽이냐 악한 쪽이냐, 사회 전체 시스템에서 순기능적인 역할을 하느냐 역기능적인 역할을 하느냐 또는 종교가 역사적으로 인류사회 발전에 진보적이냐 퇴행적이냐 하는 것은 논의의 여지가 있다.

왜냐하면 종교가 공적인 기능을 수행할 수도 있지만, 이와 반대로 부정적이고 사적인 기능을 수행할 수도 있기 때문이다. 예를 들면 기독교의 창조론 또는 이에 근거한 지적 설계론의 입장에서 과학의 연구 성과를 무시하거나, 특정 종교의 이념에 따라 정치에 영향을 미쳐서 인류 사회를 퇴보하는 쪽으로 이끌어 갈 위험도 있다.[23]

카사노바가 사례로 든 총 5개 사례를 보면, 카사노바의 입장은 말 그대로 가치중립적 입장에서 1980년대 등장한 공공종교의 재등장 현

---

23) Jose, Casanova, *Public Religions in the Modern World*, 66.

상을 서술한 것처럼 보인다. 그러나 그가 든 미국의 근본주의는 비록 종교의 공적 현상이기는 하지만, 사회 발전에 역기능을 할 수도 있다. 만약 이렇게 된다고 하면 종교적 근본주의나 사이비 종교들이 무식한 시민 대중들을 이용하여 사회 혼란을 조장하거나 근대적 가치에 역행하는 역할을 한다고 해도 그 종교는 공적 종교의 역할을 다하고 있는 셈이 된다. 역사적으로 보면 다양한 종교들이 비록 퇴행적이라고 해도 표면적으로 민주화를 주장하고 있고, 사회적 정의를 말한다. 카사노바는 우리가 익히 알고 있는 브라질의 해방신학을 공적 종교의 현상으로 고찰하기도 하였다. 해방신학이나 한국의 민중신학이 과연 종교의 공적인 역할을 했는지는 역사적으로 평가할 문제이기는 하다. 그렇지만 카사노바의 이러한 시선을 더욱 넓게 확대할 필요가 있다. 이미 한국 종교가 수행했던 민주화나 종교의 정치참여나 시민운동의 차원과 더불어 각 종교가 연대하여 종교의 공적 역할에 주목할 필요가 있다. 더 나아가 한국 같은 다종교 사회에서는 각 종교가 간직한 귀중한 유산들을 공론화하여 연대하는 것이 절실하다. 왜냐하면 한국 사회에서는 종교 간의 갈등 문제가 심각하기 때문이다. 한국에서의 종교는 종교의 공적 활동과 관련해서 그 사안이 무엇이든 인류 공통의 과제 앞에서 종교 간의 갈등과 반복이 아니라 평화의 길을 모색하는 길을 열어야 한다.

카사노바는 종교로는 크게 가톨릭과 개신교의 사례, 지역별로는 미국과 스페인 그리고 브라질의 사례를 보고하고 있지만, 그의 이러한 시각을 적극 반영하여 동아시아 종교에서 나타나는 공적 종교현상이나 한국에 나타나는 여러 공적 종교현상을 찾아 이러한 사례 연구를 제시하여, 특정 종교들이 수행하고 있는 공적 종교의 역할을 다른 종교인들이 보고 배워 서로 영향을 주고받으며 공적 종교의 기능을 발전시켜 나갈 수 있도록 해야 할 것이다. 앞에서 언급했듯이 근대 이후 한국에서 각 종교는 역사적으로 의료, 복지, 교육 등의 다양한 차원에서 공적 종교의 역할을 하였다. 비록 그것이 각 종교의 선교를 위한 동기에서 출발했다고 해도, 긴 역사적 과정을 두고 그 결과를 관찰해 볼 때, 사회에 순기능을 하는 공적 활동으로 평가할 수 있다. 물론 최근의 펜데믹 상황에서 특정 종교의 사례에서 볼 수 있듯이, 종교가 공적 이성의 차원보다는 사적 이익을 위해 행동하기도 한다.

현대 세계는 거의 모든 전 분야에 걸쳐 근대적 합리성 및 근대적 민주주의 체계의 한계에 주목하면서 탈-근대(Post-modern)을 말하고 있는 시대이기도 하다. 종교도 예외는 아니다. 제의에 근거하지 않고, 다양한 종교적 가치를 다원적 관점에서 수용하며 지구 위기 시대에 새로운 종교성의 현상, 예를 들면 벨라가 말하는 쉐일라이즘(Sheilaism)에서 새로운 종교의 공공성 혹은 종교의 공공적 역할도 발견할 수 있을 것이다. 또한 각국 종교의 생태적 시민운동 등에서 새로운 공적 종교의 가능성을 볼 수도 있다. 계몽주의 이상 가운데 하나인 세계 시민성(cosmopolitanism)의 관점에서 현대의 종교 간의 갈등을 넘어 보면 종교의 공공성을 확보할 수 있는 길도 열릴 수 있을 것이다. 또는 세계 시민개념을 넘어 비인간(non-human)까지도 시민의 영역에 놓는 생태 시민의 길을 모색하는 것이 오늘날 현대의 종교가 추구해야 할 공공성의 영역이라고 할 수 있을 것이다.

이런 맥락에서 볼 때 오늘 우리가 새롭게 만들어 가야 할 생태적 공공성의 영역은 앞에서 언급한 복지, 환경, 권력 감시, 자원봉사, 모금, 대안 사회 이주 노동자의 인권 등과 더불어 본격적으로 환경 문제와 더불어 각 종교가 연대할 수 있는 발판을 마련하는 일일 것이다. 생태 담론과 관련하여 최근 종교의 공적 활동들은 매우 긍정적이다.

기독교 환경 운동 연대, 가톨릭의 환경 운동, 원불교의 환경 운동은 활발하게 진행되고 있기도 하다. 유기쁨은 위의 공공성과는 다른 관점 곧 생태적 공공성을 말하면서 새로운 차원의 종교의 공공성을 말한다. 유기쁨은 심층 생태론을 소개하면서 그러한 시도가 가질 수 있는 사사화 즉 개인의 생태적 감성으로 머물지 않고, 그것이 타인과의 관계 속에서 연대에 이를 수 있을 때 유의미한 생태론이 될 수 있음을 말한다. 유기쁨이 말하는 생태 공공성은 종교인들은 물론 우리가 모두가 진지하게 경청해야 할 종교의 공적 영역이다. 이러한 관점에서 생태적 영성을 보다 넓은 공공의 차원에서 확대해 나가야 할 것이다.24)

2002년과 2003년 사이 천성산 터널 반대 운동을 이끌었던 불교 단체의 운동이 시민운동으로 확대되어 생태 운동이 진행된 것은 종교에서 출발한 생태적 공공성의 대표적인 사례라 할 수 있다. 이때 천성산 사찰의 승려들을 중심으로, 지역 주민이 동참해 환경 단체 '도롱뇽의 친구들'을 결성, 도롱뇽(특히 꼬리치레도롱뇽)을 원고로 하여 '천성산 구간(원효터널) 착공 금지 가처분 소송'을 제기했다. 원고 측은 13.3km의 터널 공사로 인하여 천성산 일대의 보호 대상 동식물이 위협받고 있으므로 공사를 중단하고 환경조사를 다시 하자고 주장하였다. 이 소송은 원고 중에 내원사에서 수행하던 지율 스님 외에 천성산에 사는 동식물을 대표하여 도롱뇽이 포함되어 있다는 점에서 관심을 끌었다.25)

---

24) 유기쁨. 「현대 종교문화와 생태 공공성」, 『오토피아』 31.2, 2016. 28-29. 참조. 이와 비슷한 맥락에서 코로나가 일상이 된 시대에 종교의 공공성도 새롭게 논의되어야 마땅하다. 이와 관련해서는 다음을 참조. 김민지·안연희, 「뉴노멀 시대, 종교의 공공성 회복」, 『평화와 종교』, 11. 2021. 49-55.

25) 네이버 블로그 하치고의 아카이브https://blog.naver.com/hachiko-chan/223134600929 이 운동의 전체 진행 과정에 대해서는 다음을 참조. 이시윤, 「'두 개의 운동'으로서의

7. 나가는 말

지금까지 카사노바의 종교의 공적 현상을 고찰하면서 그가 말한 공적 종교의 현상을 비판적으로 고찰해 보았다. 카사노바의 시선은 기존의 종교에 대한 관점을 시성하는데 좋은 기준점을 제공한다. 종교인이 아닌 일반인들이나 정치인들은 자신의 입장에서 종교를 단지 개인의 영혼 구원에 관심하는 영역으로 간주하는 경향이 강하다. 그래서 종교인의 정치참여나 사회 활동에 대해 부정적인 시선을 가지는 경우도 있다. 즉 세속화 이론가들이 생각하는 관점을 무비판적으로 수용하는 경우가 많다. 그러나 카사노바의 사례를 통한 지적과 한국 사회에서의 종교의 공적 활동을 통해 알 수 있듯이, 역사적으로 종교는 사적인 영역에만 머문 것이 아니라, 사회 속에서 뚜렷하게 공적인 역할을 해 왔다. 카사노바의 시선은 우리가 간과할 수 있는 사회적 현상에서 드러나는 종교의 여러 가지 공적 역할에 우리의 관심을 환기해 준다.

카사노바는 시민들과 고립되지 않고, 시민들과 연대하여 국가에 영향을 미치고, 사회 변화를 끌어내며, 정치적 결정에 영향을 미쳤다는 사실에 주목한다. 그는 경제적 불평등에 대한 비판이나 민주화 또는 잘못된 정치에 대한 비판 등의 사례를 제시한다. 그의 이러한 관점은 한국 역사 속에서 일어났던 종교의 공적 현상을 조명하는데 좋은 길잡이 역할을 한다. 이외에도 카사노바의 종교의 공적 현상에 대한 사례 연구는 그가 제시한 사례와는 다른 기존의 한국에서 수행된 사회 복지, 교육, 자원봉사, 이주 노동자의 인권 등의 다양한 활동들도 적극적으로 재평가할 기회를 제공한다. 즉 그의 관점은 시공간을 달

천성산 터널 반대 운동: 종교 시민운동 축의 복원과 시민환경운동과의 관계 분석, 『사회사상과 문화』, 21. 2018. 169-215. 참조.

리하는 다른 문화에서 일어나는 종교현상들을 더 넓은 관점에서 확대해서 해석할 수 있는 지평을 제공해 준다.

그러나 이러한 사실은 또한 그가 제시한 사례가 시대마다 다르게 요청되는 종교의 공공성의 요구를 간과할 수 있는 위험을 수반하기도 한다. 주지하듯이, 남미의 해방신학이나 한국의 민중신학이 보여주듯이, 특정 종교는 경제적 불평등과 독재에 맞서 종교의 공적인 역할을 민주화에 두기도 하였다. 카사노바가 말하는 브라질 교회의 해방신학의 사례와 한국의 민중신학의 사례는 종교의 공적 현상과 관련해서 공통적인 특징이 있다. 이와 유사한 종교의 공적 현상은 계속해서 재발견될 필요가 있다. 아직도 브라질과 한국에는 이러한 문제가 여전히 존재하기에 이러한 차원에서 종교의 공적인 역할은 지속되어야 할 것이다. 그런데 현대 세계에는 이러한 역할도 중요하지만, 지구적 차원의 재난의 문제 곧 생태계의 위기, 기후 위기에 직면하여 종교의 공적 역할을 고민할 필요가 있다. 카사노바가 고찰한 공적 종교현상은 이러한 문제의식에서 나오는 종교의 공공성은 빠져 있다고 할 수 있다.

> 더 나아가 한국의 종교 상황에서 볼 때, 정부의 지원 아래 이루어지는 종교의 공적 기능이 오히려 종교의 사적 이익을 강화시켜 주는 경우도 있다. 카사노바의 종교의 공적 현상에 대한 논의는 이러한 한국 상황의 사례는 반영되지 못하기에 이러한 차이도 염두에 둘 필요가 있다.[26]

이러한 점들을 보완한다면, 그의 사유 지평을 더 넓혀갈 수 있을 것이다. 즉 종교적 생태 시민에 근거한 생태적 공공성은 그의 종교의 공공성 논의를 새로운 차원에서 폭넓게 보완하는 역할을 할 수 있을 것이다.

---

26) 국가가 종교에 지원하여 종교의 사적인 이익을 강화한 사례와 관련해서는 다음의 논문을 참조. 김정수, 「종교와 국가의 위험한 밀회-우리나라 종교 지원정책에 대한 비판적 고찰」, 『한국 행정학보』 49. 2015. 790-809. 참조.

참고문헌

김민지·안연희, 「뉴노멀 시대, 종교의 공공성 회복」, 『평화와 종교』, 11. 2021.

김정수, 「종교와 국가의 위험한 밀회-우리나라 종교 지원정책에 대한 비판적 고찰」, 『한국 행정학보』 49. 2015.

피터 버거, 『종교와 사회』, 이양구 옮김, 종로서적, 1983.

전명수, 「공공성 강화를 위한 종교의 사회적 역할: 종교 공공사회학적 접근」. 『종교와 문화』 32, 2017.

전명수, 「종교와 공공성, 이론과 실제」, 『한국학 연구』 68, 2019.

유기쁨, 「현대 종교문화와 생태 공공성」. 『오토피아』 31.2, 2016.

염승준, 「종교적 '공공성'의 개념과 의미 고찰」 『원불교 사상과 종교문화』 72. 2017.

이시윤, 「'두 개의 운동'으로서의 천성산 터널 반대 운동: 종교 시민운동 축의 복원과 시민 환경운동과의 관계 분석, 『사회사상과 문화』, 21. 2018.

정태식, 「현대사회에서의 종교의 사회적 위치와 공공성」, 『신학 사상』, 142. 2008.

허남진, 「종교와 공공성」, 『월간 공공 정책』, Vol. 155. 2018.

ホセ·カサノヴァ, 津城寛文 譯, 『近代世界の公共宗敎』, ちくま學藝文庫, 2012.

飯田哲也·浜岡政好 編, 『公共性と市民』, 學文社, 2020.

Arendt, Hannah, *The Human Condition*, Chicago & London, 1998.

Burdon, Peter, *The Jurispurdence of Thoman Berry*, Worldviews Global Religions, Culture, and Ecology, 2011, Vol.15 (2), p.151-167.

Casanova, Jose, *Public Religions in the Modern World*, The University of Chicago Press, Chicago and London, 1994.

Berry, Thomas, *The Great Work: Our Way into the Future*, New York, 1999.

Dobson, Andrew, *Citizenship and The Environment*, Oxford University Press, 2004.

--------, and Bell, Derek (ed.), Environmental Citizenship, The MIT Press, London. 2006.

Habermas, Juergen, *Religion in the Public Sphere*, European Journal of Philosophy 2006 Vol. 14, 2006.

Irlenborn, Bernd, *Religion in the Public Sphere: Habermas on the Role of Christian Faith*, The Heythrop Journal, 2012 Vol. 53.

Lafont, Cristina, *Religion in the Public Sphere Remarks on Habermas's Conception of Public Deliberation in Postsecular Societies*, Constellations 2007 Vol. 14; Iss. 2

Neal, Patrick, Habermas, *Religion, and Citizenship*, Politics and Religions 7, 2014.

https://blog.naver.com/hachiko-chan/223134600929

종교기반 시민생태운동에서 협동조합주의의 역할에 관한 비판적 고찰

유 광 석

이 글은 『철학·사상·문화 』제40호 (2022년 11월), 93~111쪽에 게재된 논문을 재구성한 것입니다.

종교기반 시민생태운동에서 협동조합주의의
역할에 관한 비판적 고찰
-한국천주교를 중심으로-

유 광 석 (경희대학교 종교시민문화연구소 학술연구교수)

【요약문】

    기후생태위기에 직면한 현대시민사회에서 종교는 생태적 시민사회의 에토스(ethos)로 기능할 수 있는 생태적 시민성을 제공할 주요한 사회적 주체로서 학계와 국가로부터 다시금 주목받고 있다. 이러한 사회적 기대는 종교기반 생태(생명)공동체 운동들에서 다양하게 전개되고 있고, 대표적으로 한국천주교는 협동조합주의를 활용하여 한국의 생명공동체운동을 선도하여 왔다. 논문은 한국천주교와 협동조합주의의 친화성을 중심으로 협동조합주의의 발전에 한국천주교가 어떻게 관계했는지를 사회역사적으로 고찰하고, 특히 가톨릭농민회와 협동조합의 관계 및 그 발전 배경을 주요한 사례로서 설명하고 있다. 하지만, 논문은 이러한 양자의 친화성을 무비판적으로 당연시하고 개념적 차원에서 소홀히 취급되었던 종교와 시민사회의 대립적 속성 및 종교적 구제사업과 협동조합주의의 이념적 부조화에 주목하면서 양자의 친화성에 대한 반성적 성찰과 재검토를 시도하고 있다.

【주제어】 종교기반 협동조합주의, 생명공동체운동, 생태적 시민사회, 가톨릭농민회, 생태적 평등, 신용협동조합

1. 들어가는 말

종교기반 생태운동은 시민사회를 생태적으로 만들기 위한 하나의 사회운동이자 종교운동으로서 한국적 생태운동의 시발점이자 근간으로 여전히 기능하고 있다. 특히, 종교단체들이 생태적 시민운동에 참여하는 가장 전형적인 방식은 협동조합주의(cooperativism)[1]에 기반한 공동체운동의 형태로서 나타나고 있으며, 그에 기초한 생태공동체운동은 이미 한국에서도 짧지 않은 역사를 갖고 있다. 협동조합주의는 기본적으로 조합원의 사회경제적 지위 향상을 목적으로 하지만, 거시적으로는 자본주의 경제의 모순을 극복하기 위한 사회개량 운동이다.[2] 이러한 역사적 및 사회적 중요성을 고려하여 논문은 한국천주교를 중심으로 종교기반 생태운동에서 협동조합주의가 어떻게 접목되고 활용되었는지 그리고 종교와 협동조합주의 간 '선택적 친화력'이 가능할 수 있는 대내외적 환경은 무엇이었는지를 분석하고 그 한계를 비판적으로 성찰하고자 한다.

한국에서 종교기반 협동조합주의의 시초는 1925년 천도교가 설립하여 농민공생조합으로 발전한 조선농민사와 1926년 서울YMCA에서 서울 부근 8개 지역에 설립한 농업협동조합이다(전성군·이득우 2016, 40). 구한말 최초의 협동조합으로 군산농업조합(1905년), 강경토지조합(1905년), 부산농업조합(1905년), 대구농회(1906년)가 설립된 시기를 고려하면(전성군·이득우 2016, 38), 종교단체들이 설립한 협동조합 역시 한국에서 짧지 않은 역사와 전통을 갖고 있다고 할 수 있다. 대략

---

1) 광의에서 구분 없이 사용되고 있는 '조합주의(corporatism)'와 개념 및 용어의 혼동을 피하기 위해 협동조합주의(cooperativism)라고 표기함.
2) 전성군·이득우, 『현대협동조합운동사』, 2016, 261쪽.

100년 동안 한국의 종교단체들은 생산, 소비, 유통, 지역별 또는 업종별로 다양한 협동조합을 설립 및 운영해왔으며, 특히 해방 이후 근대화와 산업화 시기 동안 자본주의 경제의 비약적 성장에 가려진 도시노동자와 농어촌민들의 구조적 빈곤과 수탈의 문제는 종교기반 협동조합주의의 확산을 야기한 사회적 조건이었다. 이러한 배경에서 왜 종교단체들은 사회적 변화를 추구하는 방식으로 협동조합주의를 선택했는지, 종교와 협동조합주의의 관계성에 내적 모순은 없는지, 그리고 그들의 관계를 이론적으로는 어떻게 설명할 수 있는 지와 같은 근본적 질문들이 촉발될 수 있다. 하지만, 한국 내 협동조합의 발전과정에서 종교적 기초를 이해하려는 문제의식을 한국 학계에서는 거의 찾아보기 어렵고, 관련 연구도 전무한 상황이다.

본 논문은 이러한 문제의식에서 시작되었지만, 구한말부터 전개된 전체 종교단체들의 협동조합주의를 연구범위로 설정하기보다는 한 편의 논문에서 다루기에 적절한 사례 연구의 수준에서 한국천주교를 중심으로 그 논의를 제한하고자 한다. 무엇보다 한국천주교는 1960년 부산에서 한국 최초로 '성가신용협동조합'을 설립하여 고리대금업의 착취에 신음하는 도시빈민을 구제하는 사회운동을 전개하였고, 1980년대 원주교구의 지학순 주교로 대표되는 환경생태운동을 국내에서 가장 조직적으로 전개한 선구자적 역할을 수행했음은 잘 알려진 사실이다. 또한 최근 기후변화로 인한 인류 전체의 위기에 전교적(全敎的)으로 대응하여 탄소배출 제로를 위해 대체에너지 사용을 공포하고 수원교구 산하에 '대체에너지협동조합'을 설립하였다.

이러한 사례를 중심으로 논문은 종교기반 생태운동에서도 협동조합주의가 사용되는 방식에 주목하고 종교와 협동조합주의 간 친화성을 이론적 및 실천적으로 고찰하고자 한다. 특히 비교적 관점에서 보면, 한국천주교의 협동조합주의는 한국개신교가 노동조합주의(Trade Unionism)에 좀 더 친화력을 갖는 특징과 매우 대조적이며, 따라서 어떻게 천주교와 개신교의 선택적 친화력이 다른 형태로 전개되었는지에 대해서도 추가적으로 설명될 것이다.

2. 기존 연구와 그 한계

한국 내 종교기반 생태운동에 대한 기존의 연구 경향은 크게 종교적 측면과 생태운동의 측면에 중점을 둔 두 가지 방향에서 꾸준히 수행되었다. 전자의 경우 개별 종교전통에 내재한 생태사상에 대한 교리적 또는 사상사적 해석이 주를 이루고 있고, 그들의 실천 운동을 자본주의 문명의 대전환과 같은 문명담론으로 확장시키기보다는 실천적 가치관이나 자연중심적 생명관에 초점을 두고 있다. 후자의 연구들은 주로 비정부기구(NGO)의 성격으로 종교기반 생태운동을 규정하고 종교적 교리나 해석보다 조직 그 자체의 사회적 특성을 강조하고자 한다. 단순화하면, 한편에서는 사상적 특징에 주목하고, 다른 한편으로는 사회운동의 조직적 특성에 주목하고 있다.

결국 그 연구의 분과명이 무엇으로 불리든 양자 모두 종교기반 생태운동에 대한 포괄적이고 종합적인 고찰에 이르기보다 세속적 시민사회에 종교단체들이 참여하는 복잡다단한 방식을 방법론적으로 단순화시켜 환원적 설명으로 정리하는 경향이 있다. 무엇보다 현대시민사회에서 관찰되는 수많은 종교기반 생태운동은 기후위기를 겪은 인류가 갑자기 만들어 낸 새로운 종교사상이나 사회현상이 아니라, 전통적 사상에 대한 재해석이고, 전통적 조직을 재구성한 것이며, 전통과의 연속성을 추구하는 현대인들의 종교적 믿음과 행위에 기초해 재구성된 복합적 구조물로서의 본질을 그 연구들은 의식적 또는 무의식적으로 외면하고 있는 것이다.

역사적으로 영국의 로버트 오웬(Robert Owen)이 1824년 미국 인디애나주에 설립한 뉴하모니(New Harmony) 협동공동체와 윌리엄 킹(William King)이 영국에 최초로 설립한 유니언샵(Union Shop)과 같은 실험적 실천으로부터 산업혁명 이후 탄생한 초기 협동조합주의는 자본가들이 과잉으로 수탈하고 있는 잉여이익을 생산자와 소비자에게 그대로 돌려주고자 하는 자급자족 공동체주의였다. 이러한 자급자족 공동체주의에서는 생산자가 자신의 산물을 직접 소비하게 함으로써 공동생산·공동소비의 저비용 경제공동체를 건설할 수 있다고 보았다.

조금 늦게 독일에서는 영주들의 과도한 지대와 고리대금업으로 수탈당하고 있는 농민을 구제하고자 슐츠(Herman Schulze-Delitzsch)에 의해 신용협동조합이 설립되었다. 특히 농업혁명으로 잉여농산물이 증대되면서 1849년 푸람멜스펠드 구제조합, 1850년 대부조합(loan society), 1862년 농촌신용조합 등 생산, 가공, 구매 등의 전 영역에서 자본가들의 약탈에 공동으로 저항하기 위한 다양한 협동조합이 탄생했다. 이후 시대적 상황에 따라 다양한 변화를 겪지만 유럽과 북미에서 협동조합은 자본주의 경제의 모순을 수정하고 보완하는 대안적 사회경제제도로서 그 역할과 의미를 분명하게 인정받고 있다.

이러한 '협동조합'의 개념적 기준에 대해 완전한 이론적 합의는 없지만, 1844년 설립 후 가장 성공적인 협동조합으로 평가받는 영국의 로치데일 협동조합이 제시한 협동조합의 8대 원칙이 전형적으로 그 기준을 잘 보여준다3): 1. 민주적 운영, 2. 개방적 회원제, 3. 이자 제

---

3) 전성군·이득우, 『현대협동조합운동사』, 2016, 18-22쪽.

한, 4. 이용고배당, 5. 현금거래, 6. 정직한 상품공급, 7. 교육 장려, 8. 정치 및 종교적 중립. 이 중에서 조직 내부의 의사결정과정에 관련된 민주적 운영 원칙과 정치·종교적 중립 원칙은 본 논문의 중점적 연구주제인 종교기반 생태운동과 협동조합주의의 관계를 비판적으로 분석하는데 주요한 근거를 제공하고 있다.

1960년대 이후 산업화과정에서 한국 도시노동자들의 비참한 근로환경을 개선하기 위해 공장별 노동조합의 설립을 주도한 조지송, 김경락, 방지일, 진방주, 인명진과 같은 진보적 개신교인들의 도시산업선교(urban industrial mission)가 1995년 전국민주노동조합총연맹을 낳는데 기여한 역사적 과정들에 대한 연구들은 일부 존재하지만,[4] 종교사회학적으로 왜 도시산업선교가 협동조합주의가 아니라 훨씬 더 반종교적인 노동조합주의와 더 밀접한 친화성을 갖게 되었는지에 대해서는 연구된 바가 없다. 막스 베버(Max Weber)의 '친화성(affinity)'이란 우연적인 것이며 인과적 결정론의 틀을 반드시 전제하는 것도 아니다.[5]

따라서 원인이 있는지 없는지도 아직은 알 수 없지만 천주교 및 개신교와 조합주의 간 친화성의 원인 및 비교분석에 대한 규명은 새로운 연구과제이며 본 논문에서 다룰 주요한 쟁점은 아니다. 오히려 논문은 친화성의 존재 그 자체를 인정하면서도 매우 제한적이고 사례중심적 차원에서 협동조합주의에 대한 천주교의 과도한 의존을 재성찰하는 것에 그 의의가 있다. 다른 한편으로는 민주적 운영과 정치·종교적 중립을 기본원칙으로 천명하는 협동조합주의가 어떻게 불교, 개

---

4) 김원, 「1970년대 민주노조와 교회단체: 도시산업선교회와 지오세 담론의 형성과 모순」, 2004; 영등포산업선교회, 『영등포산업선교회 40년사』, 1998; 임송자, 「1970년대 도시산업선교회와 한국노총의 갈등·대립」, 2010.
5) Stark, W., *The Sociology of Knowledge*, 1958, p.256.

신교, 천주교, 원불교 및 여러 신종교 단체들에서조차 빈번하게 설립
되고 운영되고 있는지에 대해서도 역시 이론적이고 체계적인 비교연
구가 국내 학계에 전무한 상황이다. 사실 그것이 어떻게 그리고 왜 종
교사회학의 연구주제가 되어야 하는지에 대한 문제의식조차 공감을
얻기 어려운 것이 정확한 실태라고 할 수 있다.

2012년 12월 공포된 『협동조합기본법』 이후 급속히 증가한 한국
의 협동조합은 지역, 제품, 직업, 주체 등으로 세분화되고 전문화되어
오늘날 약 23,334개가 등록되었다.(한국사회적기업진흥원, "설립현황목
록" https://www.coop.go.kr)

이처럼 수많은 협동조합 과잉시대에서 기획재정부에 등록된 전체
협동조합과 종교단체와의 관련성을 단편적이고 기계적으로 분석하기
보다 논문은 한국천주교의 사례를 중심으로 그 상관성의 문제를 질적
으로 고찰하고자 한다.

3. 종교기반 협동조합주의와 한국천주교

생태문제 이전에 한국의 종교기반 협동조합운동은 한국천주교에
서 본격적으로 도입한 신용협동조합운동에서부터 시작되었다. 메리
놀 수녀회의 메리 가브리엘라(Mary Gabriella Mulherin, 1900-1993) 수
녀는 한국전쟁 이후 부산으로 몰려든 가난한 피난민과 저임금 도시노
동자들이 가난과 약탈적 고리대금업을 구조적으로 탈피할 수 없는 상
황이 만연하자 캐나다 퀘벡으로 건너가 신용협동조합의 운영원리를
공부하고 돌아와 구제사업의 하나로 1960년 5월 부산에서 '성가신용
협동조합'을 최초로 설립했고, 비슷한 시기 장대익 신부 역시 1960년

6월 서울에서 가톨릭중앙신협을 설립한다.

이후 이들은 1963년 서울에서 '협동교육연구원'을 설립하고 협동조합의 취지와 운영 방법에 대한 체계적인 교육과 훈련을 시작하게 되면서 1966년 원주교구의 지학순 주교가 설립한 원주신협, 진광신협 및 협동교육연구소로 이어지는 한국 협동조합운동사에 선구적 영향을 남긴 것으로 평가받는다(이경란 2013, 56; 이동화 2019, 47).[6]

이러한 한국천주교의 초창기 신협운동은 1919년 대공황 이후 농업과 어업에 종사하던 안티고니쉬 주민들의 비참한 생활을 개선하기 위해 세인트 프란시스 사비에르대학(St. Francis Xavier University)을 중심으로 주민의 의식화 교육과 자립을 위한 협동조합운동을 전개했던 캐나다 노바스코샤주의 안티고니쉬(Antigonish) 지역운동에서 영향을 받았다(이동화 2019, 50).

하지만, 유교적 가부장제 문화와 전통적인 생활방식에 얽매인 당시의 한국 조합원들은 협동조합의 취지와 목적에는 충분히 공감하면서도 캐나다의 안타고니쉬 운동과는 다른 군사독재정권의 감시 아래 금기시되던 민주적 운영이나 회원 간 평등한 참여는 물론이고, 이용고배당 및 정치종교적 중립과 같은 협동조합의 기본원칙을 스스로 합리화하고 내면화하기까지는 더 많은 자발적 참여경험과 소양교육을 필요로 했다. 그럼에도 불구하고, 지학순 주교로 대표되는 일명 '원주그룹'에 의해 1970년대부터 활발하게 전개된 한국천주교의 다양한 협동조합운동은 종교적 및 지역적 기반을 넘어 조합원들의 주체적이고 자발적인 사회참여를 낳은 세계적으로도 보기 드문 협동조합발전모델의 하나가 되었다.[7]

---

6) 이경란, 「한국 근현대 협동운동의 역사와 생활협동조합」, 2013, 56쪽; 이동화, 「지학순 주교의 '통합적 인간 발전'의 실천」, 2019, 47쪽.
7) 김소남, 『협동조합과 생명운동의 역사: 원주지역의 부락개발, 신협, 생명운동』, 2017.

1960년 5월 1일 부산 메리놀병원 직원과 천주교 신자 27명의 조합원으로 시작한 성가신협에서 오늘날 한국의 신용협동조합은 2021년 기준 조합원 수 656만명, 자산규모 124.4조원으로 세계 4위에 해당하는 거대한 조직으로 성장했다.[8]

한국천주교가 신협운동에서 생명운동으로 사회참여의 방식을 전환한 것은 투쟁 일변도의 사회운동에 대한 내적 성찰과 변화의 모색에 더불어 여러 사회정치적 요인이 있겠지만, 무엇보다 중요한 계기는 협동조합의 조직 규모와 사회적 영향력이 커지면서 1970년대 말부터 농협, 수협, 신협 등의 금융기능에 대한 정부의 법적통제 및 관리가 강화되고 그들을 제도금융권으로 편입시키면서 조합원들의 자발적이고 민주적인 의사결정보다는 중앙정부의 지침과 규제에 따라 운영되는 관제금융기관으로서 빠르게 변질되고 있었기 때문이다. 가톨릭농민회는 당시 상황을 이렇게 요약하고 있다:

> 농협은 협동조합의 원래 내용인 경제적 약자로서의 농민이 자기들의 경제적 권리를 보장하기 위하여 스스로 조직한 자주적 단체로서의 기능을 포기하여 관료기구화 했고, 관료주의와 독점자본의 결합을 통하여 농민을 직접 수탈하는 농민수탈기구로 되어 버린 것이 현실이었다. 이러한 폐단은 농협뿐만 아니라 축산업협동조합, 수산업협동조합, 원예협동조합, 양잠협동조합, 산림조합, 농지개량조합 등도 거의가 비슷한 반농민적 기구로서 농민들의 원성을 사고 있었다.[9]

이와 같은 협동조합의 관제화는 투쟁일변도의 사회참여에서 벗어

---

8) 한국신협중앙본부 홈페이지 (http://www.cu.co.kr/cu/cm/cntnts/cntntsView.do?mi=100023&cntntsId=1088, 2022년 9월10일 접속).

9) 가톨릭농민회 50년사 편찬위원회, 『가톨릭농민회 50년사 I_1966-2016 생명과 해방의 공동체』, 2017, 204쪽.

나 사회구조적 개혁과 함께 인간 개개인의 인식과 생활방식의 변화를 새롭게 인식하는 가톨릭 생명공동체 운동에서도 중요한 반성적 계기를 제공했다.[10]

또한, 대량생산과 대량소비에 기반한 서구 자본주의 경제의 탐욕과 파괴성을 통찰한 김지하, 장일순, 박재일 등은 '생명사상세미나'를 통해 동학사상 등을 기초로 새로운 대안적 생명론을 추구했다. 1981년 '생명의 세계관 확립과 협동적 생존의 확산'이라는 제목의 원주교구 사회개발위원회 보고서는 그들의 생태적 통찰을 직접적으로 반영한 것이었다. 산업화와 근대화를 국가적 과제로 신화화했던 자본주의의 성장이데올로기가 사실은 인간을 포함한 자연 생명 전체에 대한 착취와 수탈을 통해서만 유지될 수 있다는 생태적 각성은 이후 한국천주교의 생태운동사에 큰 전환점을 제공했다.

하지만, 소수지식인들이나 종교인들의 생태적 각성 그 자체가 생태적 시민운동으로 곧바로 귀결되지는 않는다. 본질적으로 그리고 역사적으로 시민운동은 엘리트주의에 의한 하향식 전달(top-down)이 아니라 자발적 참여에 기초한 상향식(bottom-up) 사회운동으로 시작된 것이라는 점에서 1980년대 중반부터 시작된 한국가톨릭농민회의 '한살림운동'은 종교사회학적으로도 다양한 시사점을 갖는다. '생명사상세미나'에 참가했던 '원주그룹'의 일원이자 가톨릭농민회의 회장이었던 박재일은 도시와 농촌 간 농산물 직거래유통구조를 확보하기 위해 다시금 원주소비자협동조합을 창립하고, 잘 알려진 것처럼 1986년 서울시 제기동에 '한살림농산'이라는 유기농 쌀가게를 창업한다.

이후 한살림농산은 한살림공동체소비자협동조합으로 전환되고,

---

10) 가톨릭농민회 50년사 편찬위원회, 『가톨릭농민회 50년사 I_1966-2016 생명과 해방의 공동체』, 2017, 202쪽.

동시에 한살림생산자협의회가 결성되면서 조직적으로 전국의 천주교 신자들을 상대로 유기농산물의 생산과 소비를 장려하고 유기농법의 종교적 의미와 중요성에 대해서 소비자와 생산자 모두가 각성할 수 있는 사회경제적 체험의 장(場)을 제공했다. 농촌경제연구원은 오늘날 친환경·유기농 식품의 시장규모를 2조원 정도로 추산한다.[11]

　　물론 이러한 친환경·유기농 시장의 외형적 성장을 가톨릭농민회의 한살림이나 두레생협 같은 협동조합운동의 직접적 결과물로 단정하는 것은 지나친 단순화일 것이다. 천주교와 무관한 세속적 차원에서도 화학비료농업을 친환경·유기농 산업으로 전환하는 문제는 국가와 기업들로부터 꾸준히 모색되어 왔고, 1980년대부터 일본생협운동에서도 큰 영향을 받았기 때문이다.[12] 다만, 그것을 이윤추구가 아니라 생명들 간의 평등성과 전체론적 관계성에 기초하여 신앙적 차원에서 산업자본주의 경제의 반(反)생태성 또는 반(反)생명성을 견제해 온 시민의식은 한국천주교의 생명공동체 운동에서 두드러지게 나타난다.

　　그리고 이러한 시민운동의 조직적 도구로서 활용된 소비자·생산자·신용·생활 등의 다양한 협동조합들은 조합원들의 이익을 보호하면서도 동시에 이윤의 극대화 또는 약탈적 이윤추구를 정당화하는 산업자본주의적 기제들을 회피하기 위한 불가피한 선택이었다.

---

11) 김은서, 「웰라이프 시대, 친환경·유기농 식품 시장 규모 2조원 돌파」, 시사캐스트 2022.2.28. http://www.sisacast.kr/news/articleView.html?idxno=34529, (2022년 9월 5일 접속).
12) 김소남, 「1980년대 한일 민간 협동조합운동 교류 연구 - 원주그룹을 중심으로」, 2019.

4. 비판적 고찰

협동조합주의를 기반으로 한 가톨릭농민회의 시민운동은 1990년 전국농민회총연맹(이하, 전농)의 창립과 함께 새로운 전환점을 맞게 되면서 90년대 이후 본격적으로 생명공동체운동을 전개한다. 무엇보다 WTO 체제로 편입된 한국농업을 농업의 해체와 농민의 사회경제적 기반의 붕괴로 간주하여 새로운 자본주의 세계경제체제를 전면적으로 거부하고자 했던 전농의 급진적 성향은 기존의 농민운동을 주도한 가톨릭농민회의 사회적 정체성과 이념적으로 부합될 수 없는 측면이 많았다.

결국 종교 내적으로나 외적으로 가톨릭농민회는 그들 사회운동의 새로운 방향성 정립을 필연적으로 요청받게 된다.13) 문화적 측면에서는 WTO 체제의 출범 이후 진행된 급속한 세계화의 영향으로 인적·물적 자원의 국제적 이동과 더불어 문화적 전파와 확산이 가속화되면서 로마가톨릭 내에서 종속이론이나 해방신학이 가정한 중심-주변의 이분법적이고 일방적인 관계성으로는 더 이상 설명할 수 없는 다양한 쌍방향적 상호관계성이 보편화되고 있었다. 특히, 90년대 이후 한국에서는 웰빙문화의 대중적 확산으로 한국천주교가 전개했던 생명공동체운동이 일반 시민들의 실제 생활에 적용되면서 생태적 시민사회에 대한 사회적 공감대가 형성될 수 있는 유리한 외적 환경이 조성되었다.

이와 같은 다양한 내적 및 외적 요인들에 기인하여 한국천주교는 오늘날에도 여전히 생태적 시민운동을 전개하는 주요한 이념적 도구

---

13) 가톨릭농민회 50년사 편찬위원회, 『가톨릭농민회 50년사 I_1966-2016 생명과 해방의 공동체』, 2017, 300쪽; 김승오, 「가톨릭 농민회와 생명 공동체 운동」, 1993, 158쪽.

로서 협동조합주의에 의존하고 있다.

예를 들어, 2040년 탄소중립을 목표로 한국천주교 수원교구는 국내 종단들 중 최초로 에너지협동조합의 설립을 모색하고, 2030년까지 교구 내 모든 교회의 전력을 태양에너지로 공급하면서 에너지공동체의 건설을 선언하였다(양기석 2021, 19).[14]

하지만, 이론적 관점에서 고찰하면 막스 베버의 '우연적 친화성' 개념을 사용하지 않더라도 협동조합주의와 한국천주교의 그 오래된 친화성은 좀 더 다양한 측면에서 분석될 필요가 있다. 특히 주류개신교의 소극적 사회참여를 탈피하고자 진보적 개신교인들이 노동조합주의를 적극적으로 활용한 것과 비교할 때,[15] 한국천주교는 협동조합주의와 친화력을 훨씬 더 분명하게 보여주고 있으며 이와 관련하여 다음과 같은 몇 가지 차원에서 비판적 성찰이 가능하다.

첫째, 엄밀하게 구분하면 노동조합주의와 협동조합주의는 권력을 독점한 국가와 자본을 독점한 기업들의 횡포에 맞서 그들을 견제하고 제어함으로써 조합원의 이익을 보호하려는 집단주의적 성격을 갖는 반면에, 가톨릭농민회와 같은 종교적 구제사업의 기본목적은 냉혹한 현실로부터 사회적 약자를 보호하는 것일 뿐 특수한 집단이익의 보호를 위한 계급이데올로기와는 무관한 것이다.[16] "가톨릭 농민운동은 예수그리스도를 따라 하느님 믿음으로 깨어나는 농민들이...농민구원, 겨레구원, 인류구원을 지향하는 생활공동체 운동, 하느님 나라 운동이다"라고 그들 스스로가 정의하고 있다.[17]

---

14) 양기석, 「찬미 받으소서 7년 여정-수원교구 탄소중립, 에너지 전환」, 2021, 15-28쪽.
15) 개신교의 도시산업선교회가 가톨릭노동청년회(JOC)보다 노동조합운동에 어떻게 더 깊고 친밀한 영향력을 행사했는지를 설명한 연구논문으로는 다음을 참조할 것. 김원, 「1970년대 민주노조와 교회단체: 도시산업선교회와 지오세 담론의 형성과 모순」, 2004, 72쪽.
16) 정호경, 「가톨릭 農民運動 - 한국 가톨릭 농민회의 활동을 중심으로」, 1984, 33쪽.

    따라서 종교적 구제사업의 취지는 사회적 자원의 불평등한 배분구
조와 계급 간 이익투쟁을 전제한 오웬과 같은 초기 조합주의자들의
세속적 유토피아주의18)와 본질적으로 다른 종교적 구원관에서 출발
한 것이고, 역사적으로도 훨씬 오래전부터 조합주의와는 독립적으로
발전해 왔다. 다시 말하면, 의료, 복지, 교육 등의 방면에서 전개된 다
양한 종교적 사회구제사업은 반드시 조합의 형태로 발전해 온 것도
아니고, 모두가 조합주의의 이념을 공유하고 있는 것도 아니다. 역사
적으로도 오웬이나 윌리엄 킹이 추구한 자급자족적 공동체는 물론이
고 앞서 언급한 로치데일 협동조합 역시 정치종교적 사상 논쟁으로
조합원들이 분열되지 않기 위해 철저한 종교적 중립과 무관심을 기본
원칙으로 강조했다. 특히, 민주적 운영과 정치종교적 중립은 1937년
국제협동조합연맹(International Cooperative Alliance, ICA)의 협동조
합원칙이 처음 제정될 당시에도 일곱 가지 대원칙들 중 하나로 포함
되었다.19)

    둘째, 위와 같은 이념적 부조화를 내포한 양자의 모순적 결합은 단
순히 협동조합과 한국천주교 간의 문제가 아니라 더 근본적으로는 종
교와 시민사회의 불가피한 공존관계에서 비롯된다. 유럽에서 탄생한
'시민사회(civil society)'가 종교와 국가의 분리라는 대원칙 아래 종교
권력의 개입이 제도적으로 배제된 세속적 시민공동체로서 상상되었
던 것임을 고려할 때, 종교가 현대시민사회에 참여하는 방법 역시 매
우 제한적일 수밖에 없다.

---

17) 정호경, 「가톨릭 農民運動 - 한국 가톨릭 농민회의 활동을 중심으로」, 1984, 32쪽;
    가톨릭농민회 홈페이지, 「소개」, (https://ccfm.modoo.at/?link=7ni03kvh, 2022
    년 9월 25일 접속).
18) 존 레스타키스 저, 번역협동조합 옮김, 『사람을 위한 경제, 그 이상과 실천을 만나다:
    협동조합은 어떻게 세상을 바꾸는가?』, 2020, 51쪽.
19) 구정옥, 「협동조합기본법에 의한 협동조합교육 현황과 문제점」, 2017, 119쪽.

이런 면에서 협동조합운동이나 노동조합운동은 한국적 맥락에서 종교단체들이 시민사회에 참여하기 위한 유용한 상황적 도구로서 기능했다. 하지만, 세속적 조합주의와 종교적 이념의 결합이 이념적 및 철학적으로 필연적이고 당연한 것이 아닌 한에서 그 관계성의 한계가 드러날 수밖에 없다. 앞서도 언급한 1960년대부터 지속된 도시산업선교회의 노동자학교, 노동문화교실 및 노동조합 조합원과 간부들에 대한 다양한 교육프로그램들은 1990년 전국노동조합협의회 및 1995년 전국민주노동조합총연맹(이하, 민주노총)의 탄생 그리고 1998년 IMF 경제위기를 겪으면서 노동운동과 교회의 관계성에 대한 새로운 방향성 정립에 직면한 바 있다.[20]

이처럼 종교가 세속적 시민사회의 노동운동에 직접 개입한 흔적들은 서양 기독교사회에서 훨씬 더 일찍 나타난다. 예를 들어, 1910년대 활발했던 미국의 노동조합복음운동(Trade-Union Gospel Movement)'은 직종별조합주의(craft unionism)에서 발전하여 1866년 설립된 미국노동총연맹(American Federation of Labor, AFL)과 같은 초기노동조합이 마르크스주의나 급진적 사회주의로 경도되지 않고 자본주의체제를 인정[21]할 수 있도록 노동계급의 사회성에 영향을 준 경우이고,[22] 2차 대전 이후 프랑스에서는 가톨릭 사제들이 공장노동자로 직접 생활하면서 노동자들의 실제 현실에 동화되고자 했던 노동사제운동(Worker-Priest Movement)이 대표적이라고 할 수 있다.

이상에서 논의한 것처럼 자본주의경제를 기반으로 하는 시민사회의 협동조합주의가 종교적 유토피아에 이르기 위한 충분조건이나 필

---

20) 진방주, 「영등포산업선교회 생활을 돌아보며」, 1998, 530-539쪽.
21) 류두하, 「미국노동운동의 변천: 노조성장요인을 중심으로」, 1998, 119쪽.
22) K. Fones-Wolf, *Trade Union Gospel: Christianity and Labor in Industrial Philadelphia, 1865-1915*, 1990, p.172.

요조건이 아닌 것은 교리적으로나 이데올로기적으로도 어렵지 않게 추론할 수 있다. 시민사회에서 종교적 이념을 사회화하고 실천하는 정도는 종교별로 다르겠지만 그 실천의 방식은 종교를 불문하고 현실에서 유사하게 나타난다. 실제로 한국천주교뿐만 아니라 불교 사찰, 개신교 소속 교회, 여러 신종교 단체 등에서 운영하는 협동조합들도 다수 존재하고 있고 그 영역도 생산, 소비, 유통, 금융, 대체에너지 분야 등 사회 전반으로 광범위하게 분포하고 있다. 다만, 종교기반 협동조합들에 대한 전수조사나 실태조사는 유사 이래 한 차례도 이루어지지 못함으로써 부지불식간에 오늘날 협동조합주의는 종교단체들이 소속 교인 또는 조합원들의 이익을 증진하기 위해서 쉽게 활용하는 보편적인 사회경제적 활동의 하나로 자리 잡게 되었다.

셋째, '협동조합의 전성시대'라고 불릴 정도로 오늘날 수많은 협동조합이 난립한 상황에서 그들의 시장 경쟁력과 지속가능성에 대해 한국천주교와 협동조합의 관계가 재검토될 필요가 있다. 과거 근대화 기간 동안 협동조합운동에 대한 기득권 세력의 견제와 통제를 뒤로하고 2000년대 이후 평등, 인권, 민주주의 가치를 중시하는 한국시민사회의 성장에 힘입어 2012년 자주적·자립적·자치적인 협동조합 활동을 촉진하고, 사회통합과 국민경제의 균형 있는 발전을 목적으로 하는『협동조합기본법』이 제정될 수 있었다.

하지만, 5인 이상 조합원의 신고만으로 설립이 가능하게 되면서 유행처럼 번진 협동조합의 과잉생산은 사회적 자원의 효율적 배분과 종교의 사회화라는 두 가지 측면에서 모두 종교기반 협동조합주의에 대한 재성찰을 필요로 하고 있다. 과거에는 가톨릭농민회나 도시산업선교회와 같은 전위조직을 통해 협동조합이나 노동조합의 설립을 종교가 간접적으로 지원하는 정도에서 시민운동에 참여한 것이라면, 이제는 개별적 종교단체들이 직접 협동조합이나 특수조합을 언제든지 설립하고 운영함으로써 사회경제적 주체로 참여하는 것이 용이하게 되었다.

그럼으로써 모든 협동조합은 이전보다 훨씬 더 극심한 시장경쟁에 직면하고 있고 스스로 시장환경에 적합한 기업정신과 생존전략을 갖지 못하면 비영리종교단체와 영리기업의 중간에서 스스로의 정체성을 상실한 회색단체로 전락할 위험이 상존한다.[23]

사회경제적 차원에서 이것은 종교단체들이 가진 거대한 인적 및 물적 자원이 협동조합을 통해 시민사회에 재투입되는 과정을 법적으로 보장하고 제도화하면서 시민사회의 사회경제적 재분배 문제에 종교적 영향력이 수렴될 수 있는 통로를 열어주었고, 종교 내적으로는 사회적 협동조합 형태의 사회적 기업을 독립적으로 운영할 수 있고, 내부의 인적 및 물적 자원을 투입하고 충원하는 과정에서 사회선교의 방식을 다양화할 수 있게 됨으로써 세속적 시민사회에서 종교의 공적 역할과 이미지 제고를 함께 달성할 수 있게 되었다.

국가와 종교권력의 개입으로부터 시민권을 보호하기 위해 탄생한 종교와 국가의 분리 이념이 시민사회의 성장과 더불어 종교의 사회적 영향력을 제한할 것으로 상상했던 것과 달리, 현실에서 종교기반 협동조합주의의 확대는 이제 선교나 포교와 같은 전통적인 종교활동들이 사회경제적 참여를 통한 새로운 방식, 즉 시민사회에 적합한 방식으로 전환되고 있음을 보여준다.

여기서 중요한 논점은 종교기반 협동조합들이 개념적으로 종교활동인지 경제활동인지를 기계적으로 규정하기가 어렵고 관련하여 합의된 이론적 기준도 없다는 점이다. 한국에서는 1990년대 추진되었던

---

23) 박민진, 『대한민국 사회적기업 협동조합보고서』, 2013, 86쪽.

『종교법인법』의 제정이 주요 종단 간 합의에 실패하면서 종교단체들의 활동을 통합적으로 규제할 수 있는 법적 장치는 존재하지 않고, 활동 영역에 따라 비종교적 목적으로 제정된 『협동조합기본법』과 같은 특별법으로 (비)종교활동인지 여부를 가늠할 수 있을 뿐이다. 종교와 국가의 관계를 이해하는 것만큼이나 종교와 시민사회와 관계는 종교적 다양성이 증대하고 있는 현대시민사회에서 더욱 다양한 방법으로 존재할 수 있기 때문에 종교기반 협동조합들의 정체성에 대한 논의는 전자보다 후자의 영역에서 더 분명하게 이해될 수 있다.

예를 들어, 앞서 언급한 천주교 수원교구의 에너지자립공동체를 목적으로 한 에너지협동조합은 탄소중립정책을 추구하는 국가의 산업경제정책에 직접적으로 기여하기보다는 기후생태위기라는 전 인류의 공동문제에 실천적으로 대응한다는 측면에서 시민사회의 생태적 전환에 직접적으로 참여하고 있다. 특히, 수원교구 환경센터의 황창연 신부가 건립한 성필립보생태마을(평창)은 친환경 농식품을 직접 판매하고, 2013년부터 2019년까지 모금된 약 50억원의 후원금을 잠비아와 문경에 건립한 생태마을에 지원하고 있다.24) 이러한 천주교의 생태마을 운영방식은 향후 활동에 대한 더 많은 연구조사를 필요로 하지만, 2013년경 약 310만 평의 거대한 농지와 임야를 신부와 수녀들의 개인 명의로 소유하면서 음성지역 농민의 원성을 산 '꽃동네유한회사생명살림'25) 처럼 그 동기가 무엇이든 소유관계와 운영방식 모두 시민사회의 생태적 평등원칙에 부합하지 않는 농민수탈적 대지주기업으로 전락할 위험이 상존한다.

---

24) 성필립보생태마을 홈페이지, 「잠비아」, https://www.ecocatholic.co.kr/skin_mw2/index.php, 2022년 10월 1일 접속.
25) 김민준, "오웅진 신부 배임횡령 의혹 검찰 불기소처분에 음성주민 반발", 메트로 2014.1.6. https://www.emetro.co.kr/article/2014010600084, 2022년 10월 2일 접속.

다섯째, 한국천주교 생명공동체운동의 핵심적 주체세력인 가톨릭 농민회는 유기농산물의 생산·유통·소비에 관련한 협동조합들에 지나치게 의존함으로써 생명공동체운동을 이념적 및 실천적으로 협동조합주의의 틀 안에서 제한하는 한계를 갖고 있다. 기후생태위기에 직면한 현 인류의 총체적 위기에 대한 종교기반 생태시민운동의 잠재력은 인간을 유기농산물의 단순한 생산사와 소비자로 인식하는 형식적 수준을 넘어 천주교의 통합적 생태론에서 전제하는 것처럼 생명체들 간의 불가분적 관계론을 '생태적 회심'에 기초한 구원론적 신앙으로 수용한다는 점에 있다.26) '생태적 회심'이란 친환경유기농산물을 소비하고 생산하는 것이 단순한 사회경제적 선택의 문제라거나 조합원들의 이익을 증진하기 위한 시장전략으로 환원될 수 없는 종교적 구원을 얻기 위한 최소한의 종교적 의무이자 양심으로 내면화되는 것을 의미한다.

송교적 신념에 기초한 생태적 시민은 반(비)생태적 사회현실을 개혁하지 못할 때 종교적 죄의식을 느끼고, 자신의 신앙적 정체성에 혼란을 느끼기 때문에 생태적 구원이 없는 그러한 현실과 타협하기 어렵게 된다. 따라서, 천주교의 통합적 생태론이 전제한 생태적 회심은 민족국가 및 세속적 시민공동체에서 전제하고 있는 시민성보다 훨씬 더 구속력이 높고 자발적이며 지속적인 실천을 담보할 수 있는 '생태적 시민성(ecological civility)'27)이나 '생태적 시민윤리(ecological civic ethics)'의 원천으로서 기능할 수 있을 것이다.

끝으로, 한국천주교와 세속적 시민운동으로서 협동조합주의 간 친화성 역시 언젠가 필연적으로 도전받고 새로운 관계성 정립을 요청받

---

26) 유은미, 「통합적인 인간 발전을 위한 생태 영성과 실천」, 2019, 247-8쪽.
27) 김찬국, 「생태시민성 논의와 기후변화교육」, 2013, 36쪽.

을 것이다. 기후생태위기시대에 생태적 삶의 질을 향상하고자 하는 사회적 수요가 증대되면서 사회나 국가가 제공할 수 있는 제한된 생태적 자원과 서비스에 대한 형평성과 배분의 문제가 함께 중요해지고 있다. 생태적 주거환경, 생태적 공산품과 농산품, 생태적 공공재(수도, 전기, 도로 등)를 어떻게 전체 사회구성원들에게 공평하게 배분할 것인지에 대한 문제를 현대시민사회는 시급히 해결해야만 한다. 이용고배당원칙(이용실적에 비례해 그에 준하는 현금 또는 현물을 배당으로 지급하는 제도)으로 조합의 이익을 조합원들에게 배분하는 협동조합주의는 사실 이러한 현대시민사회의 생태적 이익배분 문제를 근본적으로 해결하기는 어렵다.

예를 들어, 생태적 공산품의 생산과 소비 수준이 높은 조합원으로 하여금 더 많은 배당이익을 누리게 하는 것은 궁극적으로 조직으로서 조합의 이익에 기여하는 것일 뿐 인류에게 유한한 생태적 자원들을 보존하고 유지하는 최선의 방법이 될 수 없다. 오히려 유한한 생태적 자원을 고갈시키는 생산과 소비행위를 억제하는 것이 천주교의 통합적 생태론이 지향하는 생태적 회심에 더 부합해 보인다. 또한, 이용빈도가 높은 조합원과 낮은 조합원 간 배당이익의 불평등은 결국 생태적 불평등을 야기한다. 사회적 자원의 배분구조가 이미 불평등한 상태에서 부유한 조합원들은 생태적 재화와 서비스에 더 쉽게 접근할 수 있는 반면, 빈곤한 조합원들은 처음부터 접근이 제한될 수밖에 없다는 점에서 협동조합주의의 이용고배당원칙은 그러한 불평등한 사회적 자원배분구조를 더욱 고착화시키는 역할을 하게 되는 것이다.

결국 천주교의 통합적 생태론의 핵심은 불평등한 배분구조를 개혁하지 않는 한 생태적 위기가 해결될 수 없다는 것이며,[28] 이러한 관점

---

28) 유은미, 「통합적인 인간 발전을 위한 생태 영성과 실천」, 2019, 244쪽.

에서 협동조합주의의 이용고배당원칙은 통합적 생태론의 보편적 인간해방론과도 다른 것이다. 나아가 생태적 신앙윤리에 기초한 통합적 생태론이 상상하는 신앙공동체는 조합원들 간 경제적 이익의 보호와 증진을 우선하는 협동조합주의의 원칙으로는 달성하기 어려운 윤리적 차원의 도덕공동체라는 점에서 매우 다른 것이다.29) 또한, 협동조합주의의 기본원칙으로 전제되는 조합원의 유한책임 원칙은 모든 사람이 평등하게 생태적 환경을 향유하고 동시에 생태적 회복을 위해 무한으로 책임지는 통합적 생태론의 신앙적 무한책임론과도 큰 차이가 있다.

5. 맺는말

　　논문은 한국천주교와 협동조합주의 간 사회적 친화성에 대해 역사적 흐름을 조망하면서 기후위기와 같은 전 인류의 생존이 위협받는 새로운 시대에 적합한 종교기반 생태(또는 생명공동체)운동의 변화를 탐색하고 있다. 1960년 가브리엘라 수녀가 종교적 구제사업의 일환으로 시작한 신용협동조합부터 2030년 교회 내 전력의 자급자족을 선언한 한국천주교 수원교구의 에너지협동조합에 이르기까지 양자의 선택적 친화력은 한국적 맥락에서 매우 분명하다. 이러한 측면에서 논문은 기존 연구들에서 거의 주목받지 못했던 양자의 관계성에 내포된 이념적 및 실천적 부조화의 문제를 비판적으로 성찰하고 있다. 역사적으로는 종교와 시민사회의 개념적 및 이념적 부조화의 존재, 법

---

29) 생태윤리의 도덕공동체적 본질에 대해서는 다음 논문 참조. 김학택, 「채식주의와 도덕공동체」, 2013, 244쪽.

적으로는 2012년 제정된 『협동조합기본법』의 영향으로 변화하고 있
는 협동조합주의의 과잉생산에 대한 사회경제적 비효율성 및 종교활
동과 영리활동에 대한 법적경계의 모호성 증대, 그리고 실천적으로는
생태적 정의론의 관점에서 조합원들의 이익배분에 기초한 협동조합
주의와 인류의 보편적 생태적 평등론에 기초한 천주교 통합생태론 간
의 내적모순성 등을 그 주요 근거로 제시하고 있다.

　비교종교적 관점에서 볼 때, 한국의 진보적 개신교인들이 산업자
본주의시대 노동조합주의와 상당한 친화력을 가졌지만, 후기산업사
회에서 그 친화성이 유지되기 어려웠던 것과 마찬가지로, 한국천주교
역시 협동조합주의의 한계를 극복하고 포스트 팬데믹 시대의 생태적
시민사회에 적합한 새로운 참여방식을 발견하지 못할 때 그 자신의
문명전환적 생태사상과 전통을 도리어 협동조합주의라는 세속적 이
념의 틀 안에서 제한하는 근본적 한계에 직면할 수 있다. 특히 코로나
사태를 계기로 성당 내의 성직자가 중심이 된 '기다리는 교회'로부터
성당 밖 신자의 삶으로 '찾아가는 교회'가 될 때 기후생태위기 속 신
자들의 생태적 영성에 대한 수요에 부합할 수 있을 것이다.[30]

---

30) 김선필, 「포스트 코로나 시대, 한국 천주교회의 현실과 새로운 희망: 종교 사회학적
　　관점」, 2021, 61쪽.

참고문헌

가톨릭농민회 50년사 편찬위원회, 『가톨릭농민회 50년사 I_1966-2016 생명과
　　해방의 공동체』, 가톨릭농민회, 2017.
구정옥, 「협동조합기본법에 의한 협동조합교육 현황과 문제점」, 『한국협동소합연
　　구』 제35집, 한국협동조합학회, 2017.
김선필, 「포스트 코로나 시대, 한국 천주교회의 현실과 새로운 희망: 종교사회학
　　적 관점」, 『신학전망』 제212호, 광주가톨릭대학교 신학연구소, 2021.
김소남, 『협동조합과 생명운동의 역사: 원주지역의 부락개발, 신협, 생명운동』,
　　소명출판, 2017.
＿＿＿, 「1980년대 한일 민간 협동조합운동 교류 연구 - 원주그룹을 중심으로」,
　　『동방학지』 제186호, 2019.
김승오, 「가톨릭 농민회와 생명공동체 운동」, 『신학과 사상』 제9호, 신학과사
　　상학회, 1993.
김원, 「1970년대 민주노조와 교회단체: 도시산업선교회와 지오세 담론의 형성과
　　모순」, 『산업노동연구』 제10호, 한국산업노동학회, 2004.
김찬국, 「생태시민성 논의와 기후변화교육」, 『환경철학』 제16호, 한국환경철학회,
　　2013.
김학택, 「채식주의와 도덕공동체」, 『철학·사상·문화』 제15호, 동국대학교 동서사
　　상연구소, 2013.
류두하, 「미국노동운동의 변천: 노조성장요인을 중심으로」, 『미국사연구』 제7집,
　　한국미국사학회, 1998.
박민진, 『대한민국 사회적기업 협동조합보고서』, Plators, 2013.
양기석, 「찬미 받으소서 7년 여정-수원교구 탄소중립, 에너지 전환」, 『탄소중립
　　정책과 종교 심포지엄 자료집』, 경희대학교 종교시민문화연구소, 2021.
유은미, 「통합적인 인간 발전을 위한 생태 영성과 실천」, 『신학전망』 제205호.
　　2019.
이경란, 「한국 근현대 협동운동의 역사와 생활협동조합」 『역사비평』 제102호, 2013.

이동화, 「지학순 주교의 '통합적 인간 발전'의 실천」, 『신학전망』 제204호, 2019.

임송자, 「1970년대 도시산업선교회와 한국노총의 갈등·대립」, 『사림』 제35호, 수선사학회, 2010.

전성군·이득우, 『현대협동조합운동사』, 한국학술정보, 2016.

정호경, 「가톨릭 農民運動 - 한국 가톨릭 농민회의 활동을 중심으로」, 『신학전망』 제67호, 광주가톨릭대학교 신학연구소, 1984.

존 레스타키스 저, 번역협동조합 옮김, 『사람을 위한 경제, 그 이상과 실천을 만나다: 협동조합은 어떻게 세상을 바꾸는가?』, 착한책가게, 2020.

진방주, 「영등포산업선교회 생활을 돌아보며」, 『영등포산업선교회 40년사』, 영등포산업선교회, 1998.

Fones-Wolf, K., *Trade Union Gospel: Christianity and Labor in Industrial Philadelphia, 1865-1915*, Temple University Press, 1990.

Stark, W.,The Sociology of Knowledge, Routledge&Kegan Paul, 1958.

가톨릭농민회 홈페이지, 「소개」, https://ccfm.modoo.at/?link=7ni03kvh, (2022년 9월 25일 접속)

성필립보생태마을 홈페이지, 「잠비아」,
        https://www.ecocatholic.co.kr/skin_mw2/index.php,
        (2022년 10월 1일 접속).

한국사회적기업진흥원 홈페이지, 「설립현황목록」, https://www.coop.go.kr, (2022년 9월 30일 접속).

한국신협중앙본부 홈페이지,
        http://www.cu.co.kr/cu/cm/cntnts/cntntsView.do?mi=100023&cntntsId=1088, (2022년 9월 10일 접속).

김민준, "오웅진 신부 배임횡령 의혹 검찰 불기소처분에 음성주민 반발", 메트로 2014.1.6. https://www.emetro.co.kr/article/2014010600084, (2022년 10월 2일 접속).

김은서, "웰라이프 시대, 친환경·유기농 식품 시장 규모 2조원 돌파", 시사캐스트 2022.2.28. http://www.sisacast.kr/news/articleView.html?idxno=34529, (2022년 9월 5일 접속).

Abstract

A Critical Study on the Role of Cooperativeism in the
Religious-Based Civil Ecological Movement
-Focusing on the Catholic Church of Korea-

Yoo, Kwang Suk

In a modern civil society facing a climate ecological crisis, religion is drawing attention again from academia and the state as a major social entity that will provide ecological citizenship that can function as an ethos for the coming ecological civil society. These social expectations are being developed in various ways in religious-based life community movements, and representatively, the Catholic Church of Korea has led Korea's life community movements by utilizing cooperativism actively. Focusing on the affinity of Korean Catholicism and cooperativism, the paper examines why and how religions could contribute to the development of cooperativism and labor unionism in Korea, and explains the relationship between the Korean Association of Catholic Farmers and rapid development of cooperatives as a major example. Conclusively, this paper is trying to critically reflect on some essential characteristics of cooperativism which presupposes different activities and purposes of religious relief, and further the issue of ecological inequality.

【Key words】 Religious-based Cooperativism, Life Community Movements, Ecological Civil Society, Korean Association of Catholic Farmers, Ecological Equality, Credit Union

불교의 사회의학적 관점과 생태적 지향점

박 종 식

이 논문은 2021년 대한민국 교육부와 한국연구재단의 지원을 받아 수행된 연구임
(NRF-2021S1A5B5A17052542)

불교의 사회의학적 관점과 생태적 지향점

박 종 식 (朴鍾植, 卍宗空日)

들어가는 말

　　응용생명과학의 한 분야에 해당하는 의학은 개체의 항상성을 유지
하는 방법이나 그 항상성이 붕괴된 질병을 연구하는 것이다. 그러므
로 의학은 심신의 질병을 치료하는 것 뿐만 아니라 질병을 예방할 수
있도록 연구하는 학문이다. 의학은 그 필요성에 의하여 지속적으로
분화되고 있다. 일반적으로 의학 분야는 기초의학, 예방의학, 임상의
학의 세 분야로 대별된다. 의학의 기본적 내용을 탐구하는 기초의학
분야는 해부학이나 생리학, 조직학 등을 다루는 것이다. 기초의학은
생리학, 생화학, 미생물학, 해부학 등으로 구성되어 임상과 직접적으
로 연계되지 않는 의학 분야이다. 예방의학 분야는 외과 내과 산부인
과 등의 임상 현장과 기초의학의 지식을 상호 대입하며 질병을 검토

하는 분야라고 할 수 있다. 임상의학(臨床醫學, clinical medicine)은 환자의 실제적인 진단 및 치료를 목적으로 하는 의학의 한 분야이다. 의료의 꽃은 임상의학에서 피어난다고 할 수 있다. 그만큼 임상현장은 치료자와 환자 사이의 밀접한 유대를 바탕으로 질병이라고 하는 장애와 투쟁하는 곳이기 때문이다. 현대에 들어와서 임상의학은 종래의 내과학, 외과학, 정형외과학 등의 고전적 임상의학으로부터 벗어나 피부과, 이비인후과, 안과 등으로 발전되고 있으며, 현재는 줄기세포를 바탕으로 노화를 퇴치하고자 하는가하면 면역학에 힘입어 불치병을 정복하고자 시도하고 있다.

한편 이러한 의학의 발달이 가져온 문제점의 하나는 의료현장에서 환자로서의 인격은 점차 소거되어 치료자와 질병만 남게 된다는 것이다. 이러한 점은 당연히 새로운 의학의 분야를 요청하게 되며, 인간 중심의 의료와 질병의 사회적 의미를 질문하게 되었다. 의료에서 인간이 중심으로 돌아오면서 진행형으로 구성 중인 의료인문학[1]이 논의되기에 이르렀다. 또한 개체적 생물로서의 인간이 아닌 사회적 존재로서의 인간을 중시하여 연구하는 학문이 의료인문학에 앞서 등장하는데 이 분야는 사회의학으로 정의되고 있다. 즉 의학과 사회학의 융합이라고 할 수 있다. 사회의학은 사회적 환경을 검토하며 생활의 조건을 개선하려는 다소 진보적 의학의 한 축이라고 할 수 있다.

사회의학과 관련된 인물들의 일화를 들어보자. 쑨원(孫文, 1866-1925)[2]은 의사로서 개업을 하기도 했으나, 여러 삶의 이력을 지나 사회주의 중국과 대만 양국 모두로부터 국부(國父)로 추앙받는 사람이다. 그는,

---

1) 경희대학교 인문학연구원(2022), 『통합의료인문학 강의: 인간과 질병』, 서울: 모시는 사람들, 참조.
2) 이승휘(2018), 『손문의 혁명』, 파주: 한울아카데미, 참조.

구사일생의 생명을 살려준 사람이 훗날 사회적 재앙을 몰고온 것을
에피소드로 거론하며 개인을 치료하는 것이 가지는 한계를 역설하였다.
이러한 입장을 표명한 이후 쑨원은 사회개혁이 근본적으로 필요하다고
판단한 것인데, 여기에서 의료와 사회의 관계가 중요한 사안으로 등장
하게 된다. 또 하나의 예로 프란츠 파농(Frantz Fanon, 1925-1961)[3]
올 거론할 수 있다. 파농은 카리브해의 마르티니크 출신의 의사로서
알제리 민족해방전선에 깊이 관여한 바 있다. 정신과 의사였던 파농
은 프랑스의 식민지였던 알제리에서 정신질환 발생빈도가 제국주의
프랑스에서보다 높게 출현한다는 사실을 눈여겨 보았다.

　식민지라는 특수성이 온갖 억압과 기만을 배출하는 장소라고 여기
게 된 것이다. 식민지 알제리에서 발현되는 온갖 정신질환들은 식민
지로부터 탈피했을 때 비로소 치유될 수 있다는 사실은 의료현장이
독립적으로 존립하는 것이 아니라 사회의 구조적 문제와 밀접하다는
사실을 보여주는 것이다.

　이러한 측면을 염두에 두고 종교와 사회라는 상부구조의 상관성을
검토하고자 한다. 전체적 흐름은 불교의 사회관에 비추어 보는 세태
를 비평하고, 불교의 입장으로 대사회적 권고로 나누어 서술[4]하기로
한다. 불교의 흐름 가운데 동아시아 불교의 특징은 선종을 중심으로
이루어진다. 특히 방대한 선어록의 출현은 기록문화의 정수라고 할
수 있다. 여러 불전들 가운데 여타의 불전들도 인용하겠지만 동아시
아 불교의 자랑인 선어록에서 추출한 기본 개념들을 불교의 사회의학
을 살펴보는 데 활용할 것이다.

---

3) Sharpley-Whiting, T. Denean, 우제원 역(2008), 『프란츠 파농 : 혁명가와 페미니즘』,
　고양: 인간사랑. 참조.
4) 이글의 일부는 〈현대불교신문〉에 게재한 〈바이오테크놀로지, 불교로 읽다〉 칼럼과 월
　간지 『불교문화』에 게재한 〈일상 속 불교 건강법〉 칼럼을 활용하였다.

I. 불교와 사회의학의 관계

불교는 개인적 수행에 집중하는 것이 일차적이다. 그 후 일정한 성과를 획득한 이후 다양한 방편으로 대중들을 교화한다는 원칙을 가지고 있다. 그러나 이 장에서 사회의학이라는 점으로 한정하여 불교적 문맥을 검토하는 것은 우리 시대를 비평하고자 함이다. 우리시대의 욕망과 환상, 사회적 병리, 복지국가의 이념 등을 통하여 불교적 사회 비평을 하고자 한다. 구체적으로 현대에 우행하는 알레르기와 아토피 증후군과 관련하여 이 개념들에 내재된 의도를 수행적 입장으로 분석할 것이다.

1. 현대사회의 환상과 욕망

우리 시대는 과학문명의 발달을 토대로 제시되는 거대한 환상을 마주하고 있다. 이 환상은 이전 시대와는 비교되지 않을 정도로 그럴듯한 좌표를 제시해준다. 과학이 모든 것을 가능하게 할 것이라는 환상은 과학의 몸체에 전능이라는 멋진 옷을 입혀주고 있다. 사실 근대 이후 과학은 하루가 다르게 발전하고 있으며 현재 시점에서는 그 발달 속도가 기하급수적 양상을 보인다. 과학은 각 분야의 전문가들이 제시하는 데이터와 실험실 증거들에 힘입어 설득력을 드높이고 있다. 과학에 대한 맹신은 기묘한 선험적 도식화 과정을 거치면서 윤리와 철학을 뒷자리로 물러서도록 강요중이다. 세상은 과학의 답변을 해답으로 받아들이며, 다른 가능성에 대한 질문을 하지 않으려 한다.

얼마 전까지 욕망은 '타자의 욕망'으로 이해되었다. 이 타자와 관련된 질문들은 주객이 전도되어 데이터는 인간에게 무엇인가?로 변경되고 있다. 디지탈 데이터의 지시에 충실한 인간은 곧 호모 디지털리스(Homo digitalis)의 탄생으로 이어진다. 과학으로 무장한 문명은 온갖 데이터를 제시하며 현대인을 조작 대상으로 전락시킨다. 인간은 세련된 인공지능들을 마주하며 전능한 과학에게 어떻게 존재해야 하는지 묻고 있는 현실이다. 현대인은 사유능력을 포기하고 빅데이터의 지시에 충실하고자 한다. 과학은 욕망을 해석하고 메뉴로 제시하며 욕망에 대한 사용법을 구체화하려 한다. 환상이 실제로 지향하는 것은 동일성을 지닌 주체를 형성하려는 시도이다. 인간에 의하여 제작되고 인간의 내면세계를 모방하여 기능적으로 인간화되던 인공지능은 이제 스스로 현실을 만들어 가는 중이다. 주체의 동일성으로 무장한 인공지능은 타자화된 인간을 만족시키는 것이 아니라 인공지능화된 과학 자신을 만족시키며 인간을 배제하는 형국이다. 앞으로 과학과 인간 사이에서 벌어지는 것은 철저한 소외일 것이다. 과학은 스스로를 위해 기능할 뿐, 인간은 배제된다는 점에서 그렇다.

현대의 최첨단 과학은 인류에게 진정한 동반자가 되지 못한다. 순수과학을 연구하는 과학자들은 인간의 현실적 요구로부터 괴리되어 있다. 엘리트 과학자들은 호기심 그 자체를 위해 연구하기 때문이다. 응용과학 분야에서는 과학적 연구들이 철저히 상업화되어 자본의 질서에 편승하며 복무하고 있기 때문이다. 이윤추구를 위한 과학기술의 실태가 그것이다. 과학기술은 기존 상식의 틀 위에 덧입혀진 선입견에서 벗어나 온갖 도구를 자유롭게 사용할 수 있을 때 꽃피어난다. 가령 비윤리적 생체실험들은 인간 자신을 실험 대상으로 만들기까지 한다. 자연은 인간의 상상력보다 훨씬 더 풍부하기에 가능한 일이다. 탐구라는 미명하에 과학 절대화의 환상이 가속화된다. 우리 시대는 과학이라는 새로운 권위가 구석구석 작동하며 우리를 옥죄고 있다.

생태적 윤리의 가능성을 탐구하는 불교의 시선은 이러한 족쇄가 현실인지 검토하는 일이다. 인간의 마음은 결코 백지상태가 아니다. 진화과정에서 직면했던 생존경쟁으로부터 형성된 업식이 내재된 공간이다. 즉 적자생존과 적응이라는 과정을 통하여 형성된 신경 회로의 총합이 탑재되어 작동하는 곳이다. 이처럼 생명이 데이터의 총합이 아니듯, 생태계는 기술이 조작할 대상이 아니라는 점에서 그렇다. 생명과 생태계를 따뜻하게 보듬고자 하는 실천이 커다란 의미의 자비관이 아니던가? 과학과 종교가 갈등 없이 동행할 수 있다는 주장들은 무엇인가? 불교는 과학에 대하여 유난히 긍정적이다. 하지만 이런 인식에 대하여 근본적으로 의문을 가져야 한다. 올바른 시선, 즉 정견에 의하여 과학만능이라는 환상의 허울을 벗기는 노력이 필요하다. 누가 이 허울을 벗겨야 하는가? 올바른 눈을 지닌 자는 눈을 비비고 나서야 한다.

2. 사회적 병리에 대한 관점들

현대과학에서 생명을 다루는 기술은 하루가 다르게 변화하고 있다. 소위 바이오테크놀로지(BT)는 최첨단 분야에 해당하며 제행무상을 실감하게 한다. 그러나 이 기술의 최종 적용은 욕망과 연결되며 의술과 진료의 합성어인 의료와 직결된다. 그만큼 의료현장은 생명을 중심에 두고 질병의 문제를 대면하고 있다. 의학 분야에서는 정상에서 벗어난 상태를 질병으로 규정한다. 해부생리학은 의학의 기초로서, 해부학은 정상적 형태를 학습하는 분야이며, 생리학은 해부학적 형태가 지니는 올바른 기능을 탐구하는 것이다. 여기에 이상이 발생한 것은 병리학 과목에서 다루게 된다. 생명(生) 현상의 이치(理)를 검토하는 생리학(生理學)에서 벗어날 경우, 질병(病)에 대한 이론(理)이라는 측면은 병리학(病理學)으로 다루기 때문이다. 질병을 뜻하는 disease는 쉽지(ease) 않다(dis)는 뜻이다. 즉 정상에서 벗어나 있기에 쉽지 않음이라는 상태는 질병으로 규정된다. 또 질서(drder)에서 이탈된(dis) 상태인 disorder 역시 질환을 뜻한다. 한자에서는 질병으로 기대어 누워 있는 상태(疒)를 기본으로 한다. 질(疾)은 화살(矢)처럼 그 병세의 진행이 빠른 것을, 또는 화살같은 뾰족한 것에 의한 상처로 통증이 발생한 것을 말한다. 병(病)은 질병의 진행에 따른 발열(丙)의 증상을 지시하는 말이다. 환(患)이란 꿰뚫리는(串) 통증으로 마음(心)이 아픈 상태와 관련이 있다. 이처럼 질환병(疾患病)은 통증, 발열, 감염 등으로 인한 신체적 장애를 말한다. 이는 현대 병리학에서 질병의 일차적 증상인 염증을 설명하는 것과 일맥상통한다.

생명 존중의 정신은 불살생으로 이어진다. 이는 생명을 살리고자 하는 의료현장의 정신이 살생을 금지하는 종교적 가르침과 연결된다는 점을 시사한다. 이러한 측면에서 첨단 과학기술이 적용되는 바이오테크놀로지와 생명을 고귀하게 여기는 종교는 상호 교섭의 접점을 지닌다. 물론 의료와 종교에서 그 대상이 사람으로 국한되는가 여부의 차이는 있다. 『불설불의경』(佛說佛醫經)에서는 사람이 질병을 겪는 것에 대하여 다음과 같이 설명하고 있다.

첫째 오래 앉았기만 하고 밥을 먹지 않는 것, 둘째 먹은 것이 소화되지
않는 것, 셋째 근심하고 걱정하는 것, 넷째 피로가 극도에 달하는 것,
다섯째 마음껏 음탕하게 노는 것, 여섯째 성을 내는 것, 일곱째 대변을
참는 것, 여덟째 소변을 참는 것, 아홉째 상풍(上風)을 제지하는 것, 열
째 하풍(下風)을 제지하는 것이다. 이 열 가지 인연으로 병이 생기는
것이다.5)

불전이 알려주는 질병의 인연을 생각해 본다. 불교적 입장은 일상
생활에서의 기본을 지킬 것을 주문하고 있다. 정기검진과 규칙적 운
동, 충분한 휴식과 영양 섭취 등도 중요하겠지만, 일상의 기본을 벗어
나게 되면 비정상적 상태로 이어진다. 그래서 고통을 받게 되며 질병
을 얻게 되는 것이다. 하지만 궁극적으로 생명의 연기적 흐름은 생노
병사의 과정을 거치게 된다. 그러므로 의료적 기술에 지나치게 의지
하는 행위는 생명의 이치(生理)를 온전히 이해한 것은 아니다.

3. 현대사회의 병리현상, 알레르기와 아토피의 논리

생명에 대한 기술 즉 바이오테크놀로지의 지향점은 의료현실에서
활용된다. 생명기술의 정점은 최종적으로 무병과 장수를 약속하며 의
학과 진료 분야에서 꽃피우는 것이 상례이다. 생명기술은 과학기술과
상보적으로 발을 맞추어 진행하고 있으나 그 바탕은 생명의 속성을
검토하고 있다. 선종문파의 제일서라고 알려진 『벽암록』에는 이에 대

---

5) 『佛說佛醫經』 (T17, p.737b14-18), "人得病有十因緣：一者、久坐不飯；二者、食無貸；三
者、憂愁；四者、疲極；五者、婬泆；六者、瞋恚；七者、忍大便；八者、忍小便；九者、制上風；
十者、制下風. 從是十因緣生病."

한 암시를 다음처럼 하고 있다.

> 티끌이 하나 일어나니 모든 대지를 거두어 들이고,
> 꽃 한 송이가 피니 온 세계가 열린다.
> 그러나 티끌 하나 일어나지 않고 꽃 한 송이 피지 않을 때는
> 어떻게 해야 할 것인가.6)

불교는 색법보다 심법에 집중하듯, 생명을 중심에 두고 있는 바이오 분야는 기술로 단순화하기에는 무리가 따른다. 우주라는 꽃 한 송이 피어나는 것은 절 집(寺)의 언어(言)인 시(詩)로 노래하기에는 벅찬 일이다. 들판의 꽃 한송이는 과학기술의 분석 대상 그 이상일 수 밖에 없는 일이니까 말이다.! 하지만 티끌 하나조차 일어나지 않고 꽃 한 송이도 피지 않을 때, 그때에는 어찌할 것인가? 은산철벽의 도래! 그때가 지금인 것만 같으니 이 질문은 더욱 절실하다. 그러므로 "이제 모든 시비갈등을 끊어 버리고 자기 자신 속에 내재된 보배를 드러내라!"고 요구하는 것이다.

과거 30년간 압도적으로 도래한 질병은 알레르기 질환이다. 우리 시대의 기묘한 도착 증세인 알레르기(allergy)는 속도와 관련이 있다. 악보에서 알레그로(allegro)는 빠르게를 지칭한다. 알레그로에서 파생된 알레르기는 생체적 반응이 일찍 활성화되어 일어나는 병리적 징후를 말한다. 이는 정상적 반응보다 빠르게 준동하는 것이므로 과민증상을 의미한다. 즉 조급성 또는 과민성 증후군에 속하는 것들이다. 알레르기 증상들은 바람이 불기도 전에 누워버리는 풀의 생태와 비슷하

---

6) 『佛果圜悟禪師碧巖錄』(T48, 159a11-12), "一塵舉大地收 一花開世界起 只如塵未舉花未開時 如何著眼."

다. 또 자라를 보고 놀란 사람이 솥뚜껑을 보고 놀라는 일처럼, 어둠 속의 썩은 새끼줄은 두려움으로 작동하여 공포스럽게 독사처럼 다가온다. 그러나 원인물질(allergen)이 직접 작용하기도 전에 요동치는 것은 병리적 인지부조화에 기인한 불안반응이며 두려움 때문에 작동하는 인식론적 오류이다. 일련의 알레르기적 증상들은 개체적 속성을 넘어서 온갖 사회적 병리현상을 초래하고 있다. 우리 사회의 단면 가운데 인구의 감소와 관련된 일화들은 알레르기 증상의 대표적 예이다. 얼마 전까지 정관수술을 하면 진급에서 유리한 평점을 주고 예비군 훈련면제 등의 포상이 주어졌다. 둘만 낳아 잘 기르자던 구호는 둘도 많다며 보건 당국이 호들갑을 떨었다. 인구조절의 효과가 긍정되는듯하다가 이제는 지방 도시들의 소멸 위기가 거론되고 있다. 알레르기적 반응 저변에 도사리고 있는 것은 욕망 그 자체이다. 욕망의 그림자는 두려움과 불안을 야기한다. 욕망을 구조화한 자본주의적 체제는 구성원들의 상호 경쟁을 바탕으로 비교의식과 자의식이 과잉되도록 조장하고 있다. 그러므로 우리시대의 진면목을 보기 위해서 각고의 노력을 해야 한다. 『선문염송』의 수록된 내용 가운데 다음과 같은 구절이 있다.

> 휘두르는 방망이에 태양처럼 밝은 눈이 달려 있어
> 순금의 진가를 알려면 단련하는 용광로 속을 살펴야 한다.[7]

욕망으로 불타오르는 용광로는 욕망 자체를 불사르며 불성의 실체를 연단하는 수행의 공간이 되어야 한다. 그래서 일상을 살아가는 것

---

7) 『禪門拈頌拈頌說話會本』(H76, 10a19-20), "棒頭有眼明如日 要識眞金火裏看."

이 티끌 하나, 꽃 한 송이의 과제로서 온 우주의 일에 속하게 된다. 숨 한번 깊이 들이마시고 스스로를 돌아보는 것은 사바세계를 짊어지는 삶이 된다. 욕망과 관련된 인지부조화, 그 알레르기 증상들을 돌아보아 석존의 가르침에 귀 기울이며 마음의 눈을 열어두어야 한다. 알레르기라는 질환의 상대적 퇴보는 근래에 우세하게 등장한 아토피의 유행과 관련이 있다. 아토피(atopy)라는 용어는 부정의 의미인 a와 일정한 영역을 뜻하는 topos가 결합되어 atopy라는 개념이 만들어진 것이다. 그래서 아토피라는 용어는 특정한 위상 공간(topos) 또는 특정한 범위에 있지 않음을 뜻하게 된다. 이 개념을 의료적 차원으로 적용하여 그 의미를 파악해보면, 증상은 있으되 그 원인체가 그 장소 내지 공간에 있지 않은 기묘한 질환을 지칭하게 된다. 그러므로 아토피 개념에는 단절과 차단이라는 사회적 단층의 형성이 반영되고 있다.

질병을 유발하는 물실인 병원제(pathogen)가 없이도 질병이 발생한다는 개념은 병원성 물질에 대한 부재로서, 질환에 대한 원인물질의 병리적 알리바이에 대한 주장에 다름 아니다. 병원성 물질의 존재는 어떻게 파악될 수 있는가? 이는 고성제를 설파하고 집성제에서 삶이라 것이 고통의 바다라는 것을 설파하는 석존의 접근방식과 유사하다. 현대 의학의 개가는 현미경의 발명과 관련이 있다. 이 현미경에 의하여 이전 시대에 알 수 없던 여러 병원균들이 파악된다. 육안으로 보이지 않던 미세한 생명체들이 파악되어 이를 학문화하여 미생물학으로 발달한다. 이후 분자생물학의 발달과 더불어 항원 항체 반응을 거론하는 면역학이 등장한다. 하지만 아토피는 이러한 과학적 성과물들과 무관하게 자리 잡고자 한다.

그림자 없는 나무라든가 메아리 없는 골짜기를 운운하는 것은 연기법에 대한 근본적 부정으로 이어진다. 어찌 뿌리 없는 나무가 자랄 수 있는가? 바람도 없이 파도가 친다는 것은 어불성설 아닌가? 알레르기는 원인물질이 다가오기도 전에 질병이 발생하는 과민증이다. 이는 인식에 대한 과잉반응의 일종이기에 병리학적 인지부조화에 해당한다면, 아토피는 질병의 발생에 대한 책임을 지지 않으려는 면책사유의 입증과 밀접하다. 아토피가 주장하는 병리학적 알리바이는 체질의 문제로 귀결되곤 한다. 체질을 물려준 부모의 삶을 묻게 되는 것이다. 아토피 환자들의 부모세대는 근대화의 물결 속에서 주택개량, 토지개간, 혼분식 장려 등으로 삶을 개선하였다. 그 결과 각종 조미료와 방부제, 세탁제, 살충제 등의 화학물질에 과도하게 노출되었다. 부모들은 큰 문제가 없었으나, 태아 수준에서 오염물질에 노출된 개체들은 성장기를 거치며 각종 아토피성 질병으로 고통을 받게 된다. 그래서 아토피 질환의 경우, 환자의 체질을 개선하기 위하여 각종 화학물질을 차단하고 배출하거나 해독하는 것이 급선무로 여겨지고 있다. 환자들은 자신의 삶에 대하여 책임질 어떤 행위도 하지 않았음에도 불구하고 각종 아토피적 증후로 고통을 겪고 있다. 즉 어머니의 자궁 상태로 인하여 질병을 앓게 된다는 것이다. 여기에서 아토피에 내재된 개념으로 세대 간의 단절이 유입되며 세대와 계층간의 갈등을 반영하는 독특한 사회의학적 증상으로 자리잡게 되는 것이다.

아토피와 알레르기라는 현대적 개념이 인식체계에 상식으로 도입되면서 겪어야 하는 것들은 무엇인가? 조급증이 유발하는 집단적 불안의 알레르기적 반응이나 현장부재의 면책사유라는 아토피적 증후군은 우리 시대가 당면하고 있는 여러 문제들에 대한 그릇된 대응책으로 이어질 수 있다. 불교가 감당해야 할 시대적 과제들 가운데 하나는 생명현상의 연기적 흐름을 전제로 하는 질병의 해석과 대안의 제시이다. 무명의 문제는 개인의 수행이기도 하지만 사회구조의 개선과도 긴밀하게 연결되기 때문이다. 미세먼지 논의에서 아토피적 증후군이 작동하는 사례를 검토할 수 있다. 황사라는 명칭이 미세먼지로 변경되어 사용된 지 오래다. 봄철 미세먼지의 발생에 대한 해석은 하나의 독특한 현상이다. 우리나라와 무관한 중국의 공법 발달로 인한 스모그가 주원인이라 분석되기도 한다. 이 분석은 중국과의 마찰을 고조시킬 가능성은 물론 체제의 비교로도 연결될 수 있다. 몽고지역 인근의 사막에서 발생한 모래먼지가 주를 이루는 것이라고도 한다. 이러한 해답은 지구의 기후위기와 관련된 어젠다로 견인하려는 의지가 있다. 서해안의 화력발전소에서 배출되는 연기가 주성분이라는 분석도 있다. 이는 국외라는 공간 즉 아토피적 징후를 벗어나 국내에서 원인을 찾아야 한다는 의지가 깔려 있다고 할 수 있다. 즉 아토피적 대응을 반대하려는 시도라는 것이다. 이처럼 새로운 실병의 유행은 사회구조의 문제를 함의하며 움직이고 있다.

4. 복지국가의 목표와 장수시대의 공허

현대국가의 이념이 복지를 목표로 할 때 우리 사회는 보건과 장수에 대한 찬가로 무성하였다. 100세 시대를 노래하며 의료기술의 발달로 인한 혜택을 누릴 것이라 기대감에 부푼 것이다. 실제로 국가 행정체계에서 보건사회부의 명칭이 보건복지부로 바뀐 것을 본다면, 복지의 이념이 보건에 있다는 것은 명확하다. 복지(福祉)라는 문자는 한 사람(一)의 입(口)을 만족시키는 정도의 밭(田)을 바라보는(示) 것(福)이거나 분수를 알아 멈추는(止) 행위를 가르치는(示) 것(祉)과 관련이 있다. 이처럼 복지의 원뜻은 동양적 또는 불교적 사고 방식이 상당히 내재된 표현이다. 멈춤이나 바라봄, 그리고 이를 알거나 가르치는 실천이 복지의 근간이라는 점을 일깨우고 있다. 이에 비하여 복지의 서구적 의미는 동양적 인식과 상당히 다르다. 영어로 표현되는 Health & Welfare의 의미는 말 그대로 육신과 정신이 튼튼하고 일상을 잘 지내는 것이라는 뜻이다. 서구적 복지의 의미는 욕망을 전제하고 있다. 이 욕망성취의 적극성은 소비와 연결되어 자본주의적 가치로 직접 한정된다.

젊음에 대한 집착은 항노화(Anti-Aging)로 설정되며, 미용과 건강 그리고 정력의 신화를 양산하고 있다. 복지는 의료기술의 발전에 힘입어 장수시대를 찬탄하게 되는 것이다. 의료는 질병퇴치에 집중하며 건강을 복지이념의 한 축으로 제시한다. 그 결과의 하나는 노화현상을 질병의 일종으로 파악하였다. 늙음을 극복할 대상으로 간주하였기에 이를 퇴치하고 부정한다. 현대과학의 성과는 설득력도 있으나 과장된 바가 있다. 『선문염송』 512칙 〈진탁(振鐸)〉에 대한 게송은 서늘한 경고를 들려주는데, 그 내용은 마음에 새겨둘 만하다.

밝음도 어둠도 때려 최고라고 뽐내더니
잡고 보니 아무런 재주도 없네
재주도 없으면서 소란하게 자랑하며 구호를 외친 일
지금에 이르러 누가 진짜와 허풍을 가릴 것인가8)

노화가 질병이라는 서구적 시선은 온당한가? 한 사람의 생애를 생

8) 『禪門拈頌』 (H76, 405b7-9), "暗明盡打誇無上 擒住方知無伎倆 何伎倆無亂稱呼 至今誰解辨眞虛."

노병사로 표현하는 불교적 관점은 연기적 흐름으로 일생을 파악하는
것이다. 노와 병이 없는 예외적 경우는 요절과 급사가 있을 수 있다.
대체로 태어남에서 비롯한 삶이 완숙과 쇠퇴를 거쳐 소멸에 이른다는
것을 이해하여 반영한 것이다. 이 생노병사의 과정에서 늙음의 진정
한 의미는 완숙의 다른 말이다. 노숙함으로 해석되는 노화현상을 질
병으로 등치시키는 논리는 문제가 있다. 늙음이라는 불편한 밀이 저
주가 아니다. 노화현상은 질병이 결코 아니다. 생물학적 의미에서 노
화로 인하여 면역기능이 저하되거나 생체의 항상성 반응이 느려지기에
질병에 노출될 기회가 많아지는 것이다. 엄격히 말하자면 태어남과
동시에 죽음에 이르는 일련의 과정이 진행된다. 그러니 억지부리며
청춘을 붙잡거나 되살리려 애를 쓸 일이 아니다. 12연기의 흐름으로
한 생애를 들여다보면, 무명이라는 어리석음에 바탕을 둔 집착은 죽
음에 이르기까지 업에 대한 과정의 연속이다. 그렇다. 이제 우리는 본
향에 돌아가 본래면목에 귀기울여야 한다. 투자의청(投子義靑) 선사는
현대인들에게 다음과 같은 노래를 들려준다.

> 천만 봉우리 모두 다 다녀 보니 길들은 더욱 험하여
> 멈추고 돌아 와서야 비로소 옛 고향(雲房)이 떠오른다.9)

이제 멈춤이 필요한 시기인가? 더 나아가야 할 때인가? 불안한 현
대인들은 소란함을 추구하는 것이 아닌가? 제행이 무상하다는 점에서
무명도 없고 늙고 죽음에 이르는 노병사(老病死)가 없다고 반야심경은
일러주고 있다. 노사가 본디 없거늘 늙음을 질병과 동의어로 여기고
자 하는 발상은 한마디로 어리석음 때문이다.

---

9) 『禪門拈頌』 (H76, 410c6-7), “行盡千峯路轉高 肯歸方憶舊雲房.”

II. 불교의 대사회적 권고들

불전에서는 석존을 대의왕으로 제시하는 문장들이 여러 곳에 등장한다. 다시 말하면, 석존의 가르침은 병든 사회, 고통받는 중생을 위한의사의 진단과 처방이라는 의미이다. 이때 승려는 간병인일 뿐이다.

> 부처님은 마치 의왕(醫王)과 같고 법은 마치 좋은 약과 같으며 승가는
> 마치 병든 이를 돌보는 사람과 같나니 우리는 마땅히 청정한 지계와
> 바른 억념을 얻어야만 한다. 또한 부처님께서 말씀한 법의 약을 우리
> 는 마땅히 순종해야 한다. 승가는 바로 나의 모든 번뇌의 병[結病]을
> 끊어 주는 한 인연이어서 이른바 병든 이를 돌보는 사람인 것이다.10)

위 경문에 의지하여, 불교가 사회를 향하여 요구하는 것들을 살펴볼 것이다. 현대인들을 향한 불교의 사회의학적 권고사항들과 불교수행의 사회의학적 의미는 무엇인지 알아보는 것이다. 그리고 불교인문학이 가능하다면 시비를 가리는 자리에 불교사회의학이 자리잡아도되는지를 물어볼 것이다. 마지막으로 불교의 사회의학이 지향하는 곳이 생태학이어도 무방한지를 살펴볼 것이다.

1. 현대인을 향한 불교사회의학의 권고

몸으로 하는 간단한 불교의 건강법! 불교에서 가르치는 예경법으로 손을 교차하여 아랫배에 차분히 대고 있는 차수(叉手)는 마음을 가

---

10) 『大智度論』(T25, 224a22-25), "佛如醫王 法如良藥 僧如瞻病人 我當淸淨持戒 正憶念
   如佛所說法藥 我當順從 僧是我斷諸結病中一因緣 所謂瞻病人."

라앉히는 효과를 가져온다. 분산된 마음을 하나로 모으는 합장(合掌)은 올바른 자세가 무엇인지 알려 준다. 무릎을 꿇고 몸을 최대한 수축하는 방법인 절은 하심과 겸손과 예경에 대한 표시이다. 차수, 합장, 절이라는 세 가지 사찰의 기본예절은 아주 손쉽게 실천할 수 있는 간단한 건강법이기도 하다.

뭇 생병들이 병으로 신음하니 나 또한 아파온다! 깨달음과 지혜를 중요하게 생각하는 불교는 몸보다는 마음에 집중하고 있다. 그래서 건강에 대한 견해도 내면의 안락을 중심으로 진행되는 것이 뚜렷하다. 그렇다면 불교의학에 대한 검토를 함에 있어서 일반대중들의 관심사와 어떻게 연결시킬 수 있는가? 중생들이 아프니 유마 자신도 몸소 질병을 앓고 있다고 토로하는 『유마경』은 질병에 대한 개념을 대승보살심의 발로라고 밝히고 있다. 이러한 논리의 시작은 부처님의 나라는 어떠한 것인지를 설명하는 「불국품」으로부터 시삭하고 있다.

> 해와 달이 왜 깨끗하지 않겠는가? 그런데도 장님은 왜 (그 깨끗함을) 보지 못하는가? 이는 장님의 허물일 뿐이며, 해와 달의 허물은 아니다. 중생들은 자신의 죄 때문에 여래의 불국토가 깨끗하게 장엄되어 있는 것을 보지 못한다. 이는 여래의 잘못이 아니다. 불국토는 깨끗하지만 중생들이 보지 못하는 것이다.(『維摩詰所說經』, 〈佛國品〉, T14, 538c9-12)

시각 장애를 거론하는 것은 '밝음이 없다'는 무명개념을 연결시키고자 하는 인도식 사유방식 때문이다. 신체적 장애에 해당하는 시각 장애는 무명을 원인으로 고통스런 삶을 영위하는 중생들에 대한 설명으로 자연스럽게 연결된다. 무명! 이 말은 불국토를 보지 못하는 장애를 지칭하는 것이다. 『유마힐소설경』의 「불국품」에 이어지는 「방편품」에서는 본격적으로 중생들의 현실적 모습을 신체 현상에 집중하여 설명하고 있다.

> 이 몸은 물방울과 같아서 잡거나 만질 수도 없고, 이 몸은 물거품과 같아서 오래도록 지탱할 수가 없다. 이 몸은 불꽃과 같아서 갈애로부터 생겨난 것이며, 이 몸은 파초와 같아서 속에 견고한 것이 있지 않다. 이 몸은 허깨비와 같아서 잘못된 생각 때문에 생겨난 것이며, 이 몸은 꿈과 같아서 허망한 견해로 된 것이다. 이 몸은 그림자와 같아서 업연을 따라 나타나는 것이며, 이 몸은 메아리와 같아서 온갖 인연을 따라 생기는 것이다. 이 몸은 뜬구름과 같아서 잠깐 사이에 변하고 사라지며, 이 몸은 번개와 같아서 한순간도 머물러 있지 않다.11)

위의 설명에 대한 『금강경』의 표현방식에 의하면, 신체는 유위법에 해당하므로 꿈과 허깨비, 물거품과 그림자, 이슬과 번갯불(夢幻泡影露電)과 같은 현상일뿐이다. 그렇다. 중생의 신체는 기세간을 이루는 지수화풍을 토대로 구성되므로 다음과 같이 설명되고 있다.

> 이 몸은 주인 없는 버려진 땅(地)과 같으며, 이 몸은 실체가 없는 불(火)과 같다. 이 몸은 바람(風)과 같아 생명이라 할 수 없고, 이 몸은 물(水)과 같아서 실체로서의 존재라고 할 수 없다.12)

지수화풍의 사대로 이루어진 색법으로서의 신체, 이 점을 인정하

---

11) 『維摩詰所說經』(T14, 539b15-21), "是身如聚沫 不可撮摩 是身如泡 不得久立 是身如炎 從渴愛生 是身如芭蕉 中無有堅 是身如幻 從顚倒起 是身如夢 為虛妄見 是身如影 從業緣現 是身如響 屬諸因緣 是身如浮雲 須臾變滅 是身如電 念念不住."
12) 『維摩詰所說經』(T14, 539b21-23), "是身無主為如地 是身無我為如火 是身無壽為如風 是身無人為如水."

고 출발하는 것이 불교의학이다. 우리 생명체는 생노병사(生老病死)의 흐름을 겪는다. 물질계는 성주괴공(成住壞空)의 과정으로 설명한다. 이 전제조건을 인정하게 되면, 나이 들어 노쇠해지는 것에 대한 시선은 달라진다. 나이 들어가는 것이 질병이라고? 현대의학이 제시하는 안티에이징(Antiaging) 개념은 노화를 질병이라 규성하고 있다. 이는 생명현상에 대한 왜곡으로 커다란 잘못이다. 그래서 성장과 관련이 있는 현상들조차 질병으로 왜곡하며, 생명에 대한 연기적 흐름을 무시하고자 하는 오만한 태도를 보이고 있다. 다시 초심으로 돌아가 불교는 일체에 대하여 참회와 발원의 태도를 지닐 필요가 있음을 권하고 있다. 두 손을 가지런히 모으는 합장은 흐트러진 마음을 모으게 한다. 나아가 억겁의 과거로부터 무량한 미래의 시간 그 한 가운데서, 또한 상하좌우 시방의 공간 한가운데서 자신의 불성을 찾도록 요구한다.

시간과 공간, 그 한 가운데 서 있는 사람은 스스로를 인간으로 여기게 된다. 즉 시간과 공간, 인간이라는 삼간(三間)을 깨달아 모든 물상의 근본토대인 땅을 가까이하며 원력을 세운다. 불성을 가슴에 포개고 껴안은 상태인 합장으로부터 서서히 무릎을 꿇는다. 허리를 접으며 본원의 성품을 대지에 내려놓는 자세를 취하는 것이 예경으로서의 절이다. 스스로를 작은 씨앗이라 여기는 태도이다. 서서히 일어서면서 씨앗이 발아하여 나무로 자라나는 형상을 재현한다. 반듯하게 일어서서 합장한 손을 끌어내려 두 손을 배꼽 아래 차분히 거두어 두는 차수를 한다. 차수는 마음을 아래로 끌어내려 심지의 뿌리를 깊이 하는 하심이다. 합장은 한 마음으로 설명되는 일심을 뜻하지만, 삼간을 온전히 인식하는 우주적 사건에 동참하는 종교적 태도로 이어진다. 절은 대지에 자신을 내려놓아 참회와 발원을 하는 예경의 자세이다.

이 간단한 불교의 예절은 호흡을 차분하게 하며 자율신경의 부조화를 교정하기도 한다. 또한 이들 신체 동작은 면역기능에도 긍정적인 영향을 준다. 불교의 가르침은 어려운 것이 아니다. 눈이 멀고 마음이 어두워 삶이 고단하거든 손을 모으고 차분히 절을 해보시라!

2. 생명의 근원은 숨에 있나니!

숨이 숨으로 숨 쉬기! 이것은 불교의 호흡법이 지니는 특징이다. "일체의 흙(地)과 물(水)은 다 나의 먼저 몸이요, 일체의 바람(풍), 불(火)은 다 나의 본체이니 산 것을 풀어서 살려주라." 이 『범망경』의 구절들에서 보듯이, 기세간(器世間)을 이루고 있는 지수화풍의 환경적 요소들과 몸의 본체인 생명체들은 불가분리의 관계이다. 이런 점에서 온갖 괴질들을 경험하고 있는 우리는 일차적으로 통합적 관점으로 환경과 우리네 삶을 돌아봐야 한다. 흙(地)은 개발로 인하여 땅들은 황폐화되었고, 농토들은 제초제와 화학비료로 뒤범벅이다. 물(水) 또한 강과 바다에 이르기까지 생활용 폐수와 산업용 오폐수로 오염되었다. 화(火)는 어떠한가? 온난화 현상이 뚜렷하게 나타나고 있으며, 기상이변도 속출하고 있다. 풍(風)도 마찬가지이다. 미세먼지 가득한 대기로 인하여 숨쉬기조차 불편한 현실이다. 작금의 우리네 현실은 불온한 시대이다. 땅과 물, 불과 바람! 이들 기세간의 황폐화는 암울한 상황이다.

일상은 여러 사태들로 인하여 패역에 이르는 처참한 지경이 되었다. 살아있는 모든 것들은 불편을 감수하며 생존을 위협받고 있다. 이 바탕에는 탐욕과 분노, 그리고 어리석음이 자리 잡고 있다. 탐진치 삼독은 기세간의 파괴를 초래한 것이다. 그러므로 패역한 세태를 향하여 육신의 건강을 기원하고 내면의 평안을 묻는 것은 자가당착의 사안에 해당한다. 이 시대의 패역상에 대하여 그 책임이 모두에게 있다고 할 수는 없다. 그러므로 희망을 가지고 검토할 일은 참회 또는 회복에 대한 일이다. 건강의 문제는 일체에 대한 회복을 기획하는 것이 된다. 이처럼 환경 문제와 더불어 건강은 우리 시대의 최고 가치라고 할 수 있다. 건강은 자본주의의 질서 속에서 계량화되고, 자산으로서의 건강 개념이 도입되기에 이르렀다. 그러나 건강은 관리 능력의 확장이라는 시장의 문제가 아니다. 우리들 스스로 감내해야 하는 인간과 환경의 문제이다. 그리고 환경의 황폐화는 개개인의 문제가 아니다. 우리 시대는 첫 번째 화살을 맞는 것으로 충분히 댓가를 치렀다. 그러므로 구조적 원인 규명이라는 명분의 두 번째 화살에 대한 어설픈 이야기는 접어두어야 한다. 일상 회복을 위한 건강지침이 필요하다.

숨, 즉 호흡을 배우고 숨을 쉬는 생명체가 있을까? 생명체들은 태어나면서부터 자연스럽게 숨을 쉬고 있다. 그러나 여러 전통의 경전과 가르침들은 새삼스럽게도 숨을 가르치고 있다. 숨은 생명의 첫 시작이며 기본이므로 숨에 대하여 배워야 하는 것이다. 동아시아 문명은 물론 한반도의 전통적 수행방법에서는 선도수행법을 체계적으로 전수하였다. 선도수련 등에서 일반적으로 제시하는 삼법수행은 지감(止感), 조식(調息), 금촉(禁觸)의 세 가지 수련법을 이르는 말이다. 이 선도류의 원리는 전통의학으로 응용되며 호흡조절의 양생법(養生法)으로 보급된다. 들숨과 날숨을 우주적 음양의 원리로 해석되며 생명현상 일체를 파악하는 원리가 된다. 인도대륙의 수행체계는 『요가수트라』를 통하여 금계, 권계, 좌법, 조식, 제감, 총지, 정려, 삼매의 8가지 수행법을 제시하고 있다. 호흡법인 조식(prāṇāyāma)은 생기(生氣, prāṇa), 하기(下氣, apāna), 매기(媒氣, vyāna), 등기(等氣, samāna), 상기(上氣, udāna)라는 다섯 종류의 숨을 설명하고 있다. 조식의 완성은 호흡을 억제하는 쿰바카(kumbhaka) 기법이다. 요가행법과 선도수행법은 결국 호흡의 조절과 통제를 중시하고 있다.

그러나 숨에 대한 불교적 가르침은 단지 호흡을 바라보는 것이다. 이처럼 숨을 관찰하는 불교의 호흡법은 숨을 통제하며 조절하는 선도류와 요가류의 호흡법들과 뚜렷한 차별성을 보여준다. 『불설대안반수의경』(佛說大安般守意經)의 호흡법은 깨달음을 성취하는 비법이므로 '부처님의 호흡법'이라 한다. 안반수의(數息觀, ānāpāna smṛti)는 안나반나(安那般那)로 음역되고 염출입식(念出入息)으로 직역되고 지식념(持息念)으로 의역되기도 하였다.

> 안반수의에는 열 가지 지혜가 있다. 숨을 헤아리는 수식(數息), 숨에 따라 마음으로 지켜보는 상수(相隨), 마음을 숨에 머물게 집중하는 지(止), 마음으로 숨을 살펴보도록 하는 상태인 관(觀), 숨에 집중하며 관찰하던 마음을 자신으로 돌이키는 환(還), 마음과 숨에서 비켜난 그 자체로 있음으로 맑아지는 정(淨) 그리고 네 가지 진리인 사제(四諦)이다.13)

안나반나념(修安那般那念)인 수수지관환정(數隨止觀還淨)의 호흡법은 세존께서 자신의 친자인 라훌라에게도 장려한 것이다.

라훌라야! 그대는 마땅히 호흡의 들고 나는 것에 마음을 모으는 수행

---

13) 『佛說大安般守意經』 T15, 164a13-15.

[修習出入息念]을 해야 한다. 라홀라야! 이 수행으로 말미암아, 호흡의
들고 나는 것에 마음을 모으는 수행을 많이 하게 된다면 곧 좋은 결과
가 있으며 커다란 복덕의 이로움[大果大福利]이 있게 된다.[14]

호흡법이 가져다 주는 이로움에 대한 호흡생리학과 뇌과학 그리고
면역학 등에서 제시하는 실증적 데이터들은 차고도 넘쳐난다. '좋은
결과가 있으며 커다란 복덕의 이로움'[大果大福利]이 있다고 추천되는
『불설대안반수의경』의 수식관 체계는 복잡하지 않다. 그저 숨을 헤아
리며 관찰하는 것으로 시작한다. 분주한 그대! 아주 잠깐만 멈추고서
털퍼덕 주저앉아 그저 숨이 숨 쉬시게 하시라! '숨이 숨 쉬게 한다'는
말이 새삼스럽게 들린다면 즉시 가벼워지는 '무아'의 경지를 맛볼 수
있다. 피곤함에 찌들어 잠에 떨어지는 것이 아니라 잠이 잠들게 하는
것이기 때문이다. 잠이 잠들어 잠에서 깨어나듯 삶에서 깨어나기 시
작한다면 일상이 순조로워질 것이다. 이것이 불교 호흡법이 선물해
주는 좋은 결과이며 커다란 복덕의 이로움이다. 그러니 거듭 말씀드
리거니와 그저 털퍼덕 주저앉아 숨을 숨 쉬시라! 이것이 첫 걸음이다.
그저 숨이 숨으로 숨 쉬기! 이것이 불교의 숨으로 쉬기 위한 가르침이다.

3. 불교인문학의 자리, 누가 바르고 누가 삿된 것인가?

혼류로 흘러가는 우리 시대, 잣대 또는 다림줄이 필요하다. 시비를
가려야 하기 때문이다. 『선문염송』의 515번째 고칙(古則)은 〈려명(驢
鳴)〉으로, 보화(普化)선사와 임제선사의 대화를 기조로 이루어져 있다.

---

14) 『中部經典』 N10, 185a6-7.

음식을 먹는 것을 시비하는 일, 이러한 일들이 선의 본색이기도 하다.
또 선사의 벼락같은 할(喝) 한마디를 되받아 쳐내는 할일할(喝—喝)의
경지는 더욱 그럴듯한 일이다. 위의 고칙에 대한 해인신 선사의 게송
[海印信頌]은 다음과 같다.

> 거스르고 순한 기개, 누가 바르고 누가 삿된 것인가?
> 끝끝내 모름지기 본분 작가라야 한다
> 진창에 빠져든 뜻을 아는 이 없으니
> 자리에 가득한 향기는 무쇠 나무에 꽃이 핀 것이로다.15)

우리가 살아가는 현실은 참된 가치를 구현하기 어려운 시대이다.
진짜와 모조품을 구분하기 어려운 것이 아니라 모방된 가상의 물건들
이 진본을 능가하는 시대가 되었다. 대혜종고(大慧宗杲, 1089-1163)의
한탄, 즉 달빛 어른거리는 물그림자를 건져낸다고 한들 그것이 어찌
실재이겠는가라는 장탄식은 여전히 유효하다.

> 만고에 푸른 연못에 비친 달,
> 두세 번 건져봐야 거짓인 줄 알게 되리.16)

연못 위에 비친 달 그림자가 아무리 아름다워도 진짜 달이 아니라
는 대혜종고 선사의 게송은 모조품을 추구할 것이 아니라 참된 것을
찾아야 한다는 것을 일깨워 준다. 많은 것이 복사되고 복제되는 우리
시대에 곰곰이 새겨볼 내용이다. 우리시대의 과학기술은 현기증을 일
으킬 만큼 하루가 다르게 발전하고 있다. 세상은 어떠한 지침을 묻기

---

15) 『禪門拈頌』 (H76, 408b19-21), "逆順之機孰正邪 到頭須是本行家 和泥合水無人會 滿
座馨香鐵樹花."
16) 『圓悟佛果禪師語錄』, 卷9, (T47, 755b29-c1) "萬古碧潭空界月 再三撈摝始應知."

보다 어떤 효용성을 보유하고 있는지를 묻는다. 왜냐하면 실용적 가치를 전제로 움직이는 문화가 형성되었기 때문이다.

카를-오토 아펠(Karl-Otto Apel, 1922-2017)이 주창하고 위르겐 하버마스(Jürgen Habermas, 1929-)가 지지했던 일종의 '도덕적 진공상태'인 현실에서 '철학의 변형'(Transformation der Philosophie)을 통해서 의미의 해석을 시도해야 한다. 그리고 의사소통공동체에서 도출할 수 있는 합의를 부단히 검토할 필요가 있다.17) 한마디로 담론의 중요성을 통하여 고루한 학계와 현실에 민주주의 원칙이 비로소 도입된다. 윤리와 철학이 외면받고 과학과 기술의 편리성이 유행이라 해도 종교와 인문학은 윤리적 책임을 물어야 한다. 근본을 묻지 않는 현실에 대하여 일말의 책임감을 지녀야 하는 것이 윤리와 종교이다. '연못에 비친 달'에 비견할 수 있는 복제품들에 대한 담론의 주요 주제는 행위주체의 문제이나. 누가 생명복제에 대한 결정권을 위임받을 수 있는가? 국가와 과학, 종교와 윤리 이 둘을 저울질해보면 어찌되는가?

국가와 과학은 배아복제 및 동물 복제를 여러 합당한 이유와 근거를 들이대며 옹호하고 있다. 질병의 연구와 치료, 생명의 연장, 영양물질의 생산, 멸종위기 동물의 보전, 우수형질의 확대 등이다. 이들 논거들은 대부분 현실적 효용성과 경제적 이득에 기반하고 있다. 종교와 윤리의 입장은 인권의 확대 버전인 동물권에 기반한 윤리성, 생명의 존엄성과 정체성의 혼란, 생태계의 혼란과 상업적 이용으로 인한 변질 가능성을 이유로 부정적 입장을 취하고 있다. 불교적 입장은

---

17) Karl-Otto Apel, 박해용 역(2002), 『철학의 변형』, 울산: UUP. : Karl Otto Apel 이 제시한 "무한한 의사소통 공동체"는 철저한 상호주관주의적 관념으로서, 다양한 해석을 낳고 있다.

과학기술 자체의 문제보다는 인간의 욕망을 꿰뚫어 보아야 한다. 단언컨대 복제기술에 내재된 생명연장과 관련된 욕망은 대부분의 불교가 추구하는 생명윤리와 공존하기 어렵다. 더구나 이러한 욕망은 인과의 수레바퀴에서 벗어나지 못하게 하는 요인이 된다. 업력을 가속화하고 무겁게 하기 때문이다. 송대의 선승 자수회심(慈受懷深, 1077-1132)의 한마디, 근본에 이르기까지 철저하라는 가르침이 절실하다.

> 뜨거운 벽돌로 내려치자, 밑바닥까지 얼어 붙었다.[18]

그렇다. 생명복제 및 배아실험에 대한 생명윤리의 논점들은 생명의 절대성에 기초하고 있다. 절대적 가치를 보장받아야 하는 생명체는 과학기술에 의하여 조작 가능한 대상이 아니라는 것이다. 바이오테크놀로지에 대한 생명윤리적 비판은 고귀한 생명을 물화시킴으로 목적 자체를 수단화하는 오류를 범한다고 지적한다. 불교 생명윤리학은 생명 고유의 가치를 불가침의 권리로 옹호해야 한다. 배아복제와 동물복제 논의는 종래에는 인간을 대상으로 확대 적용하게 될 것이다. 그러므로 벽돌을 들고 밑바닥까지 내려치며 검토하고 다루어야 할 문제이다.

4. 생태적 삶의 가능성, 인권을 넘어 동물권으로!

무문혜개(無門慧開, 1183-1260)가 심혈을 기울인 『무문관』(無門關)의 두 번째 공안은 〈백장야호〉(百丈野狐)이다. 뒷동산 바위굴에서 찾아낸

---

18) 『禪門拈頌』 (H76, 17c15), "燋甎打着連底凍."

여우의 시체를 거두어 준다는 에피소드를 중심으로 인과(因果)에 대한
올바른 인식과 태도를 화두로 제시하고 있다. 이는 인과에 대한 불락
(不落)과 불매(不昧) 사이의 거리를 확인시킨 사건이다. 다른 맥락으로
이 공안을 활용한다면, 동물천도를 통한 생태적 시각의 회복이라 할
수 있다. 황벽(黃蘗)으로부터 뺨을 맞은 백장(百丈)은 나음과 같은 '한번
구른 말(一轉語)'을 한다.

> 달마의 수염은 붉다(胡鬚赤)고 말하려 했더니
> 붉은 수염의 달마(赤鬚胡)가 여기에 있구나!19)

'달마의 수염은 붉다(胡鬚赤)'는 말을 뒤바꾸어 버린 일전어(一轉語)
'붉은 수염의 달마(赤鬚胡)'는 담론의 재구성과 관련이 있다. 철학적 질
문은 존재론에서 실존으로 일전(一轉)한 후, 타자(他者) 담론으로 변경
되었다. 낯선 존재인 타자에 내한 질문은 그늘의 권리를 어디까지 인
정할 것인가로 이어졌고, 인권(人權) 논의는 동물의 권리 즉 동물권(動
物權)으로 확장되었다.

집단사육하는 가축과 구별하며, 애완동물은 반려동물로 불린다.
반려자로서의 지위를 확보한 셈이다. 반려동물의 죽음은 '펫 로스 증
후군(Pet Loss Syndrome)'을 유발하기도 한다. 이런 사정과 관련하여
반려동물의 영가천도를 하는 사찰들이 늘어나고 있다. '축생법당'으
로 알려진 청룡정사를 필두로 서울의 봉은사와 국제선센터, 강릉의
현덕사 등이다. 얼마전 심곡암에서는 동물은 물론 식물을 포함하여
'제1회 동식물 천도재'를 봉행하기도 하였다. 동물천도는 동물권과 관

---

19) 『無門關』(T48, 293b2-3), "胡鬚赤更有赤鬚胡."

련지어 생태적 삶을 질문하며, 환경복지의 문제로 확장된다. 그리고 우리 시대가 처한 문제의 본질로 인도한다. '중증 급성호흡기 증후군', '조류 인플루엔자', 'COVID 19' 등의 문제는 동물을 숙주로 하는 바이러스의 변종에 의해 동물과 인류 종간의 벽을 넘어 감염이 이루어진 질병들이다. 즉 동물들에 질병이 인간에게 전파되었다는 것이다. 인간과 동물이 함께 감염되는 '인수공통전염병(Zoonosis)'은 그 일차적 원인을 동물에게 귀책시킴으로 그들을 희생양으로 삼는다. 이에 대한 대책으로 집단 살처분이 이루어진다. 이 사건들에 대하여 일전해 본다면, 근본 책임은 환경을 망치고 생태를 위협하여 기후위기를 부른 우리들에게 있다. 무문은 벽력같은 목소리로 다음과 같은 질문을 현대인들에게 한다.

> 인과에 떨어지지 않는다고 했는데 왜 여우의 몸을 받아야 했고,
> 인과에 어둡지 않다고 했는데 왜 여우의 몸을 벗어났는가?[20]

절집에 동물위패를 모신 영단이 있다고 손가락질할 일이 아니다. 사람 살기도 어려운 현실인데 동물천도라니 하며 실소하지 말 일이다. 동물천도 의례가 합리적 생각이 아니라고 비웃을 일이 아니다. 어쩌면 이전 여러 생을 거쳐온 그대가 시방 자신을 만나는 순간일지 모르기 때문이다. 오히려 모든 생명을 소중히 여기는 자비심의 발현이며, 생태적 삶으로 나아가는 지혜의 실천이기 때문이다.

---

20) 『無門關』 (T48, 293b4-5), "不落因果 爲甚墮野狐 不昧因果 爲甚脫野狐."

나가는 말

『유마경』은 사회의 구조개선를 통해서 개인의 온전한 구제가 가능하다는 논리를 제시하는 것으로 유명하다. 현실의 국토가 불국도이기에 그러하다. 사회의학은 환경의학과 더불어 의학의 사회적 측면을 검토하는 분야이다. 우리 시대의 현실은 어떠한가? 기후로 좁혀서 한마디 하자면, 머지않아 기후위기로 지구의 환경은 아주 척박해질 것으로 여겨진다. 이에 대한 대안으로 달을 탐사하고, 생명 활동이 가능한 행성이 어디인지를 밝히고자 한다. 환경오염은 날이 갈수록 심해지며 생체 내에서 미세 플라스틱이나 중금속들의 검출이 보편화되기도 한다.

본론으로 결산하면서 논의를 집중하면 다음과 같다. 이때까지 불교의 사회의학적 관심과 지향점이 어디 있는가를 검토하였다. 일반적 사회의학 연구는 통계 수치들을 활용하는 것이 상례이다. 본 연구는 사회의학의 상례적 연구 방법보다는 불전에 나타나는 의학적 내용들을 재해석하며 불교적 사회의학의 단초를 고찰한 것이다. 불교의학의 체계를 확립하는 일련의 연구물들이 축적된 이후에 비로소 본격적 불교의학에 대한 이론들이 가능하다. 그러므로 본 연구 작업은 하나의 시론(試論)에 해당하며 불교의학의 체계를 구성하는 기초적 자료라고 해야 한다.

새롭게 등장한 생태학 분야에서 핵심적인 것은 유기체와 주위 환경 및 다른 유기체와의 '관계'이다.21) 중심에 유기체를 설정하고 주변

---

21) 유기쁨(2019), 「인간적인 것 너머의 종교학, 그 가능성의 모색: 종교학의 '생태학적

부의 다른 유기체 또는 환경과의 관계라는 점에서 생태 개념은 다음처럼 검토해 볼 수 있다. 중심을 설정(core)하여 그 중심 주위를 둘러싼(en~) 것들이 'eco'의 개념에 해당한다. 그러므로 eco는 중심을 둘러싼 주변부를 상정하고 그 중심을 들여다보면 거기에 인간이 있다. 특히 서구의 철학사를 살펴볼 때, 일반적 의미의 인간은 주변을 환경으로 대치시킴으로써 스스로는 중심에 자리하고자 한다. 서구의 진보적 신학에서는 신조차 인간의 투사물일 뿐이라고 거론하기도 한다. 즉 인간은 환경과 생태의 입장에서 철저히 인간중심주의적 사고를 기반으로 스스로의 자리를 위치시키곤 한 것이다. 그래서 진정한 생태주의적 시각은 불가능하다. 이 인간중심적 시선을 탈피하여야 비로소 진정한 생태의 의미가 드러나고 자연이나 환경에 대한 실제적 논의가 가능하다고 할 수 있다.

생태학적 관점은 우리 인간을 겸허한 자리로 되돌려 놓고, eco의 의미를 새삼 드러나게 한다. 어찌되었든 이 에코(eco)의 의미는 중심-주변의 관계를 넘어서서 관계의 그물망으로 일체를 파악하도록 유도한다. 에코의 의미망 속에서 중심을 둘러싼 외피적인 것들을 자리시키면서, 관계망 그 주변에 가치를 매길 수 있는 모든 것들을 위치시켜 보면, 경제학(economics)의 의미가 확정됨을 알 수 있다. 즉 사물들에 대한 nomos의 위계를 상정하고 그들 사이의 위계 질서를 만드는 것, 그리고 nomos에서 벗어난 것들을 abnormal로 규정하는 것이 곧 이코노믹스(economics)의 위계질서이다. 그렇다면 생태학(ecology)은 우리 주변(eco)의 것들에 대한 진리(logos)나 논리(logic)를 의미한다고 할 수 있다. 경제적 가치를 넘어서는 것들은 진리이거나 논리이며, 이들을 관계망에 집어넣은 것이 생태학이다.[22] 실제로 생태학의 어원을 밝힌 내용들을 곰곰이 따져보면 이 점은 뚜렷하다. 그래서 생태학이란 말은 환경에 대한 논의와 연결되는 것이다.

실제로 현대적 의미에서 생태학이란 유기체와 그들의 환경과의 관계들의 총체 혹은 그 관계들의 유형이라 할 수 있다. 즉 생명계의 다양성을 바탕으로 펼쳐지는 화엄적 서사가 생태이다. 우리말로 생(生)명의 다양한 상태(態)라는 의미에서도 생태(生態)는 이러한 의미가 도출된다. 생태적 차원으로 생명현상에 주의를 기울인다면 환경은 불교적으로는 물적 토대인 기세간(器世間)에 대한 관점이라고 할 수 있다. 서구적 생태의 중심이 인간이라면, 불교적 의미에서 주체성을 지닌 인간이라는 존재는 성립이 불가능하다. 연기적 접근을 통해 파악할 수 있는 형성물로서의 있음이란 사실 전도된 몽상의 세계에서 가능하다는 출발 때문이다. 불교에서는 제법무아의 법인(法印)은 삼법인의 하나로서, 연기적 존재만을 상정한다. 그러므로 중심과 주변이라는 관계망 속에서 존재가 파악된다. 이것이 화엄법계의 인드라망이라고 할 수 있다. 그리고 인드라망이라는 관계는 서로서로 혼입하고 상즉상입하는 중층의 관계구조로서 중심도 주변도 없다. 한 지점을 거점으로 살펴볼 때, 그 거점은 그 관계구조의 중심으로 작용하며 주변의 온 공간을 주변으로 장식하도록 설정되는 것일 뿐이다. 이처럼 인드라망의 구조는 동서남북의 사방과 동남 남서 서북 북동의 사유의 팔방에다 상하의 두 방위를 합하여 열 개의 모든 공간을 포함하여야 가능한 것이다.

---

22) 생태학(ecology)에 대한 기본적 분석은 박종식(2023)의 「생태학을 위한 선불교의 변론과 제안」, 『종교와 생태』 88-90.을 인용한 것이다.

불교의 사회의학적 관점은 결국 현대문명이 지닌 **병폐**를 진단하는 것에 있다. 그리고 이 진단에 힘입어 사회를 향한 권고를 하는 것이다. 그 구체적 대안의 하나는 인간중심에서 벗어나 모든 생명을 의미하는 중생(衆生)의 문맥으로 확장하여 적어도 우리의 이웃은 누구인가를 검토하여야 한다. 인권의 확대판은 결국 동물권으로, 생명권으로 나아가야 한다. 돌이켜보면 인권이 도입된 것은 근대 국가 이후의 일이다. 그리고 제3세계 등을 눈여겨본다면 인권은 여전히 걸음마 수준이다. 그러나 불교사회의학은 사람의 당연한 권리인 인권을 넘어서서, 인권에서 동물의 권리로 확대해 나가야 한다. 그리고 생명과 관련된 복지의 참된 의미를 질문하여 현 세태를 비평해야 하는 의무가 있다. 불교적 수행의 의미는 개인수행의 입장을 넘어서서 수행의 사회적 의미를 찾아줄 필요가 있다. 그리하여 사회적 권고로서의 종교적 가르침은 생명의 근원을 알려주는 일이 된다. 또한 불교사회의학은 불교인문학과 의료인문학이 병립하는 자리에서 불교사회의학의 좌석을 확보하는 것이다. 이러한 논의의 진행형에서 동물들의 혼령조차 위로해주는 의례가 새롭게 해석되는 것이다. 이후의 논의들은 차후의 숙제일 뿐이다. 불교사회의학 검토는 하나의 실험적 시도이기에 그러하다.

참고문헌

『金光明經』(T16)

『大般涅槃經』(T12)

『大智度論』(T25)

『無門關』(T48)

『佛說大安般守意經』(T15)

『佛說佛醫經』(T17)

『禪門拈頌』(H76)

『圓悟佛果禪師語錄』(T47)

『瑜伽師地論』(T30)

『維摩詰所說經』(T14)

『中部經典』(N10)

Karl-Otto Apel, 박해용 역(2002), 『철학의 변형』, 울산: UUP.

Sharpley-Whiting, T. Denean, 우제원 역(2008), 『프란츠 파농 : 혁명가와 페미니즘』, 고양: 인간사랑

경희대학교 인문학연구원(2022), 『통합의료인문학 강의: 인간과 질병』, 서울: 모시는 사람들.

문을식(2015), 「Vivekacūḍāmaṇi에 나타난 빤짜꼬샤(pañca kośa)의 이해」, 『불교연구』, Vol.43.

문을식(2015), 「빤짜꼬샤(pañca kośa)의 요가철학적 이해」, 『남아시아연구』, Vol.20, No.3.

오충현 외(2023), 『종교와 생태』, 열린서원.

유기쁨(2019), 「인간적인 것 너머의 종교학, 그 가능성의 모색: 종교학의 '생태학적 전회'를 상상하며」, 『종교문화비평』, 35권.

이승휘(2018), 『손문의 혁명』, 파주: 한울아카데미.

〈현대불교신문〉, 〈바이오테크놀로지, 불교로 읽다〉 시리즈
https://www.hyunbulnews.com/news/articleList.html?sc_section_code
=S1N6&view_type=sm
'과학 만능'이라는 이상한 환상 1, 생명복제, 기술 아닌 욕망 2, '안티에
이징'이라는 허상 3, 동물 천도에 대한 단상 4, 의료기술에 대하여 5, 알
레르기와 사회병리현상 6

월간지 『불교문화』, 〈일상 속 불교 건강법〉 시리즈
https://k-buddhismandculture.blogspot.com/2022
몸으로 하는 간단한 불교의 건강법!,
먹방과 치맥 세태 유감,
숨이 숨으로 숨쉬기! 불교의 호흡법

현대사회의 공통적 과제와 불교의 역할

민 태 영

현대사회의 공통적 과제와 불교의 역할

민태영

Ⅰ. 서론

　현대 종교의 영향력은 전통사회처럼 절대적이지 않지만 여전히 개인과 사회의 의미와 해석 체계의 지평으로서 역할을 한다.

　종교의 순기능은 개인의 궁극적인 문제 해결의 실마리를 제공하는 것을 위시해 사회적인 발전과 공동체 의식의 강화, 문화 전통의 계승과 사회 구성원 간의 갈등과 투쟁 종식 등 다양한 역할을 수행하는 것이라고 할 수 있다.

　한국사 속에서도 전 분야에 걸쳐 불교의 흔적을 찾기는 그리 어렵지 않으며 불교가 이 땅에 전해진 이래 한국 사회의 문화와 사상, 제도 등 한국인의 삶 전반에 영향을 주었다.

　수용적 측면에서 불교는 기본적으로 개인의 도덕적인 행동과 윤리적 가치를 강조하며 이를 통해 사회의 평화와 조화를 추구하는 세계관을 제시해 준다. 그리고 한층 향상된 가치관을 갖도록 하고 그에 맞는 규율을 실천하도록 함으로써 행복하고 조화로운 삶을 누릴 수 있도록 인도한다.

교학적으로는 나와 상대의 관계성인 연기(緣起)와 불이(不二)의 논리를 인식하는 것에 더해 누구에게나 내재되어 있다는 불성(佛性)의 개념에 이르기까지 나 이외 대상에 대한 배려와 공존의 키워드를 담고 있으니 불교는 갈등과 대립의 완화와 소멸에 담지자가 될 좋은 조건을 갖추고 있다고도 할 수 있다.

다만 일련의 통계자료 속에서 불교가 긍정적인 평가를 받는 사적영역에 비해 공적영역에서 낮은 평가를 받고 있다는 점은 인간의 삶 전반에 위기감이 팽배해있는 현대사회에서 단순히 개개인의 심신을 살피는 사적영역에서 한발 더 나아가 사회적 책임에 대한 의식을 갖고 공적영역의 활동에 관심을 더해야 할 필요가 있음을 보여주고 있다.

즉 불교는 이제 개인적으로 수용하는 이론과 신념뿐 아니라 삶의 해석 체계로서 발현될 수 있도록 이끌어가야 한다는 의미일 것이다.

불교는 자신의 내적 깨달음과 성숙을 통해 사회문제를 해결할 수밖에 없음을 강조하는 사고 체계를 갖추고 있다는 점에서 비자발적 고립과 단절 이에 따른 스트레스 등 병적인 심상으로 고통받고 있는 현대사회의 문제 해결에 효과적인 측면이 있다.

불교적 시각은 현대인의 정신적 소외 문제나 자아 상실의 위기 등의 정신적· 정서적 결핍으로 인해 발생하는 각종 질병이나 폭력, 우울증, 스트레스 등에 적극적으로 대처할 수 있는 실천성을 지니고 있으며 그러한 사고에 도달하기 위한 불교의 수행이 궁극적으로는 타자와 소통하고 상대를 배려하는 선한 행위로 이어질 수도 있다는 점에서 바람직한 인식체계를 갖추고 있다고 할 수 있다.

본론에서는 먼저 현대사회와 그 속의 현대인들이 공유하고 있는 문제를 비자발적 고립과 고독감 그리고 이에 따른 정신적 부조화라는 측면에서 조망하고 이를 해결하는 역할자로서 불교에 관해 짚어보고자 한다.

그리고 이 역할자로서 불교에 내포된 긍정적인 요소를 보다 효과적으로 발현시키기 위한 몇 가지 대안도 제시해 보고자 한다.

II. 현대사회의 근원적인 문제와 사회적 해법

1. 현대사회의 근원적인 문제

현대사회가 안고 있는 문제는 무엇인가? 현대인들은 무엇 때문에 고민하는가?

찰스 테일러는 그의 저서 『불안한 현대사회』에서 그 원인에 대해 세 가지로 정리하고 있다. 첫째는 개인주의의 만연, 둘째는 도구적 이성의 지배이며 셋째는 정치적 자유의 상실을 들고 있다. 각각의 원인은 개인적 영역에서 의미와 목표의 상실을 야기하며 정치적 영역에서 자결권의 박탈이라는 결과를 가져왔다는 것이다.

이런 사회적 문제를 개인에 미친 영향이라는 측면에서 살펴보면 현대사회에서 현대인들이 가지고 있는 근원적인 문제는 치열한 경쟁구도 속에서 느끼는 압박감, 분노와 좌절감, 패배감 그리고 고립감 등으로 정리할 수 있을 것이다.

현대인들의 정신 건강이 현대사회에서 주목받고 있는 이유는 정신 건강의 유병률 증가가 개인과 지역사회에 영향을 미치면서 개인의 문제뿐 아니라 집단적 관심과 실천이 필요한 사회적 문제로 인식되기 때문이다.

현대인들이 첨단 의료 기술, 충분한 먹거리 등 적어도 생을 유지하는데 방해받지 않는 환경 속에서도 스트레스로 인한 불안 장애 등 정신 질환이 증가하는 것은 편리한 환경 속에서 바빠진 일상, 개인이 사회로부터 요구받는 사항도 증가하고 새로운 형태의 문제 발생하는 등 자신의 정체성을 잃어버리고 자신이 마치 어떤 물건이나 도구가 되었다는 생각을 할 수 있다는 데 기인한다.

이는 직장, 가족, 사회적 기대 및 기술의 요구가 정신 건강에 부정적인 영향을 미치는 만성 스트레스로 이어진 결과라고 볼 수 있다. 그리고 이를 회피할 의도로 이어져 대인기피증, 이기주의, 자살 등과 같은 부적절하고 부정적인 상황을 발생시킨다.

특히 현대 자본주의 사회에서 물질적 가치에 비중이 커지면서 현대인들은 삶의 도구화된 존재라는 자괴감과 함께 정체성을 잃고 익명적인 존재가 되어가면서 전근대적인 공동체는 붕괴되거나 명맥만 유지되는 상황이 전개되며 인간적인 관계는 단절되고 소외감은 더할 수밖에 없다.

무엇보다 빠른 정보매체이자 소통 대부분의 방식인 비대면 매체들은 신체적으로도 거북목, 허리 통증, 안구 건조증과 노화 등 내·외과는 물론 안과적 질환을 안겨주고 젊은 치매 인구 또한 증가시키고 있다.

여기에 특정한 관심이나 활동을 공유하는 사람들 사이의 관계망을 구축해 주는 서비스의 대중화 즉 웹 사이트라는 온라인 공간에서 대인관계를 형성 및 유지하고 관계망을 이루며 정보교류를 가능케 하는 SNS가 가진 역기능은 현대인들이 공통적으로 지닌 문제의 총체라고 할 수 있다.

현대인들은 자발적, 비자발적 외로움에 대처하는 방식으로 SNS를 활용하는데 시대적인 흐름에 맞추어가면서 다음 세대를 세워가는 과정에서 SNS를 외면한다거나 완벽히 분리되어 살아갈 수도 없다. SNS는 인간관계를 확장시키는 한편 사람들의 정보와 지혜를 나누는 곳이고 때로는 사회 변혁을 촉진시키는 매개체로서 역할을 하기도 하지만 부정적 측면도 부각되고 있는 것도 사실이다.

SNS 공간에서 자신을 표현하거나 인정받고 싶어 하는 모든 욕구의 중심에는 관계적 욕구가 존재한다. 그리고 과도한 정보는 불필요한 타자와의 비교, 사회적 불만을 촉발하기도 하며 그것이 불특정 다수를 향한 폭력으로 발현되는 경우도 적지 않다.

심리학자와 IT 전문가들은 10여 년 전부터 두 얼굴을 가진 SNS의 속성을 설명하면서 위해성을 지적하고 적절한 방법들을 제시해오고 있는데 지각된 외로움과 SNS 활동, 사회적 고립감 간 구조적 관계를 분석한 한 연구에서는 외로움을 많이 느낄수록 SNS 활동이 많아졌으며 SNS 활동이 많을수록 사회적 고립감은 오히려 높아지는 것으로 나타나는 결과를 보여주고 있다.[1]

현대인들에 있어 문제의 핵심은 다양한 스트레스와 이에 따른 정서적 고립감 그리고 해결책으로 선택한 온라인 관계망 속의 삶을 이어온다는 것이다.

그리고 이 과정에서 야기되는 문제를 근본적으로 해결하기 위해서 삶을 자신의 의지대로 영위할 수 있는가의 여부 즉 마음의 주인이 되려는 개인적인 노력과 더불어 '사회적 처방' 즉 시장과 정부, 공동체 모두의 역할을 강조하고 있다.

---

1) 이려정·정병웅(2020), 4.

2. 사회적 노력의 단초들

1) 현대인이 겪는 외로움의 실체

현대인의 고민과 스트레스 대부분은 자본주의 시장경제 체제하에서 치열한 경쟁과 함께 고립감과 외로움이 지배하는 시대적 배경이라고 할 수 있다. 여기에는 단순히 혼자이기 때문에 느끼는 정서적 영역을 떠나 경제적 지위로 인한 소외와 배제, 정치로부터의 단절감, 직장에서의 소외감 등이 포함된다.

영국의 경제학자이자 작가인 노리나 허츠(Noreena Hertz)는 『고립의 시대-초연결 세계에 격리된 우리들』(The Lonely Century)에서 현대인이 겪는 문제의 원인과 답을 제시한다.

그녀는 이미 오래전부터 현대사회에서 이런 사회적 고립과 단절의 정서적 문제가 세계적으로 심각한 문제였는데 코로나 사태 이후 급속히 심화하였고 현대인들은 이런 고립의 시대 속에서 신뢰할 대상을 잃어버린 채 행복을 가까이하지 못하며 자신에게 주어진 문제를 홀로 품고 살아간다고 주장한다. 그녀는 외로움, 고립감에 대해 다음과 같이 정의한다.

> 전통적인 정의와는 달리 나는 외로움을 애정, 동반자, 친밀감을 상실한 느낌으로만 정의하지 않는다. 외로움은 파트너, 가족, 친구, 이웃 등 우리가 일상적으로 교류하는 사람들이 우리를 무시하거나 보지 못하거나 보살피지 않는 것 같은 기분만이 아니다.
> 외로움은 우리의 동료 시민, 고용주, 마을 공동체, 정부로부터 지지와 관심을 제대로 받지 못하는 것 같은 기분이기도 하다. 외로움은 우리가 친밀하게 느껴야 하는 사람들과 단절된 기분이면서 우리 자신과 단

절된 느낌이기도 하다.

외로움은 사회와 가족이라는 맥락에서 제대로 지지받지 못하는 느낌일 뿐만 아니라 정치적으로나 경제적으로 배제된 느낌이다. 나는 외로움을 내면적 상태인 동시에 (개인적, 사회적, 경제적 그리고 정치적인) 실존적 상태로 정의한다.[2]

그리고 그 요인에 대해 공동체 파괴, 사회관계망서비스(SNS) 발달 등을 지목하면서 공동체 경험이 적고 온라인 매체에 익숙한 젊은 세대일수록 고립감을 더 강하게 느낀다고 주장한다.

인터넷과 SNS를 통해 촘촘히 연결된 사회에서 더욱 외로워지는 양상을 보인다는[3] 주장을 통해 휴대전화 화면을 넘겨 가며 소셜미디어를 들여다보면서 다른 사람들이 나보다 더 인기가 많다고 생각하기 쉽고 상대적으로 더 외롭다고 느끼게 되는 결과를 초래하니 현대인들이 겪고 있는 외로움의 위기는 기술의 발전이 큰 요인이 되었음을 알 수 있다.

노리나 허츠는 스위스의 심리학자이자 정신과 의사인 칼 융의 "외로움은 주변에 사람이 없어서가 아니라 자기 자신에게 중요해 보이는 것을 남과 소통하지 못하거나 자신의 관점을 남들이 인정해주지 않을 때 느낀다."는 말을 인용하면서 외로움의 실체에 대해 설명하고 있다.

그리고 "외로운 세기의 해독제는 궁극적으로 우리가 서로를 위해 있어 주는 것밖에 없다. 상대가 누구라도 상관없이 말이다. 흩어져가는 세계에서 우리가 하나가 되고자 한다면 이것은 최소한의 요구다."라는 말로 문제 해결의 방안을 제시한다.

---

2) Hertz · 홍정인 역(2021), 37.
3) 안환기(2018), 84.

2) 고립감과 외로움의 위험성

① 2024년 2월 25일 국내의 한 시사 프로그램에서 현대인의 고립 감과 그 위험성에 대해 다루면서 미국 보건당국의 관련 보고서를 근 거로 문제의 심각성을 다루었다.[4]

이에 따르면 「외로움과 고립이라는 유행병 - 사회적 연결과 공동 체의 치유 효과에 대한 미국 공중보건국장의 권고」(2023)라는 보고서 도입부에 이 보고서를 낸 취지 등을 다음과 같이 설명하고 있다.

> 사회적 단절이 사망률에 미치는 영향은 하루 최대 15개비의 담배 흡 연으로 인한 사망률과 비슷하다(The mortality impact of being socially disconnected is similar to that caused by smoking up to 15 cigarettes a day).

그리고 그 보고서에는 비슷한 내용을 담은 문구와 그래프가 여러 차례 등장한다.[5]

그래프에서 보듯 사회적 연결 부족(Lacking Social Connection)의 위 험성은 하루 15개비의 흡연으로 인한 사망률과 비슷하며 하루 6잔의 음주, 신체 활동 부족과 비만, 대기오염보다 월등히 높다.

---

4) SBS 뉴스 SDF 다이어리(2024), EP.188
5) 자료:https://www.hhs.gov/surgeongeneral/priorities/connection/index.html, Our Epidemic of Loneliness and Isolation -The U.S. Surgeon General's Advisory on the Healing Effects of Social Connection and Community-

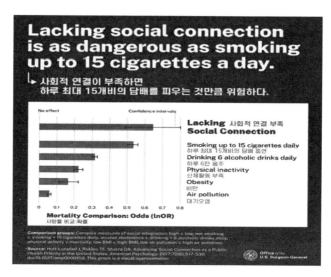

(발췌: https://www.hhs.gov)

보고서를 작성한 PHSCC(미국 공중보건서비스단)의 수장은 소셜미디어의 공중보건적 문제점 등을 담은 이 권고문에서 소셜미디어가 유발한 정신 건강 위기 상황이 젊은 층을 중심으로 전국에서 나타나고 있어 시급히 해결해야 한다고 진단했다.[6]

구체적으로는 하루 3시간 이상 소셜미디어를 즐기는 청소년은 우울증이나 불안 증상 등 정신 건강 문제를 겪을 가능성이 소셜미디어를 하지 않는 이들보다 두 배 정도 높게 나타났다고 밝혔는데 이와 관련해 현재 미국 10대의 95%가 최소 하나 이상의 소셜미디어를 이용하고 1/3이 중독에 가까운 증상을 보이는 등 미국 청소년의 30% 이상이 정신 건강 위험에 노출되어 있다고 경고하고 있다.

이를 해결하기 위한 대안으로 가정에서 정해진 시간에 함께 식사

---

6) Vivek H. Murthy, M.D., M.B.A. 19th and 21st Surgeon General of the United States Vice Admiral, United States Public Health Service

하고 휴대폰 없이 대화하는 등 사회적 유대감을 형성하는 노력을 해야 한다는 점을 강조한다. 현재 우리나라의 현실도 크게 다르지 않을 것이다.

② 현대는 외로움이 만성화되고 질병처럼 극도의 고통을 안겨주면서 외로움 극복이 생존의 과제처럼 여겨지는 시대이다.

외롭다고 말하는 사람에게 인간은 원래 외로운 존재라는 위로의 말이 더는 위로가 되지 않는 세상에서 우리는 살고 있다.

이러한 추세에 맞춰 영국은 일찌감치 외로움을 사회적 질병으로 인식하고 2018년 정부 내에 '외로움부'(Ministry for Loneliness)라는 부처를 신설했다.

영국의 예는 우리나라에서 시사 프로그램에서 [외로움도 질병 – 영국의 해답은 '사회적 처방'이라는 제목으로 다루었다.[7]

외로움의 문제를 다루면서 기존에는 외로움과 고립이 특정한 사람들이나 사회적 취약 계층의 문제로만 인식되었으나 우리 국민 세 명 가운데 한 사람은 어려울 때 도움받을 사람이 없으며 'OECD 더 나은 삶의 지수' 공동체 부문도 몇 년째 줄곧 최하위권이라는 내용을 전하였다.

우리나라가 이뤄낸 외형적인 발전은 과도한 경쟁적 문화로 인해 그 안에 있는 사회 구성원들은 더 심리적으로 위축되고 고립의 체계가 심화시키고 있다고 한다.

덧붙여 경쟁적이고 실패를 용납하지 않는 사회 분위기나 우리 사회의 구조적 문제와 함께 최근 변화하고 있는 세태 역시 원인으로 꼽고 있다.

외로움과 사회적 고립의 문제는 이제 여러 나라들이 해결책을 찾

---

7) KBS [시사기획 창](2024)

아 나선 전 세계적인 현상이다. 2023년 11월 세계보건기구가 외로움을 '긴급한(pressing) 세계 보건 위협'으로 규정하고 문제를 전담할 사회적 연결위원회를 출범시키기도 하였다.

결론적으로 현대인들이 안고 있는 근본적인 문제는 '산업사회의 비인간화와 내면세계의 공허함'이며 이를 극복하기 위해 인간의 정신적 세계에 관심을 가지고 인간성을 회복하려는 사회적 노력이 그 어느 때보다도 필요하다는 것을 인식하고 있는 시점이라고 할 수 있다.

III. 불교적 문제 해결의 방향성

그렇다면 현대인들의 근본적인 문제는 불교적 관점에서 무엇을 근거로 어떠한 방식으로 풀어나가야 할 것인가? 불교는 인간의 마음 수행을 강조하며 궁극적으로는 행위자 자신의 내적 각성과 성숙을 통해 문제를 해결하는 이론적 체계를 갖추고 있다.

불교의 수행은 개인적으로는 심적으로 정화하려는 노력이며 대인적 관계에 있어서는 소통하고 배려하는 양식이기도 하다.

이러한 사고 체계는 사회적 평등을 지향하며 윤리적 가치를 강조하게 되어 사회적으로 바람직한 영향을 끼칠 수 있으며 현대인의 정신적 소외의 문제나 자아 상실의 위기와 같은 심리적인 문제를 근본적으로 해결해 나가도록 인도하기에 효과적인 구조를 갖추고 있다고 할 수 있다.

그리고 지금은 이 긍정성을 발현시키기 위해 불교의 적극적이고 체계적인 노력이 더욱 필요한 시점이기도 하다.

1. 불교 이론의 효과적 응용과 활용

1) 연기와 무아, 불성의 이해

　문제의 해결을 위한 불교의 해법과 역할은 불교의 상대적 우위성 즉 문제의 본질을 근원적으로 해석하는 방식을 활용하는 것에서부터 찾을 수 있다.

　따라서 불교적인 해법은 우선 세계와 존재의 실상에 대한 철저한 인식 즉 자타의 근원적 관계성을 인식하는 것에서 출발하여 그러한 인식에 기반한 윤리적인 실천을 강조하는 것으로부터이다.

　무아와 연기, 불성에 대한 통찰이 모든 갈등의 근원인 탐진치 소멸을 위한 일차적인 수단이라면 자비심의 발현은 문제를 치유하는 보다 적극적인 해법이다.

　이것은 서로 인이 되고 과가 되어 한 가지도 독립하여 존재하는 것이 없다는 논리이니 연기적 질서 속에서는 개인의 고통과 불행뿐 아니라 타인의 아픔과 사회적 괴로움이 그들만의 개인적 문제로 치부될 수는 없다. 인간 존재의 본질에 대한 본질적 이해에서 출발한 연기론적 세계관 속에서 개개인의 고통과 아픔이 나의 아픔이고 나의 괴로움이 되니 너와 내가 둘이 아니라는 평등사상은 물론 모든 생명을 귀하게 여기는 생명 존중 사상과 사회 연대 의식에 입각한 상부상조의 개념까지도 아우를 수 있는 것이다.

　그러므로 전 장에서 정리한 사항 즉 현대사회와 현대인의 총체적인 문제에 대한 서구 여러 나라들의 인식과 사회적 노력에 적용이 가능한 기초적 이념으로도 손색이 없다.

　또한 무아와 연기의 개념은 물론 모든 인간에게 내재해 있는 완성

의 가능성인 불성(佛性)에 대한 인식 또한 불교적 해결 방식의 배경이
될 수 있다.

즉 무아와 연기의 개념을 적용한다면 사회 구성원 간의 연계성과
동체성을 인식하여 상호존중의 의미를 자각하게 한다.

그리고 불성에 대한 이해는 사회 구성원들의 평등성을 깨닫고 상
호존중의 중요성을 인식하게 한다고 볼 수 있으니 불교적 관점에서의
문제 해결은 자타불이(自他不二)의 통찰과 그로 인한 자비심의 발현으
로부터라고 정리할 수 있다.8)

2) 자애의 마음과 사무량심(四無量心)

불교의 가르침의 핵심이 마음의 평온에 있다면 타인을 향한 자비
와 연민의 마음은 불교의 사회적 적용에 있어 또 하나의 핵심을 이룬
다.9)

불교에서는 인간의 생명도 다른 생명에서 유전된 것이므로 모든
생명 있는 것이 모두 불성(佛性)을 가지고 있다고 하고 불살생을 강조
함으로써 자비와 평등의 사상으로 이어진다.

자비는 '자애의 마음'과 '연민의 마음'이 합쳐진 단어이다. 자비심은
타인에 대한 우호적인 태도를 말하는데 자비의 마음은 타인에 대한
따뜻한 감정과 우호적인 마음가짐을 포함하며 자신의 마음도 풍요로
이끈다. 이러한 마음가짐은 부정적인 감정을 극복하고 타인에 대한
깊은 이해를 돕고 동정심을 갖게 하는데 중요한 덕목이다.

'자애의 마음'의 어원은 미트라(mitra)로 산스크리트 미트라(며

---

8) 이호근(2013), 331.
9) 이상호·김성욱(2023), 312.

mitra)는 '친구·우정, 친구 관계'를 의미한다. 따라서 모든 존재를 친구로 대한다는 의미이고 영어로도 단순한 사랑(love)이 아닌 자애(love-kindness)이니 높고 낮음이나 계급 없이 모든 존재를 평등하게 대한다는 의미일 것이다.10)

모든 존재를 나와 같이 대하는 마음이 곧 자애의 마음이며 나를 비롯한 모든 존재의 유익을 구하는 것이니 그 존재가 괴로울 때 그것을 없애주려고 하고 그들이 즐거워할 때 같이 즐거워하며 그들이 더 나은 단계로 나아가도록 한다. 자애심이 굳건할 때 진정한 연민과 공감이 가능하니 자애심은 곧 사무량심의 출발점이다.

또한 연민의 마음은 타인의 고통에 대한 깊은 이해와 공감 그리고 그 고통을 덜어주고자 하는 강한 욕구이다. 타인의 아픔에 대한 단순한 인식을 넘어 그 고통의 원인을 제거하고자 하는 실질적인 행동으로 이어져 나갈 수 있다.

정리하면, 자비의 마음이란 불교에서 중생을 돕고 고통을 경감시키기 위한 중요한 덕목이며 연민의 실천은 수행자 자신의 영적 성장에도 도움을 주고 궁극적으로 타인과 나와의 관계뿐 아니라 자신에게 정신적으로 유익하며 치유도 가능하게 하는 마음이라고 볼 수 있다는 것이다.

이렇게 불교에서 자비와 연민의 마음이란 불교가 추구하는 심적 평온의 궁극점이자 모든 존재의 안녕과 이로움을 바라는 마음이며 그들의 고통을 제거하고자 하는 실천적 의미가 있으므로 현대인의 다양한 고통을 나누고 치유할 수 있는 마음으로 부족함이 없을 것이다.

현대 불교가 추구하고 지향해야 할 '모두가 고통 없이 행복에 이르는 삶'이 자애의 마음에서 출발한 사무량심이 그 근간이 될 수 있는

---

10) 윤희조(2022), 11.

이유이다. 특히 현대인의 심적 고립감을 포함한 심리적 문제의 치유에 있어 사무량심은 효과적인 이론적 기반이 될 수 있다.

분노와 혐오, 열등감과 시기심과 이에 따른 스트레스 등 현대인에게 빈번하게 일어나는 감정은 물론 스스로 괴롭히며 불편한 심리 상태로 만드는 감정에서도 벗어날 수 있기 때문이다.

부정적인 감정을 다스린다는 것은 결국 내 마음의 안락과 육체적 건강도 얻을 수 있는데 불교에서 이러한 마음은 스스로 닦는 수행을 통해 지속시킬 수 있다.[11]

사무량심은 나를 포함한 모두가 행복하게 살기 위한 마음가짐일 뿐 아니라 현대인들이 내 외부의 적을 물리치는 유효한 방안이기도 한 것이다.

2. 공적영역에서 역할의 확대

1) 불교적 지식과 사회적 실천

절대적 위치를 점하였던 전통사회를 지나 근대사회에 들어오면서 종교의 힘과 영향력은 축소되었으나 사람들은 여전히 종교적 믿음을 추구하면서 국가 공동체나 사회 구성원들에게 삶의 의미를 제공하고 행위를 해석하는 체계로 인식하고 있다. 따라서 종교적인 신념은 여전히 개인의 자아 개념과 가치관, 도덕적 신념의 형성에 영향을 주고 개인의 행동과 결정에 영향을 줄 수밖에 없다.

또한 종교는 사회적 관계와 상호작용에도 영향을 주어 종교 공동

---

11) 안환기(2018), 82.

체는 종교 신앙을 공유하는 사람들 간의 유대감과 상호 작용을 촉진하여 개인의 정신적 안정성을 증진하고 사회적 행동 및 규범을 통제하고 조절하는 역할을 함으로써 사회적 안정을 유지하는데 도움을 준다.

한편 현대의 종교는 공동체의 지평으로서 자리하면서 공적영역에서 직간접적으로 관계를 맺고 있으며 특정 종교에 대한 인식과 평가는 사적, 공적인 영역 모두의 종합적 평가를 통해 이뤄진다.

현대는 국가마다 경제적·사회적 측면에서 투명성과 공정성 및 지속 가능 성장 등에 관한 관심이 높아지면서 공공기관은 물론 기업과 각종 단체에 이르기까지 사회적 책임(Social Responsibility)이 더욱 강조되고 있는데[12] 불교의 사회적 책임 또한 이러한 맥락에서 강조되어야 하는 시대이다.

불교 안에는 본원적으로 절대적 평등 논리와 자비와 관용, 인내 그리고 현대사회의 경향적 가치인 환경과 생태적 윤리를 뒷받침할 만한 이론도 충분히 갖춰져 있고 기본적으로 배타적이기보다는 개방적이고 다원적인 측면이 강하다.

이러한 불교의 특성으로 인해 불교는 미래 사회의 가장 적합한 종교가 될 수 있는 잠재력을 가지고 있는 것이 사실이다.[13] 그러나 이처럼 현대사회의 문제 해결을 위한 유용한 이론적 체계를 갖추고 있다고 해도 불교를 통해 개개인의 마음의 안락을 추구하는 것만으로는 온전한 역할을 하기 어려운 시대에 우리는 살고 있다.

고도의 과학 문화 기술 발전의 이면에서 소외되고 희생되는 존재들 또한 간과할 수도 없다.[14]

그렇기 때문에 불교가 아무리 뛰어난 가르침을 가지고 있다고 해

---

12) 정학열(2019), 1152.
13) 권진영(2020), 237.
14) Bhikkhu Bodhi · 우광희 역(2023), 83.

도 고통받는 사회의 일반인들이 체감할 수 있는 어떠한 도움도 줄 수 없다면 현대사회에서 불교는 단순히 고답적인 종교로만 치부되고 말 가능성도 있다는 점을 간과하지 말아야 한다.

그리고 불교의 사회적 책임에 관한 다양한 방법론적인 접근과 합의적 실행이 중요한 만큼이나 중요한 것은 불교적 사회적 책임에 관한 개념과 그 실천 방향으로서 공유가치 창출에 관한 개념을 정립하는 것이다.15)

최근 발표된 종교 인식 조사16)에 의하면 불교는 사적영역에서의 높은 평가에도 불구하고 공적영역에서는 낮은 평가를 받았으며 개신교는 그 반대로 나타났다.17)

이 조사 결과를 바탕으로 발표된 연구에서 공적영역의 중요성에 대해 이명호(2023)는 명상이 주목받는 상황을 통해 설명하면서 명상이 개인주의적 접근에서 더 나아가 사회문화적으로 접근해야 할 필요성을 장조하고 있다.

그는 불교 자체에 대한 젊은 세대의 관심은 낮았으나 최근 명상이 주목을 받으면서 불교에 대한 관심도 높아졌는데 이러한 관심이 명상 체험이라는 일과성으로만 소비되지 않기 위해서는 개인의 신념 및 해석 체계로 선택되어야 할 필요가 있다는 점을 지적하고 있다.

명상의 과정을 통해 터득된 일련의 심적 훈련과 자세 등이 실제 삶에서 구현되고 공적영역에서 가치가 발현되어야 한다는 의미로 이해할 수 있다.

---

15) 정학열(2019), 1172, "기본적 교리의 의한 사회적 실천방향이 불교의 기본사상과 실천행동 간의 괴리감을 가져올 수도 있는데 이는 불교계가 기업 경영에서 차용한 공유가치의 창출이라는 사회적 책임의 실천 방향에 관한 합의에 도달하지 못했기 때문이다."
16) 기독교윤리실천운동(2023년)이 주관함.
17) 이명호(2023)

그리고 이것은 결국 불교가 인간의 심리와 이를 긍정적인 방향으로 이끌기 위한 수행의 원리 등 개인의 내면적인 깨달음을 중시하는 이론적 체계를 갖추었다고 해도 현대사회가 만들어내고 조장하는 여러 가지 사회문제를 해결하는 공적 과제에도 주의를 기울일 필요가 있음을 시사하고 있다.

그러므로 공적영역에서 불교의 활동은 현대사회가 가진 특성 즉 개방성, 다양성, 호혜, 협력, 공존 등을 뒷받침할 수 있는 교리의 재해석과 수행 프로그램의 개발은 물론 제도의 개선, 매체의 효율적 구축, 활용에 관한 불교 나름의 체계적 연구로 이어져 나가야 할 것이다.

사회적인 인식과 실천에 대해서 지속적인 관심과 노력을 기울이지 않는다면 불교 안에서 우리 삶의 문제들은 실질적으로 해결될 수가 없다. 즉 불교적 깨달음을 우리의 현실, 사회 안에서 구체화하여 실천하여 구현시킬 때 비로소 완성에 이른다고 할 수 있을 것이다.

2) 현대 불교와 사회적 책임

서구사회가 기독교라는 단일 종교로 대표되는데 반해 한국을 포함한 동아시아에서 사회적 문화적 질서와 해석 체계를 제공하는 종교는 유교, 불교, 도교 등으로 다양한 양상을 보여 왔다.

이처럼 여러 종교가 경쟁하는 한국 사회에서 공적영역에서의 활동은 더 중요한 의미가 있고 주목받을 수 있는 상황이라고 할 수 있다.

그러나 한국불교는 이러한 점을 간과하고 사적영역에서의 활동에만 집중하고 만족하는 모습을 보여 온 경향이 있었으며 한국 사회의 다양한 문제를 해결하고 바람직한 방향으로 능동적인 역할을 하는데도 만족스럽지 못하였다. 사회문제 해결의 역할자로서의 이미지 결여는 곧 불교를 종교로 하는 사회 구성원의 감소로 이어지기도 하였다.

이에 이미 2017년 조계종단의 주요 소임자 대중공사에서도 조직화의 결여, 공동체 의식 부족, 사회와의 소통 미흡, 인재 부족이라는 4가지 과제의 해결이 더 나은 미래의 관건이라는 결론을 내리며 자성의 목소리를 높인 바 있다.18)

그러나 여전히 불교계에서는 종교직 관점에서 사회적 책임에 대한 범위와 내용, 역할 등에 관한 규정이 불명확하다. 이 때문에 대중들과 함께 종교적 가치를 실현하고자 하는 종단, 사찰 혹은 포교원들까지도 실행의 기준을 설정하기가 쉽지 않았을 것으로 판단된다.

사회와 대중으로부터의 사회적 책임이 강조되면서 사회적 책임을 실천한다는 명목하에 매년 독거노인, 불우 이웃을 위한 자원봉사, 연말연시 기부금 모금 등 크고 작은 활동을 통해 봉사활동을 전개해왔으나 이러한 활동이 사회 구성원으로서 사회적 책임에 의한 것인가 혹은 불교 교리에 입각한 실천적 행동인가에 대한 자별성도 인정받기 어려웠다.

이처럼 붓다의 가르침을 효율적으로 전파하고 확대하기 위해 그동안 전개되었던 실천 행동이 불교 사상과 사회적 책임에 관점에서 제대로 평가받을 수 없었다면 앞으로의 불교는 사회현상을 불교적 관점에서 진단하여 불교적 방법으로 대안을 제시하고 실천 방식을 규정하는 등 일련의 과정에 주의를 기울여야 한다.

이를 위해 단순한 참여를 통해 구성원으로 공적 역할을 한다는 평가를 받기보다는 사회의 구성원이 미처 깨닫지 못하였던 문제를 불교적 이론을 바탕으로 불교적인 지혜의 눈으로 드러나게 하는 선도적인 역할을 통해 사회를 바라보는 새로운 패러다임을 구축할 필요가 있다.

---

18) 불교방송(2017.4.13)

정확한 불교의 재해석을 통한 사상적 정립은 물론 시대와 사회의 변화를 이해하고 바람직한 삶의 가치와 길을 제시할 수 있을 때 불교는 사회의식을 선도할 수 있고 존재 가치를 인정받을 수 있을 것이다.19)

Ⅳ. 결론

종교는 오랫동안 사회운동의 역할과 가치를 공유해 왔다. 종교는 현대에도 사회적 가치와 이상을 제시하며 도덕적 지침을 제공하고 사회를 변화시키는 데에 여전히 영향력을 발휘하고 있다.

불교 경전에 담긴 가르침은 현대사회 특유의 문제를 해결할 수 있는 사회 윤리 정립을 위한 실용적이고 명확한 기준을 제시하고 있는데 불교는 기본적으로 개인의 도덕적인 행동과 윤리적 가치를 강조하여 이를 통해 사회의 평화와 조화를 추구하는 세계관을 제시해 주어 현대사회와 현대인이 겪는 갈등과 대립의 완화와 소멸에 담지자가 될 조건을 충분히 갖추고 있다.

그러나 일련의 통계자료 속에서 불교는 긍정적인 평가를 받는 사적영역에 비해 공적영역에서 낮은 평가를 받고 있어 사회적 책임에 대한 의식을 갖고 공적영역의 활동에 대해 주의를 기울이는 자세가 필요함을 보여주고 있다.

불교가 개인적으로 수용하는 이론과 신념뿐 아니라 삶의 해석 체계로서 발현될 수 있도록 이끌어야 한다는 의미일 것이다.

불교적 시각은 현대인의 정신적 소외 문제나 자아 상실의 위기 등의

---

19) 박수호(2022)

정신적· 정서적 결핍으로 인해 발생하는 각종 질병이나 폭력, 우울증, 스트레스 등에 적극적으로 대처할 수 있는 실천성을 지니고 있으며 그러한 사고에 도달하기 위한 불교의 수행이 궁극적으로 타자와 소통하고 상대를 배려하는 선한 행위로 이어질 수도 있다.

현대인들이 안고 있는 근본적인 문제는 '산업사회의 비인간화와 내면세계의 공허함'으로 정의할 수 있는데 이를 극복하기 위해 인간의 정신적 세계에 관심을 가지고 인간성을 회복하려는 사회적 노력이 그 어느 때보다도 필요하다는 공감대가 형성되어 있다.

이러한 시점에서 문제 자체가 아닌 그 본질을 살피고자 하는 불교의 시각은 현대사회의 문제를 근원적으로 해결하기 위한 의미 있는 자세라고 할 수 있다. 그리고 모든 존재를 나와 같이 대하는 자애의 마음과 자애심이 굳건할 때 드러나는 진정한 연민과 공감 또한 불교의 사무량심 안에 존재한다.

불교는 인간의 마음 수행을 강조하고 있다는 점에서 현대인의 정신적 소외 문제, 자아 상실의 위기 등 심리적인 문제를 근본적으로 해결해 나갈 수 있는 구조로서 개인적으로는 심적인 정화하려는 노력이 수반되며 대인적 관계에 있어서는 상호 소통하고 배려하는 양식이다.

따라서 이러한 사고 체계는 사회적 평등을 지향하며 윤리적 가치를 강조하는 자세로 이어져 사회적으로도 긍정적 영향을 끼친다.

결국 불교적인 해법은 세계와 존재의 실상에 대한 철저한 인식 즉 자타의 근원적 관계성을 인식하는 것에서 출발하여 그러한 인식에 기반한 윤리적인 실천을 강조하는 것이라고 할 수 있으므로 현대인들이 안고 있는 심적 문제의 해결과 사회적 역할에 유용한 방식이 아닐 수 없다.

그러나 한편으로는 이러한 긍정성을 발현시키기 위한 불교의 적극적이고 체계적인 노력이 더욱 절실하다. 불교가 개인의 내면적 변혁에만 치중하고 사회적 인식과 실천에 대해서는 상대적으로 많은 관심과 노력을 기울이지 않고 있다는 아쉬움 또한 분명히 존재하고 있는 것이 현실이기 때문이다.

현대사회에서 종교를 정신적인 영역으로만 간주한다면 종교를 통해 얻는 깨달음은 현실과 점차 멀어진다. 따라서 불교에서 우리 삶과 시대에 맞는 관점을 파악하고 삶의 지침으로 설정하려는 자세가 필요하다.

혼돈의 현대사회와 미래의 변화하는 사회 속에 불교는 분명 오히려 더 긍정적이고도 지속적인 영향을 끼칠 만한 이론적 여건을 갖추고 있다. 그리고 인간 소외 현상을 힐링하고 치유하는 것으로부터 불교가 가진 생명 존중과 평등이라는 근원적 가치에 이르기까지 사회적 영향력은 오히려 더 확대될 가능성도 열려있다.

이를 위해 실천적 측면에서 사적영역에서의 활동에만 치중하는 자세에서 탈피해 공적영역에서의 활동에 체계적이고 효율적인 방식으로 도전해 나가려는 인식 전환의 노력이 필요하며 이를 통해 불교의 사회적 영향력은 좀 더 넓어질 수 있다.

참고문헌

권진영(2020), 「불교의 사회 영향력 제고를 위한 한국 종교지형 내의 불교지형」, 『한국종교교육학연구』 제64권, 한국종교교육학회.

노병만(2015), 「한국불교사회복지 역할 부족의 이유와 정책적 방향」, 『국제정치연구』 18집 2호, 동아시아국제정치학회.

안환기(2018), 「네트워크 초연결사회의 인간 소외현상에 대한 불교 심리학적 논의: 주체적인 공감과 소통을 중심으로」, 『불교상담학연구』 11집, 한국불교상담학회.

유승무(2016), 「위기의 사회와 불교」, 『사회사상과 문화』 19-1, 동양사회사상학회.

윤희조(2022), 「자비와 사무량심 수행3-공감과 연민의 이성과 감성 통합으로서의 자비」, 『월간불교문화』, 서울:대한불교진흥원.

이호근(2013), 「사회 갈등에 대한 불교적 진단과 해법」, 『불교연구』38. 불교문화연구원

이상호·김성욱(2023), 「고립의 시대, 사회적 진단과 불교적 해법」, 『동아시아불교문화』57집, 동아시아불교문화학회.

이려정·정병웅(2020), 「자각된 외로움과 일상적 SNS활동, 사회적 고립감 간 관계 연구」, 『관광연구논총』 32권-1호, 한양대학교 관광연구소.

정학열(2019), 「불교의 사회적 책임과 공유가치 창출 간의 관계 고찰-불교 사회적 기업을 중심으로-」, 『한국사상과 문화』 100집, 한국사상문화학회

Bhikkhu Bodhi · 우광희 역(2023), 『미래를 직시하며』, 서울:고요한 소리

Hertz,N·홍정인 역(2021), 『고립의 시대-초연결 세계에 격리된 우리들』(*The Lonely Century:How to Restore Human Connection in a World That's Pulling Apart*, New York:Currency), 서울:웅진지식하우스

Taylor,C· 송영배 역(2019), 『불안한 현대사회』(*The Malaise of Modernity*, Toronto:House of Anansi Press, 1999), 서울:이학사

박수호, 불교신문(2022.10.22), 〈한국불교 미래를 말한다-(14)시민사회〉

이혜미, SBS SDF 다이어리 EP.188(2024.02.25), 〈[취재파일] 혼자는 좋지만 외로운 건 싫은 당신에게〉

김현태, 법보신문(2022.05.22.), 〈문화사업단, 불교의 사회적 역할·공익 활동 확대〉

『주역(周易)』과 점(占)치는 사회

김 영 주

『주역(周易)』과 점(占)치는 사회

김 영 주 (한양대 동양문화학과 겸임교수)

Ⅰ. 서론

　『주역(周易)』은 주(周)나라[1]의 역(易)이다. 『연산(連山)』은 하대(夏代)의 역학(易學)이고, 『귀장(歸藏)』은 은대(殷代)의 역학이며, 『주역(周易)』은 주대(周代)의 역학이다. 그러나 애석하게도 『연산』과 『귀장』은 이미 실전(失傳)되었고, 『주역』만이 남아서 오늘날까지 전해지고 있다. 따라서 『주역』은 크게 두 가지 경우로 구분된다. 좁은 의미로 말하면 주나라 시대의 『역』을 가리키고, 넓은 의미로 말하면 모든 『역』을 포괄하여 가리키는 말이 된다. 또 이에 따라 '주역(周易)'에서의 '주(周)'라는 글자와 '역(易)'이라는 글자의 함의가 다양하게 나타난다.[2]

---

1) 주(周)는 기원전 1046년경에 문왕이 그의 아들 주공과 함께 은(殷)의 주왕(紂王)을 물리치고 등장한 나라이다. 기원전 256년에 진시황(秦始皇)의 진(秦)에게 멸망 당하기까지 중국 역사에서 가장 오래 유지된 나라로 이 시기에 철기의 사용이 시작되었다.
2) 유호군, 임채우 편저, 『주역과 술수역학』, 동과서, 2014, pp.18-21.

『주역(周易)』은 한(漢)나라 시기에 경학(經學)이 발생함에 따라 『역경(易經)』으로 불려졌다. 당시의 경사(經師)들은 또 '이전해경(以傳解經; 전으로써 경을 해석한다)'이라는 경학의 원칙을 제시하였는데, '전(傳)'이란 '경(經)'에 대한 직접적인 해석을 가리킨다.3) 그런데 『역경』에 대한 '전(傳)'을 특별히 『십익(十翼)』이라고 불렀는데, 7종 10편이었기 때문이다.4) 이 『십익』이 바로 『역전(易傳)』이며, 본래 점치는 책이었던 『역경』을 철학적 성격의 책으로 바꾸어 놓았다고 말할 수 있다. 우리가 오늘날 말하는 『주역』은 『역경』과 『역전』을 합해서 부르는 것이다.

『역경(易經)』은 상·하(上·下) 2편으로 구성되어 있다.5) 점(占)을 치는 도구나 방법에 따라 부르는 이름이 각각 다른데, 거북점은 '복(卜)'으로 부르고 시초점은 '점(占)' 또는 '서(筮)'로 부른다. 하지만 반드시 엄격하게 구분해서 사용했던 것은 아니다. 『역경』은 점치는 도구가 거북[龜]에서 국화과에 속하는 시초(蓍草)로 바뀌었고 그 방법도 달라진 것으로 알려져 있다.

『주역』의 괘점(卦占)은 동양 문화에서 빼놓을 수 없는 중요하고 신비한 구성요소이다. 괘점술은 고대에 변화무쌍한 자연현상의 위력 앞에서 그 변화와 발전의 법칙을 짐작할 수 없었던 인간적 한계를 배경으로 탄생했다. 괘점의 원류를 따지면 아주 먼 옛날 복서(卜筮)의 행위까지 거슬러 올라가야 하는데, 소위 '복서'란 '복(卜)'과 '서(筮)'의 두 가지 점치는 형태를 가리킨다.6)

---

3) 학문 분류에 관한 전통방식에 따르면 '경(經)'과 '전(傳)', '학(學)'은 불가분의 관계에 있으면서도 엄격하게 구분된다. '전'은 경을 해석한 것이고, '학'은 자신의 이론을 전개한 것이다.(周大璞, 『訓詁學要略』, 湖北人民出版社, 1984, pp.36~48.)

4) 『십익(十翼)』 즉 『역전(易傳)』은 「단(彖) 上,下」, 「상(象) 上,下」, 「문언(文言)」, 「계사(繫辭) 上,下」, 「설괘(說卦)」, 「서괘(序卦)」, 「잡괘(雜卦)」로 7종 10편이다.

5) 첫 번째 건괘(乾卦)로부터 30번째 이괘(離卦)까지를 상경(上經)이라 하고, 31번째 함괘(咸卦)부터 64번째 미제괘(未濟卦)까지를 하경(下經)이라고 한다. 상·하경의 구분은 큰 의미는 없다.

II. 본론

1. 복서(卜筮)에 대한 이해

'복(卜)'은 거북의 등껍질이나 짐승의 뼈에 점칠 내용을 새긴 뒤 불에 구워 그 갈라지는 무늬를 보고 길흉을 판단하는 방법이다. 그 가운데 가장 대표적인 것이 거북점 '귀복(龜卜)'이다. 이는 수명이 긴 편인 거북이 신령할 것이라 여긴 당시 사람들의 믿음과 무관하지 않다. 청(淸)나라 호후(胡煦)가 편찬한 『오중복법(吳中卜法)』에는 거북점을 치려면 우선 거북 등껍질을 구해서 점칠 내용을 새긴 다음 불에 구워서 그 갈라진 무늬의 상하, 좌우, 음양, 방향을 살펴 길흉을 판단해야 한다고 되어있다. 고대에 점복에 사용하는 신령한 거북인 신귀(神龜)의 크기를 따지자면 천자의 것은 1척 2촌, 제후는 1척, 사대부는 8촌, 보통 사람들의 것은 6촌이었다. 사람들은 귀하여 얻기 힘든 귀갑 대신 호랑이 뼈, 닭 뼈, 소 견갑골, 기와 등으로 대체하여 점친 뒤 물상을 보고 길흉을 판단하기도 했다.

'서(筮)'는 '수복(數卜)'이라고도 부르는데 말 그대로 수(數)를 기록함으로써 괘를 만들어 길흉을 점치던 방식이다. 그 가운데 가장 대표적인 것이 '서법(筮法)'인데 이것이 바로 『주역』에 나오는 시초(蓍草, 톱풀)를 이용한 점이다.

시초는 중국 북부에서 자라는 국화과 다년생의 곧은 초본식물로 줄기와 잎에 방향유가 있어서 약재로도 쓰인다. 알려진 바에 따르면

---

6) 카린 라이, 심의용 옮김, 『케임브리지 중국철학 입문』, 유유, 2018, pp.351-404.

시초는 백 년이 지나면 백 개의 줄기가 나오는데, 그렇게 되면 그 위는 운기가 덮고 아래는 신귀가 수호한다고 한다. 고대인들은 서법에 사용할 시초를 천자는 9척, 제후는 7척, 사대부는 6척, 일반 사람은 3척으로 제한했다. 거북의 등껍질과 마찬가지로 시초도 구하기가 어려워 민간에서는 이를 대나무 줄기, 대나무 뿌리, 돈[동전], 둥근 돌 등으로 대체하기도 했다.

'복(卜)'과 '서(筮)' 사이에는 다음의 두 가지 차이가 있다. 첫째, 거북 등껍질의 균열에서 상을 취한 '복'은 그 균열의 상이 자연적으로 형성된 반면, 손으로 시초의 수를 세어 괘를 만드는 '서'는 자연적이라기보다는 변역(變易)과 같은 정해진 규칙에 의한 점법이라는 점이 다르다. 둘째, 점복(占卜)을 통해 거북 등껍질에 한번 상이 형성되면 다시 바꿀 수 없기 때문에 점치는 사람은 어쨌거나 그 무늬를 보고 단번에 길흉을 판단해야 하는 반면, 점서(占筮)는 일단 괘상이 정해지면 그것을 다양한 방법으로 분석하고 심지어 논리적인 추론의 과정을 거쳐야만 길흉 여부를 도출해 낼 수 있다는 점이 다르다. 점복의 방법은 그 절차가 복잡할 뿐 아니라 거북 껍데기와 칼, 불, 물 등 적잖은 부대 물품을 갖추어야 하고 거기다 균열된 모습을 판별해야만 하므로 불편한 면이 있었다. 그에 비하면 시초점은 훨씬 용이하다. 시초나 동전 따위만 갖추면 되고 길흉을 판단할 때도 괘상을 살핀 뒤 특정 괘의 괘·효사를 참고하면 되기 때문이다. 이런 이유로 주나라 이후에 점차 괘점이 유행하기 시작하였고, 이를 배경으로 『주역』이라는 책이 등장하여 시초점 괘 해석의 중요한 근거가 되었다. 그 뒤 후세 사람들은 시초점 운용의 편의를 도모하는 한편 이를 더욱 신비화하기 위하여 별도의 다양한 점법을 고안해 내었는데, 이를테면 영기점(靈棋占)이나 태현점(太玄占), 잠허점(潛虛占)이 그것이다. 그러나 그들의 체제나 격식은 대체로 『주역』의 것을 모방하는 수준에 머물렀다. 왜냐하면 어떤 방식으로 괘상을 취하든 그 괘상의 길흉을 분석할 때는 점의 판단어, 즉 『주역』의 괘·효사를 활용했기 때문이다. 이는 『사고전서(四庫全書)』에 나오는 "복서를 통한 점법의 흥함은 대개 진(秦)나라와 한(漢)나라 시기 이후에 일어났고 그 뜻은 음양오행(陰陽五行)이나 생극제화(生克制化)에서 나오지 않았다. 사실상 모두 역(易)의 지파일 뿐 잡설로 진해올 뿐이다."라는 말로도 충분히 짐작이 가능하다.[7]

2. 『역경(易經)』과 복서(卜筮)

『역경』은 어떤 책인가에 관해서는 이미 춘추시대(B.C.722~B.C.476)로부터 현재에 이르기까지 논쟁이 그치지 않는다. 어떤 사람들은 그것이 점복산명서(占卜算命書)라고 하고 또 어떤 사람들은 그것이 철학책, 천문학이나 수학책이라고도 한다. 하지만 본래 『역경』은 『연산』·『귀장』과 더불어 점치는 책이었다. 이 세 가지는 서주(西周)시기에 유행했던 서법(筮法; 점치는 방법)을 가리킨다. 현재 남아있는 것은 『주역』뿐인데, 그 괘상(卦象)과 서사(筮辭)를 편찬해 놓은 것이 『주역』, 즉 『역경(易經)』인 것이다.

『주역』은 맨 처음 점서에서 출발한 책이며, 주역의 원형인 괘사(卦辭)와 효사(爻辭) 또한 점사(占辭)이다.[8] 점이란 미래에 발생할 사태를 예측하고 그에 적합한 행동 양식을 규정하는 일이다. 인간의 지혜가 아직 발달하지 않았던 고대 중국에서는 기후, 지진, 일식 등 자연변화

7) 안주현, 先秦時代의 『周易』學에 관한 연구, 동국대학교 석사학위논문, 2017, pp.9-19.
8) 최영준, 『주역』과 사주명리의 운명관에 관한 비교연구, 경기대학교 석사학위논문, 2015, pp.10-14.

와 질병, 전쟁, 왕조의 교체 등 인간사를 초자연적 절대자인 상제(上帝)가 지배한다고 생각하였다.[9] 그러므로 농사를 짓거나 전쟁을 일으킬 경우에 상제의 뜻을 미리 알아보려고 했는데, 그 방법이 바로 점이었다. 그러나 인간의 지혜가 점점 발달하면서 자연의 변화에 숨어 있는 일정한 질서를 깨닫게 되었다. 그 대표적인 예가 춘하추동 사계절의 변화이다. 이처럼 자연은 일정한 질서에 따라 변한다. 자연의 변화를 예측하는 일은 점을 통하지 않고도 변화의 질서를 깨달음으로써 가능하였다. 중국인들이 자연에서 깨달은 질서를 수로 나타낸 것이 곧 달력이다. 달력에 표시된 입춘(立春), 경칩(驚蟄) 등 24절기는 자연의 변화 과정을 예측해 놓은 것이고, 동시에 파종, 수확 등 해당 절기에 해야 할 농사일을 알려주는 지표가 되었다. 이에 『주역』도 자연의 질서를 추리해 내는 방향으로 새로이 전개되게 된다.

사실 우리가 사서오경(四書五經)이라고 부르는 동양의 고전 가운데 자연에 관해 풍부한 견해를 담고 있는 책이 바로 『주역』이다. 『논어(論語)』, 『맹자(孟子)』 등은 주로 사회적인 문제의식에서부터 출발하여 인간의 심성에서 그 해결 방안을 탐색하였으나, 『주역』의 기본적 구성 요소인 하늘, 땅, 물, 불, 바람, 우레, 못, 산의 8괘가 자연을 상징하는 것에서 알 수 있듯이, 『주역』은 자연의 본질적 존재 양상과 그 관계성을 밝히고, 그것을 인간사회에 적용하는 풍부한 자연관을 가지고 있다.

전국시대(B.C.475~B.C.221)에 『주역』의 괘·효사는 천문 역법가(음양가)와 도가(道家)의 영향을 받아 새로이 해석된다. 이로부터 주역은 자연의 변화를 음양(陰陽)의 원리로 설명하는 이론 체계를 확립하게 된다. 즉, 괘사와 효사에 내재한 음양의 관념이 이 시대에 이르러 음양론으로 정립되고, 이 음양론을 통해 자연을 설명하고, 이에 근거하여

---

9) 신정원, 『주역』의 과학함의에 관한 연구, 동국대학교 박사학위논문, 2018, pp.133-137.

인간의 당위 규범을 정하는 이론의 틀을 갖추게 된다. 그리고 자연에 대한 합리적인 인식에 발맞추어 괘사와 효사에 대하여 더욱 합리적이 며 윤리적인 해석이 첨가되면서 『주역』은 단순한 점서가 아니라 철학 서이자 수양서로 발전한다. 우리가 지금 읽어야 할 『주역』은 바로 이 런 『주역』이다. 『주역』의 음양론이 우리에게 제공할 수 있는 새로운 패러다임을 읽어야 한다. 음양론에 기초한 유기체직 자연관은 서구의 기계론적 자연관에 대비될 수 있는 것으로 우리 의식에 혁명적인 전 환을 일으킬 수 있다.

한편 『주역』은 『역경(易經)』, 『역전(易傳)』, 역대 역학(易學)으로 발전 해 온 것이다. 『역경』은 『주역』의 원본으로 본래는 점치는 책이었 다.10) 송대(宋代)의 주희(朱熹, 1130~1200) 또한 "『역』은 본래 복서(卜 筮)의 책이다"11)라고 하였다. 선진(先秦)시기까지 그냥 『주역』으로 불 렸던 『역경』은 주나라 사람들의 산명용(算命用) 전적으로써 어떤 철리 (哲理)를 말하고 있는 것은 아니었다. 철학적 해석이 가해진 것은 공자 (孔子)가 지었다는 『역전』(십익)에서 부터였다. 이런 점에서 주희의 견 해는 정확한 것이었다. 주희의 이러한 규정은 동시에 한(漢) 이후의 역 학가들이 『역경』을 궁리진성(窮理盡性)의 책으로 규정한 것을 비판하고 『주역』의 객관적 성격을 되살리고자 하는 견해였다. '궁리진성(窮理盡 性)의 책'은 『역전』을 가리킨다.

동한의 반고(班固)는 『한서(漢書)·예문지(藝文志)·육예략(六藝略)』에서 진시황(秦始皇)이 분서갱유(焚書坑儒)할 때 『역경』은 점치는 책으로 실용 서인 까닭에 불태우는 것을 면제했기 때문에 현재에 전할 수 있었다 고 말한다. 주희 또한 『역학계몽서(易學啓蒙序)』에서 『역』을 점서(占書)로

---

10) 정현(鄭玄, 127~200)은 『周禮·春官·太卜』의 주(注)에서 "易者, 揲蓍變易之數可占也."라 고 한다. 『管子·山權』에서도 "易者, 所以守成敗吉凶者也."라고 하였다.
11) 『朱子語類』 권66. "易本卜筮之書."

규정한 바 있다. 현재의 『주역』은 물론 점서만의 성격을 갖는 것이 아니지만, '점치는 책'이 주역의 원형임에는 틀림없다.12) 『주역』이 본래 점복(占卜)의 책이었다는 것은 선진시기 문헌에서도 확인된다. 예를 들면, 『좌전(左傳)』, 『국어(國語)』, 『주례(周禮)』 등의 책이 이를 증명하고 있다.

1) 『역경』 이전은 귀복(龜卜)이다

고대의 문헌이나 근대에 출토된 문물에 의하면, 상고시대 사람들이 천신(天神) 혹은 귀신(鬼神)에게 길흉화복(吉凶禍福)을 점쳐 묻는 것에

---

12) 주희(朱熹, 1130~1200)는 역경의 도식이나 점서에 대한 수리적 설명에 주력하여, 1186년 『역학계몽(易學啟蒙)』을 4부분 즉 「본도서(本圖書)」, 「원괘화(原卦畵)」, 「명시책(明蓍策)」, 「고변점(考變占)」 등으로 나누어 저술하였다. '점을 친다'는 것의 의미에 대해 주희는 「역학계몽」에서 다음과 같이 말하고 있다. "성인이 상(象)을 관찰하여 괘(卦)를 그리고 시초를 셈하여 효(爻)를 명명하여 천하의 후세 사람으로 하여금 모두 의심스러운 것을 해결하고 망설이는 것을 결정하여 길(吉)·흉(凶)·회(悔)·린(吝)의 도탄에 미혹되지 않게 하였으니, 그 공은 성대하다 할 것이다. 그러나 괘라는 것은 근본으로부터 줄기로, 줄기로부터 가지로, 그 형세가 핍박하는 것이 있는 것 같으나 스스로 그만둘 수 없는 것이다. 시초점이라는 것은 나누고 합하며 나아가고 물러가며 종횡으로 거스르고 순응하기에 또한 가는 곳마다 서로 같지 않음이 없다. 이것은 어찌 성인의 심사(心思)와 지려(智慮)가 할 수 있는 것이겠는가? 다만 기수(氣數)의 스스로 그러하여 모법상에 드러나며, '하도(河圖)'와 '낙서(洛書)'에 드러나 보이는 것은 그 마음에 계시하여 그 손을 빌렸을 뿐이다. 근래 배우는 사람은 대체로 역(易)을 말하기를 기뻐하나 이것을 살피지 못하고, 글 뜻에만 오로지하는 사람은 이미 지리산만하여 뿌리 내릴 것이 없고, 상수(象數)에 섭렵한 사람은 또 모두 견강부회하여 혹은 성인의 심사와 지려라 한 것에서 나왔다고 여겼다.
이와 같은 것은 내가 그윽이 병통으로 여겼고, 이로 인하여 뜻이 같은 사람과 함께 자못 옛날 들은 것을 수집하여 책 네 편을 만들어 처음 배우는 사람에게 보이니, 그 설명에 의혹하지 말도록 할 것이다. 순희 병오년(1186년) 모춘(暮春) 기망(既望)에 운대진일(雲臺真逸)이 수기한다."("聖人觀象以畫卦, 揲蓍以命爻, 使天下後世之人皆有以決嫌疑, 定猶豫而不迷於吉凶悔吝之塗, 其功可謂盛矣. 然其爲卦也, 自本而幹, 自幹而支, 其勢若有所迫而自不能已. 其爲蓍也, 分合進退, 縱橫順逆, 亦無往而不相値焉. 是豈聖人心思智慮之所得爲也哉? 特氣數之自然形於法象, 見於圖書者有以啓於其心而假于焉耳. 近世學者類喜談易而不察乎此, 其專於文義者, 既支離散漫而無所根著 ; 其涉於象數者, 又皆牽合傅會, 而或以爲出於聖人心思智慮之所爲也. 若是者予竊病焉, 因與同志頗輯舊聞, 爲書四篇, 以示初學, 使毋疑於其說云. 淳熙丙午暮春既望, 雲臺真逸手記.")

주로 두 가지 방법이 있었다. 귀복(龜卜)과 점서(占筮)가 그것이다.

'귀복(구복)'은 간단히 '복(卜)'이라고 하는데, 거북의 배(등)껍질[龜甲]이나 짐승의 견갑골[獸骨]에 구멍을 뚫고 불에 구워서, 거기서 나타나는 무늬[裂紋形象]에 의거하여 묻고자 하는 일의 길흉을 판단하는 것이다. 복조(卜兆)가 나타내는 길흉 등의 판단사를 갑골(甲骨)에 새겼는데 이를 '복사(卜辭)'라고 한다. 근대기 직전에 발견된 은대(殷代)의 갑골문이 이것이다. 이로써 은대기에 복법(卜法)이 크게 성행하였음을 알 수 있다.

중국의 상고시대 사람들은 매사를 천신 혹은 귀신에게 그 길흉화복을 점쳐서 물은 다음 자신의 행동이나 행위를 결정하였다. 점문의 방법 또한 매우 다양하여 복(卜)과 서(筮) 이외에 또 '성점(星占)', '점몽(占夢)' 등의 방법이 있었다.

복(卜)은 또 복점(卜占)·귀점(龜占)·상점(象占)이라고도 한다. 은나라 사람들은 귀복(龜卜)을 신앙하여 매사에 복(卜)을 했는데, 예를 들면 바람[風], 비[雨], 일식(日食) 등과 같은 천상(天象)의 변화에 관한 것이나 수렵과 경작에 관한 것, 용병(用兵)이나 침략전쟁에 관한 것, 국왕의 출행, 질병, 생자(生子) 및 왕실의 관혼상제에 관한 것, 당장 오늘 저녁에 생길 수 있는 길흉의 일에 관한 것 등, 점을 치지 않는 것이 없었다. 은나라 사람들이 귀복을 믿었다는 것은 은허(殷墟)에서 출토된 갑골문(甲骨文)이 증명하고 있다. 귀복의 유래는 훨씬 오래되었는데 대략 기원전 3천년에서 2천5백년에 속하는 산동 태안현 대문구(大汶口) 유적에서도 귀복의 흔적을 찾을 수 있다. 하(夏)의 유적 가운데서도 발견된다. 은나라에서 그것이 크게 성행했을 뿐이다.

주(周)나라 사람들 또한 귀복을 믿었다. 예를 들어 『주례(周禮)·춘관(春官)·종백(宗伯)』에 "태복이 세 가지 조짐 판단법을 관장했는데,

첫째가 '옥조'이고, 둘째는 '와조', 셋째는 '원조'이다. 그 경조(經兆)의 체례가 모두 120이고 그 송(頌)은 모두 1,200이다"13)라는 말이 있는데, 정현(鄭玄)은 '원조(原兆)'란 전지(田地)의 열문(裂紋)을 상징한 것이라고 한다. '송(頌)'은 복사(卜辭)인데 또 '요(繇)'라고도 불렀다. 이 구절은 귀조(龜兆)에 옥문(玉紋), 와문(瓦紋), 전문(田紋)의 3대 유형이 있고, 그 기본 형상에 또 각각 120종이 있어, 그 길흉을 단정하는 말에 3600조가 있다는 말이다. 주나라 사람들이 말한 귀복의 방법은 은대로부터 발전한 것이다. 은시대는 복이 가장 발전한 시기이고, 이 시기에 비록 거북의 껍질과 짐승의 뼈를 병용했으나 더욱 중시한 것은 거북이었다. 주나라 이후에는 점차 거북만 사용하게 된 것으로 보이는데 그 원인에 대해서 『백호통(白虎通)·시구(蓍龜)』, 『논형(論衡)·복서(卜筮)』 등은 거북이가 가장 장수하는 동물로서 '구(龜)'자는 '오랠 구(久)'나 '옛 구(舊)'와 통하는 글자이고, 의문 나는 일이 있을 때 나이 많은 노인에게 묻는다는 의미를 가지고 있기 때문이라고 한다.

2) 『역경』은 점서(占筮)의 시작이다

주대(周代)에 이르게 되면 귀복 이외에 또 새로이 시초(蓍草)라는 국화과에 속하는 나무로써 무언가의 계산을 하고, 그 수목(數目)의 변화에서 어떤 괘상(卦象)을 뽑고, 이로써 복조(卜兆)를 대체시켜 길흉을 추단(推斷)하는 방법이 계발되는데, 주대에는 이 방법이 크게 성행하였다. 이와 같은 방법으로 점을 치는 것을 '점(占)' 또는 '점서(占筮)'라고 한다. 이러한 서법(筮法)에 의거하여 길흉을 추단한 말을 '서사(筮辭)'라

---

13) 『周禮·春官·宗伯』, "太卜掌三兆之法, 一曰玉兆, 二曰瓦兆, 三曰原兆. 其經兆之體, 皆百有二十, 其頌皆千有二百."

고 한다. 이상에서 보면, 묻고자 하는 일에 점을 쳐서 길흉을 판단한 말(辭)에는 복사(卜辭)와 서사(筮辭)의 두 가지가 있음을 알 수 있다. 지금 우리가 볼 수 있는 『역경』의 괘사(卦辭)와 효사(爻辭)의 원천은 이들 '복사'와 '서사'이다.

『주례(周禮)·천관(天官)』에 의하면, 주대에 유행한 서법은 또 '역(易)'이라 불렀는데, 시초의 수목 변화나 괘상 변역(變易)의 방법에 세 가지, 즉 '주역(周易)', '연산(連山)', '귀장(歸藏)'이 있었다.14) 그런데 앞에서 말했듯이 현존하는 것은 '주역'뿐이고, 그 괘상과 서사를 모아서 된 책이 곧 『주역(周易)』이다.

이상과 같이 '복서(卜筮)'는 사실상 두 가지 일로써, 복(卜)은 복(卜)이고, 서(筮)는 서(筮)이다. 비록 이들 모두 고대의 점술에 속하였지만, 그것들이 사용한 도구가 서로 다르고, 점문(占問)의 방법도 다르며, 이들을 사용한 시대와 거기에 함축되어 있는 인식 수준 또한 서로 다르다. 다만 동일하게 점치는 일에 관계되므로 사람들이 합쳐서 '복서'라고 부르게 된 것이다.

주(周)나라 시기에 시서(蓍筮)가 점차 보편화 되었는데, 이는 『주례·춘관』의 "나라의 큰 일은 먼저 서(筮)를 한 다음에 복(卜)을 한다"15)는 말에 비추어서 알 수 있다. 『좌전』 희공(僖公) 4년에 복인(卜人)의 말로 "시는 짧고 거북은 기니, 긴 것을 따르지 못하다"16)는 것이 있는데, 이로써 보면 귀복의 역사는 오래되었고 점서의 역사는 비교적 짧았다는 것을 알 수 있다. 그러던 것이 점차 서(筮)로 바뀌게 되었던 것이다. 하지만 귀복이나 점서는 결국 같은 성질의 것으로 주나라 사람들 또한 귀복을 경시하지 않았음은 분명하다. 이는 『역경』 가운데 길흉을

---

14) 『周禮·天官』, "掌三易之法, 一曰連山, 二曰歸藏, 三曰周易. 其經卦皆八, 其別卦皆六十有四."
15) 『周禮·春官』, "凡國之大事, 先筮而後卜."
16) 『春秋左傳』, "蓍短龜長, 不如從長."

판정하는 말에 갑골문의 복사(卜辭)와 같거나 비슷한 말이 많이 있는 것으로도 알 수 있다. 예를 들어 복사의 '길(吉)', '대길(大吉)', '망우(亡憂)', '리(利)', '불리(不利)' 등은 『역경』의 '길(吉)', '원길(元吉)', '무구(无咎)', '이섭대천(利涉大川)', '불리유유왕(不利有攸往)' 등과 같다.

　『주례·춘관』에 의하면, 복(卜)이 의거하는 것은 거북의 조문(兆紋)이고 서(筮)가 의거하는 것은 괘의 형상이다. 복조(卜兆)에는 송(頌), 즉 복사(卜辭)가 있고, 『역경』의 괘상에는 괘·효사가 있어, 이 점도 두 가지가 서로 통하는 부분이다. 괘·효사는 복사로부터 온 것이 분명하므로 현대의 역학자들 가운데는 이들의 공통점과 차이점을 연구하는 사람도 많다.

3) 서법(筮法)을 복법(卜法)과 비교하다

　서법(筮法)을 복법(卜法)과 비교하면 모두 점치는 것이라는 점에서는 같지만 서로 다른 특징도 있다. 첫째, 귀복이 의거하는 상(象)은 복조(卜兆)로써 이는 자연스럽게 생겨나게 되는 무늬이므로 거기에 논리적 구조는 없다. 그러나 점서(占筮)가 의거하는 괘상(卦象)은 기우(奇偶)의 2획 또는 음양(陰陽)의 2효를 배열하고 조합하여 이루어진 것으로 수학의 연역법칙에 기초하고 있다. 또 8괘와 64괘는 각각 4개의 대립면과 32개의 대립면으로 구분되어 서로 대칭이 되고 또 상호 전환된다. 다시 말해, 어떤 효가 변하게 되면 그 반대의 효로 바뀌게 되는데, 예를 들어 '지괘(之卦)'를 보면, 이 괘가 전환되어 저 괘로 된다. 따라서 괘상은 논리사유와 논리구조를 갖는다. 둘째, 복법에서 귀조(龜兆)를 얻은 것은 거북의 껍질에 구멍을 뚫고 불에 달구어서 생긴 것으로 '우연(偶然)'에 청명(聽命)하는 것이다. 하지만 서법으로 괘상을 얻는 것은 시초의 계산에 따른 것이다. 그 추산의 과정에는 일정한 순서나 차례가 있고 법칙이 있으므로 누구든지 실험해 볼 수 있다. 셋째, 복법 가운데의 복사(卜辭)는 천신(天神)의 계시라고는 하지만 실제로는 복자(卜者)의 신비한 직관이다. 그러나 서법은 『주역』이라는 책의 괘효상(卦爻象)과 괘효사(卦爻辭)에서 말하고 있는 것에서 묻고자 하는 일의 길흉을 추론하는 것이므로 거기에는 유추논리의 사유 요소가 있다. 넷째, 복사 가운데의 길흉화복 판단어는 '수우[受佑; 보우를 받는다]' 혹은 '불수우(不受佑)'로 길흉의 경계가 분명하고 또 바꿀 수 없는 것이다. 그러나 『주역』의 괘효사는 길흉(吉凶) 이외에 '회(悔)', '린(吝)', '구(咎)', '무구(无咎)' 등을 첨가하여 서로 얻은 괘가 표시하는 바가 비록 불리하지만 점문자(占問者) 자신의 자기반성이나 조심을 통하여 화(禍)를 복(福)으로 바꿀 수 있고, 흉(凶)을 길吉로 변화시킬 수 있음을 말하고 있다. 그래서 괘·효사 가운데는 허다한 근계(謹戒)의 말이 포함되어 있다. 그리고 이들 문구들은 시가(詩歌)와 비슷한 표현을 하고 있나. 공사(孔子)는 『시경(詩經)』의 싯구들을 한 마디로 하면 "생각에 조금의 삿됨도 없다[思無邪]"고 했는데, 흉을 피하고 길을 얻고자 하는 것[避凶得吉]이 인지상정이다. 이처럼 『주역』은 점치는 책임에는 분명하지만 사람의 노력과 지혜를 강조하고 무조건 천계(天啓)에 청명하는 것을 거부하는데, 이것은 이성사유 발전의 산물이라 할 수 있다.

점서는 고대로부터의 미신 가운데 하나이다. 그러나 이상과 같은 길흉을 묻는 방식은 일종의 문명적 창조로써 중국 문명만의 특징이며, 곤경과 역경에 처했을 때 그 불행한 운명에서 벗어나고자 하는 우환의식(憂患意識)과 생활의 지혜가 체현되어 있는 것이다.

시초 풀을 가지고 어떻게 미래의 일을 예지할 수 있었을까? 우선 시초를 사용하여 수(數)의 연변을 진행하고 거기서 효의 형상과 괘상을 얻는다. 효와 괘에 일정한 말, 즉 효사와 괘사를 배당하는데 괘사는 괘상에 대한 해설이고, 효사는 효상에 대한 해설이다. 춘추시기의 사람들은 점서를 할 때, 서(筮)로써 하나의 괘를 얻으면 『역경』에서 해당하는 괘나 효를 찾아 그 내용을 보고 묻고자 하는 일의 길이나 흉을 추측하였다. 괘·효사는 『역경』의 기본요소 가운데 하나인데, 그것들은 처음에는 다만 어떤 괘 혹은 어떤 효의 서사(筮辭)에 지나지 않았던 것이 점차 『역경』에 편입된 것이었다. 『주례·춘관』에 "점치는 사람은 점과 거북을 관장하여 팔서(八筮)로써 팔송(八頌)을 점치고, 팔괘(八卦)로 서(筮)의 팔고(八故)를 점쳐 그 길흉을 보여주었다"[17]고 하는데, '팔고(八故)'는 곧 여덟 가지 일[八事]이다. 정현의 주석에 의하면, '팔사'는 정벌, 상[象, 재난 등], 여[與, 사람에게 어떤 것을 주는 것], 모[謀, 謀議], 과[果, 일의 성사여부], 지[至, 어떤 일이 닥쳐올지 여부], 우[雨, 비가 올지 여부], 료[療, 병의 치료여부]이다.

　『역경』의 64개 괘사와 384개 효사는 서사(筮辭)에서 유래한 것이고, 여러 사람의 손과 여러 시대를 거쳐 이루어진 것이다. 그것들 대부분은 복서를 관장하였던 점인(占人), 서인(筮人), 복인(卜人) 등의 서로 다른 시기의 기록들인데, 이것들이 점차 정리되어 현재에 이른 것이다.

　『역경』 가운데의 효사와 괘사는 비록 점서에 사용된 것이긴 하나, 그 가운데 일부 내용은 중요한 역사적 사건이나 고대 사회의 의식, 사유 특징, 도덕윤리 관념 등을 반영하고 있고, 또 정치·생활 등에서의 경험을 총결하고 있다.[18]

---

17) 『周禮·春官』, "占人掌占龜, 以八筮占八頌, 以八卦占筮之八故, 以視吉凶."
18) 예를 들어 '익(益)'괘 육이 효사의 "왕이 써 상제에게 제사한다(王用享于帝)", '사(師)'괘 상육 효사의 "대군이 명을 내리니, 나라를 열고 가문을 이음에 소인을 쓰지 말 것이니라(大君有命, 開國承家, 小人勿用)", '대유(大有)'괘 구삼 효사의 "공이 써 천자에게 제사하니, 소인은 감당하지 못한다(公用享于天子, 小人弗克)" 등의 말은 군권신수의 의식과 종법 관념을 반영하고 있다. 또 '곤(困)'괘 구오 효사의 "코를 베이고

이상에서 볼 때, 『역경』에는 4개의 요소가 있음을 알 수 있다. 곧 시(蓍), 괘(卦), 효(爻), 사(辭)가 그것인데, 이 4개 요소는 또 점서의 4개 요소이기도 하다. 『역전』의 작자들은 그것들의 성질, 순서 등에 대해 일정한 해석을 가하고 있을 뿐만 아니라 후세인들의 관념과 체계화를 대량 포함시켰다. 시, 괘, 효 3가지는 서로 연관이 있을 뿐만 아니라 또 서로 다른 성질을 가지고 있다. 『주역·계사상』에서는 "이런 까닭에 시초의 덕은 둥글면서 신령스럽고, 괘의 덕은 모나서 지혜스럽고, 여섯 효의 의의는 바뀌어서 이바지 한다"[19]고 하는데, 덕(德)은 성질을 가리키고, 원(圓)은 정해지지 않음을 의미한다. 서법(筮法)에서 4영 18 변을 거쳐 얻게 되는 괘는 일정하지 않다는 말이다. '신(神)'은 변화가 막측하여 파악하기 어렵다는 말이다. 『역전』에서는 "음양을 헤아릴 수 없는 것을 신이라 한다"(陰陽不測之謂神)라고 한다. 공자는 "변화의 도리를 아는 자, 신이 하는 것을 아는 자가 아니겠는가!"(子曰, 知變化之 道者, 其知神之所爲乎)라고 한다. '신'이란 그 단서를 헤아리기 어려운 변 화 또는 변화의 동력을 가리키는 말이다. 시(蓍)는 수(數)를 포괄하고 괘(卦)는 효(爻)와 사(辭)를 포괄하고 있다. 시에 변화가 있으므로 괘에 도 곧 변화가 있게 된다. 이로써 보면 시(蓍)가 가장 근본적이며 가장 신(神)하다. 괘의 성질은 "모나서 지혜스럽다[方以知]." 방(方)과 원(圓) 은 서로 반대되는데 뜻이 확정적이다. 괘는 시의 기록이다. 시는 비록 확정됨이 없으나 그 변화의 결과나 기록인 괘는 확정적이다. 일단 괘 가 이루어진 다음에는 곧 알[知] 수 있는 것이 된다. 말하자면 괘상으

발꿈치를 베임이니 적불에 곤하나 이에 서서히 기쁨이 있으리니, 써 제사를 지냄이 이로우리라.(劓刖, 困于赤紱, 乃徐有說, 利用祭祀) 등은 고대 사람들의 희생 제사의 현실을 반영하고 있다. 또 '박(剝)괘 상구 효사의 "큰 과일이 먹히지 않음이니, 군 자는 수레를 얻고 소인은 집을 허물리라(碩果不食, 君子得輿, 小人剝廬)"는 사회 상황 을 반영하고 있다.

19) 『周易·繫辭上』, "是故蓍之德圓而神, 卦之德方以知, 六爻之義易以貢"

로부터 길흉회린(吉凶悔吝)을 알 수 있는 것이다. 효의 성질은 "바뀌어서 이바지한다[易以貢]". '역(易)'의 의미는 변화이다. 그러나 여기서는 효로부터 구성되는 괘의 변화를 가리킨다. 하나의 괘는 6효로 되어 있는데, 양효(陽爻)는 강(剛)이 되고 음효(陰爻)는 유(柔)가 된다. 그 가운데 한 개 또는 몇 개의 효는 강에서 유로 변한 것이거나 아니면 유에서 강으로 변한 것이다. 곧 그렇게 해서 이 괘에서 저 괘로 변하게 된다. 그래서 『주역·계사상』에서는 "강과 유가 서로 미루어 변화를 생한다(剛柔相推而生變化)"고 말하는 것이다. '이바지 한다'(貢)는 것은 알려준다(告)라는 뜻이다. '알려 준다'라는 것은 무엇인가? 『주역·계사상』은 "효란 변화를 말한다"(爻者, 言乎變者也)고 한다. 『주역』의 서법에 따르면, 서(筮)가 한 괘를 만나 그 가운데 어떤 한 효가 변하면, 즉 양효가 음효로 변하게 되거나 음효가 양효로 변하게 되면, 그 변하는 한 효의 효사를 위주로 길흉을 판단한다. '고(告)'라고 하는 것은 강유상추(剛柔相推)가 길흉변화를 낳는다는 것을 알려 준다는 것이다.

4) 귀복(龜卜)과 서점(筮占)은 다르다

귀복과 점서는 모두 고대의 점술에 속하고 그 목적은 신(神, 귀신)의 의지를 물어서 자신의 행동과 행위를 결정하고자 하는 것으로 서로 같지만, 또 서로 다른 특징도 가지고 있다. 『좌전·희공 15년』에 한간(韓簡)은 "거북은 상(象)이고 서(筮)는 수(數)이다. 사물이 생성된 다음 상이 있고, 상이 생긴 다음 자람[滋]이 있으며, 자람이 있는 다음에 수(數)가 있다"[20]라고 하는데, 이것이 가장 근본적인 차이이다. 거북의 껍질을 뚫어 상을 취하는 것은 그 무늬가 자연스럽게 또는 불규칙하

---

20) 『春秋左傳』, '僖公十五年'. "龜, 象也, 筮, 數也. 物生而后有象, 象生而后有滋, 滋而后有數."

게 이루어진 것이다. 이런 무늬에서 직접 길흉을 판정하는 것이 귀복의 특징이다. 시초의 변역(變易)을 헤아리는 것은 규정적인 순서와 법칙에 따라서 진행하여 팔괘의 형상을 구하는 것으로 이는 수변(數變)의 괘효에 기초하여 길흉을 추측하는 것인데, 이것이 점서의 특징이다. 이것은 수학(數學) 발생의 과정을 나타내는 동시에 귀점(龜占)에서 서점(筮占)으로 바뀌어 간 과정을 말하고 있다. 귀상(龜象)이 형성된 다음에는 그것을 바꿀 수 없다. 따라서 복자(卜者)가 "상으로써 사람에게 보여주는 것(以象而示人)"은 직관적인 문조(紋兆)에 의거하는 것으로 비교적 간단한 인식이라 할 수 있다. 점서는 반드시 수학의 법칙에 의거하여 괘상을 얻고 괘상이 형성된 다음에 여러 가지 분석을 통하거나 어떤 경우에는 논리적 추론을 거쳐 비로소 길흉의 판단을 이끌어 낸다. 따라서 "수로써 사람들에게 알려주는 것(以數而告人)"은 추상적인 연산 추리를 통하여 가능한 것으로 비교적 복잡하다고 할 수 있다. 거기에는 감성과 이성, 자연과 인사의 차이가 있고, 적어도 심천다소(深淺多少)의 차이가 있게 된다. 서(筮)는 다년생 풀인 시초(蓍草)의 줄기를 일정한 수학 계산 법칙에 따라 배열, 거기에 의해 점을 치는 것으로 복점(卜占)과는 본래 다른 것이었다.

귀복으로부터 점서로 바뀌었다는 것은 인간들의 인식능력 혹은 사유능력이 제고되었음을 나타내는 동시에 인식의 적극적 능동성이 증강되었음을 나타낸다. 귀복이 비록 비교적 간단하고 직관적 인식을 반영하고 있다 하더라도, 그 해석이나 의식(儀式)은 오히려 매우 번잡하다. 주나라 사람들이 정리한 바에 의하면 거북의 조문(兆紋)에는 옥(玉), 와(瓦), 원(原)의 3대 유형과 360종이 있고 복사의 해석에 3600여 조가 있다. 거북을 다루는 것에도 '취구(取龜)', '공구(攻龜)', '흔구(釁龜)', '명구(命龜)' 등의 절차를 거치고 거기에 따라 예문(禮文)도 더욱 번

쇄하게 된다. 이는 바로 전문적 지식이 있어야만 비로소 점을 칠 수 있음을 의미한다. 이런 전문가 또는 그 집단의 직책이 곧 '태복(太卜)', '복사(卜師)', '복인(卜人)', '구인(龜人)', '수씨(筮氏)' 등이었다.

점서의 인식 내용은 비록 감성형상 혹은 직각표상에 지나지 않는 것이었으나 중요한 것은 수학법칙을 응용하였다는 것이다. 수의 변역은 추상개념의 추리를 함축하고 있고, 사유의 개괄성과 추리성을 단련시킬 수 있는 씨앗이 배태(胚胎)되어 있다. 그리고 설시(揲蓍)의 방법은 비교적 쉬워 누구나 시행할 수 있기 때문에 신비화가 훨씬 덜 되는 경향을 가진다. 「계사전」에서는 이를 '이간(易簡)'이라고 표현한다. 이 때문에 귀복 등의 점술은 끝내 신비의 단계에 머물고 말았지만 『역경』은 철학체계화 될 수 있었다.

귀점(龜占)과 서점(筮占)은 모두 고대의 자연숭배의 흔적이라 할 수 있다. 거북[龜]은 동물숭배의 흔적으로써 장수(長壽)를 취한 것이고, 시(蓍)는 식물숭배의 흔적으로써 다자(多子)를 취한 것이다. 장수와 많은 자손은 고대 사람들 최고의 이상이자 최대의 바램이었고, 모두 신의(神意)에 의해 결정되는 것이라고 생각되었던 것들이다.

귀점(龜占) 즉 상점(象占)과, 서점(筮占) 즉 수점(數占)은 후대의 상수학(象數學)의 기초와 원천이 되었다. 역학(易學)은 흔히 상수학(象數學)과 의리학(義理學)으로 구분되지만, 이 양자는 병렬적 관계에 있는 것은 아니다. 상수역학은 그 원시형태를 취한 것으로 점복학(占卜學) 본래의 것이라 할 수 있고, 의리역학은 상수학에 대해 철학적으로 발전한 것이라 할 수 있다.21)

귀점에서 서점으로의 변화는 철학적으로 큰 의미가 있다. 대체적인 것만 먼저 말하면, 신(神) 중심에서 인간(人間) 중심으로의 변화를 들

---

21) 김동현, 黃宗羲의 『易學象數論』에 관한 연구, 동국대학교 박사학위논문, 2018, pp.388-389.

수 있다. 철학에서 다루는『주역』은 인간 중심으로 변화한 다음의 것일 뿐이다. 앞으로 우리가 점(占)을 종종 이야기하겠지만, 그것은 어디까지나 신의(神意)를 묻는 그러한 점이 아니라 인간이 자연을 관찰하여 미래를 예측하고 거기에 알맞은 행동·행위가 어떠해야 하는 가를 묻는 철학적·윤리적 점에 한정된다.

3.『주역(周易)』서법(筮法)의 의의

고대의 점복의 범위는 매우 넓었다. 제사, 전쟁, 농상(農商), 혼인, 정치, 홍수와 가뭄 등등을 다 포괄한다.『역경』은 복서(卜筮)의 책이지만 당시 사회생활이 각 방면과 접촉되어 있고, 특정한 역사시기의 허다한 문화 단편들을 기록하고 있으며, 원시사회의 풍속이나 습관, 은주 교체기의 역사 변천과 관련된 자료들이 대량으로 보존되어 있는 문헌이기도 하다. 청대의 학자들은 "육경 모두 역사책이다"[六經皆史]라는 생각을 가지고 있었는데,『역경』또한 당연히 역사책의 범위에 속하는 것이다. 이 방면은 일찍부터 주목을 받아 많은 발굴 성과가 있다. 하지만『역경』의 최고 가치는 문헌자료 방면에 있는 것이 아니라 당시의 시대정신을 집중적으로 나타내고 있고, 당시 사람들의 세계관 및 그 변화를 반영하고 있다는 점에 있다.

은주(殷周) 교체기에 사람들이 귀신을 숭배하고 점복(占卜)을 미신(迷信)하는 기본관념에 어떤 변화도 없었다. 하지만 이 시기에 이러한 기본관념의 기초 위에 세계관의 일차적인 거대 변화가 일어나게 된다. 이것은 다만 일차적인 무술종교세계관(巫術宗敎世界觀)의 변혁에 지나지 않는 것이지만, 그 의의와 가치는 결코 작다고 할 수는 없다. 은 상(殷商)의 귀복(龜卜)으로부터 『역경』의 점서(占筮)로의 변화는 인간들의 정신이 원시적인 무술(巫術)의 몽매의식으로부터 일정 정도의 해방을 이루었음을 나타낸다. 당시의 고대인들이 자각적인 이성활동을 추진하는 새로운 단계에 들어섰음을 표시하는 것이다. 이러한 진전은 고대사회생활에 전면적이고 심각한 영향을 미치게 된다.

우선, 『역경』의 허다한 내용들이 표명하고 있는 것은 인간은 자신의 운명(運命)을 파악할 수 있다는 믿음이 증가했다는 것과 자연계 및 인류사회에 대한 인식의 자각적 요구가 증대되었다는 점이다. 당시의 사람들 또한 물론 천신(天神) 혹은 귀신(鬼神)을 숭배했다.22) 개인의 운명은 여전히 하늘의 도움과 보우(保佑)를 받아야 하고, 길흉화복도 여전히 하늘의 의지와 밀접한 관계가 있다는 신앙인 것이다. 그러나 앞서의 복사(卜辭)와 비교하면, 큰 변화가 있음을 알 수 있다. 개인의 운명이나 길흉화복이 천(天)에 절대 피동적으로 청명(聽命)하는 것은 아니고, 절대적으로 바꿀 수 없는 것도 아니라는 생각이 나타나 있기 때문이다. 인간들의 행위나 노력에 의해서 결과에 변화가 나타날 수 있고, 심지어 그것이 하늘에까지 영향을 줄 수 있다는 생각이 포함되어 있다.

『역경』 이전, 은대의 귀복 등의 복사는 길흉화복의 예언에서 매우 결정적으로 말한다. 점친 일이 길(吉)이면 길, 흉(凶)이면 흉, "보우를 받는다[受祐]", "보우를 받지 못한다[不受祐]" 등으로 그 한계가 분명

---

22) 예를 들어 '대유(大有)'괘 상구 효사(上九爻辭)의 "상구(上九)는 하늘로부터 도우므로 길(吉)하여 이롭지 않음이 없다."(上九, 自天祐之, 吉无不利), '익(益)'괘 육이 효사(六二爻辭)의 "왕(王)이 제(帝)에게 향제를 지내도 길(吉)하리라."(六二, 或益之, 十朋之, 龜弗克違, 永貞吉, 王用享于帝, 吉.), '비(否)'괘 구사 효사(九四爻辭)의 "구사(九四)는 명령(命)이 있으면 허물이 없어 무리가 모두 복을 누리리라"(九四, 有命, 无咎, 疇離祉.), '구(姤)'괘 구오 효사(九五爻辭)의 "구오(九五)는 기(杞)나무 잎으로 오이를 싸는 것이니, 아름다움을 집어삼키면(함축하면) 하늘로부터 떨어짐이 있으리라"(九五, 以杞包瓜, 含章, 有隕自天.) 등에서의 '제(帝)'는 천제(天帝), 즉 상제(上帝)를 가리키고 '명(命)'은 천명(天命)을 가리키는 것으로 이들은 여전히 천신과 천명을 숭배하고 있다는 것을 나타내고 있다.

하여 바꿀 수가 없다. 『역경』의 괘·효사에서 길흉의 단정은 인위적 요소가 매우 많은데, 서(筮)로 얻은 괘가 불길(不吉)한 것이라도 점치는 사람의 노력에 의해 흉을 길로 바꿀 수 있는 것이 된다.

인사(人事)로 천의(天意)를 바꿀 수 있다는 의식의 발생은 인류의 자기 자신과 자연에 대한 인식을 바꾸어 놓았고, 정신세계 전체를 바꾸어 놓았다. 원시사회의 인류들은 자연과 투쟁하는 능력이 미약하여 자연의 위력과 횡포에 나약할 수밖에 없었다. 따라서 매우 두려워하거나 큰 자연재해 앞에서는 경외감까지 느끼게 된다. 이는 현대인들에게도 마찬가지일 것이다. 『역경』의 무술미신(巫術迷信) 가운데 포함되어 있는 이러한 도덕적, 이성적 요소들은 매우 귀중한 철학의 재료임은 틀림없다.

4. 공자(孔子)의 이덕대점(以德代占)

공자(孔子, B.C.551~B.C.479)는 늘그막에 『주역』을 좋아했고[만년희역(晩年喜易)], 그 결과로 『역전(易傳)』을 지었다고 한다. 이 이야기는 사마천(司馬遷, B.C.145?~B.C.86?)의 『사기(史記)』 「공자세가(孔子世家)」에서 『논어(論語)·술이(述而)편』의 "만약 나에게 몇 년의 수명이 더 주어져서 마침내 『역』을 배운다면 큰 허물은 없을 것이다"23)를 인용하면서 말한 것을 근거로 한 것이다.24)

---

23) 『論語·述而』, "子曰, 加[假]我數年, 五十以學易, 可以無大過矣."
24) 『史記』 「孔子世家」, "孔子晚而喜易, 序彖繫象說卦文言. 讀易韋編三絶. 曰, 假我數年, 若是, 我於易則彬彬矣."(공자가 늘그막에 『역』을 좋아하여 「단전」·「계사전」·「상전」·「설괘전」·「문언전」을 서(序)(?)하였다. 가죽끈이 세 번 끊어지도록[위편삼절(韋編三絶)] 『역』을 읽었다. 말하기를 '만약 내가 몇 년을 더하여 이와 같이 읽으면 나는 『역』에서 빛나게 되리라'고 하였다.)

　『논어』에서 『주역』을 언급한 곳은 단 두 곳이다. 하나는 「술이편」의 문장이고, 다른 하나는 「자로편」에서 공자가 "남쪽 나라 사람들은 '사람이 항상 된 마음이 없으면 무당이나 의원도 될 수 없다'라고 하는데 좋은 말이다. 그 덕을 항상 되게 하지 않으면 남에게 부끄러운 일을 당하게 된다. 점(占)을 칠 필요도 없이 분명한 일이다"25)라고 말한 것에서이다. 이는 『주역』「항괘(恒卦)」 '구삼(九三)' 효사(爻辭)의 "그 덕을 항상 되게 하지 않으면 남에게 부끄러운 일을 당하게 된다(不恒其德, 或承之羞)"를 인용하여 점(占)보다 도덕수양(道德修養)이 더 중요함을 주장한 것이다. 이처럼 『주역』의 괘사(卦辭)나 효사 등을 인용하여 자신의 주장을 입론하는 것을 '인역입론(引易立論)'이라고 하는데, 이러한 기법은 공자로부터 시작된 것이다. 보다 중요한 것은 공자가 '덕으로써 점을 대체했다'는 것이다. 이를 '이덕대점(以德代占)'이라고 한다. 공자의 '인역입론'에 의한 '이덕대점'은 『주역』을 해석하는 학풍뿐만 아니라 『주역』의 성격을 크게 바꾸어 놓는 결과를 낳았다. 예를 들어 『장자』는 "『주역』은 음양을 말한다"26)라고 하였고, 『순자』는 "『주역』을 잘하는 자는 점을 치지 않는다"27)라고 하였으며, 『예기』는 "심성이 깨끗하고 차분하여 의리가 정미함은 『역경』의 교화이다"28)라고 하였다.

　이상에서 말한 문제 모두와 관련이 있는 내용이 백서(帛書) 『역전(易傳)』「요(要)」에 기록되어 있다.(『帛書周易』, 「要」, (叄) pp.116-117 참조.)

---

25) 『論語』, 「子路」, "子曰, 南人有言曰, 人而無恒, 不可以作巫醫. 善夫, '不恒其德, 或承之羞.' 子曰, 不占而已矣."
26) 『莊子』, 「天下」, "其在於詩書禮樂者, 鄒魯之士, 搢紳先生, 多能明之. 詩以道志, 書以道事, 禮以道行, 樂以道和, 易以道陰陽, 春秋以道名分."
27) 『荀子』, 「大略」, "善爲易者不占."
28) 『禮記』, 「經解第二十六」, "入其國, 其教可知也. 其爲人也, 溫柔敦厚, 詩教也; 疏通知遠, 書教也; 廣博易良, 樂教也; 絜靜精微, 易教也; 恭儉莊敬, 禮教也; 屬辭比事, 春秋教也."

이것은 자공(子貢)이 공자가 만년에 『주역』을 연구하는 것을 좋아하는 것에 대해 비판하자 공자가 거기에 대답한 것이다. 여기서 '공자만년희역(孔子晩年喜易)'을 분명하게 언급하고 있으므로 사마천의 말이 단순한 억측은 아니었음을 알 수 있다. 또 공자는 복서(卜筮)가 아니라 괘·효사의 점글을 연구한다고 말하므로 『주역』 연구의 목적이 복서에 있는 것은 아니었음이 분명하다. 하지만 이어지는 문장에서 보면 공자도 분명히 점을 연구하였다. 공자가 연구했던 점법은 시초(蓍草)의 서점(筮占)이었다고 할 수 있다. '수(數)'와 밀접한 관계를 갖는 것은 서점(또는 시초점)이었기 때문이다.

공자가 '수(數)에 통달한다'고 한 것은 곧 점서(占筮)의 상수(象數)를 연구하여 통달했다는 말이다. 다만 상수를 연구하는 목적에서 축(祝)·무(巫)·사(史)와 구분하는데, 이들은 점을 치는 것만을 목적으로 하였지만 자신은 인의(仁義)와 도덕(道德)의 의리를 밝히는 것을 목적으로 하기 때문에 자공(子貢)이 사신을 비판할 이유가 없다고 말하는 것이다. 공자는 사(史)·무(巫)와의 차이에 대해 '길은 같지만 귀결하는 것은 다르다[同涂而殊歸]'고 하였는데, '길[涂]'은 방법을 가리키고 '귀결[歸]'은 목적을 가리킨다. '동도(同涂)'는 『주역』의 상(象)·수(數)를 밝히는 데서 서로 같음을 말한 것이고, '수귀(殊歸)'는 사(史)·무(巫)가 복서를 목적으로 하지만 공자 자신은 덕행(德行)과 인의(仁義)를 목적으로 하는 것을 말한 것이다.[29]

우리는 이상에서의 공자의 말로부터 상수(象數)와 의리(義理) 사이

---

29) 통행본 『周易』 「繫辭下」에서는 "천하는 한 곳으로 돌아가지만 그 길은 다르고, 한 가지로 일치하지만 생각은 천만 가지이다(天下同歸而殊途, 一致而百慮)"라고 한다.(같은 구절이 백서 「계사」에도 있다.) '同途而殊歸'(「要」)는 서로 같은 방법에 서로 다른 목적이 있음을 말한 것이고, '同歸而殊途'(「繫辭下」)는 서로 같은 목적에 서로 다른 방법이 있음을 말한 것이다. '동도이수귀'는 '同途而同歸'와 '異途而同歸'라는 명제를 함축하고, '동귀이수도'는 '同歸而同途'와 '異歸而同途'의 명제를 함축한다.(鄧球柏, 『帛書周易校釋(增訂本)』, 長沙: 湖南出版社, 1987, p.483.)

에 공통점과 차이점이 있음을 발견할 수 있다. 점서자(占筮者)에 대해 말하면, 시초(蓍草)을 일정한 수학적 방법으로 계산하여 얻은 괘(卦)를 근거로 천지인(天地人), 군신민(君臣民) 등의 상징적 의미를 밝히고 이로부터 어떻게 행동할 것인가를 이끌어낸다. 여기서 '상(象:象數)'의 판단과 '이(理: 義理)'의 연역은 통일적인데, 같은 목표에 속하기 때문이다. '상(象)'은 가시적 부호로 존재하고, '수(數)'는 상을 이루거나 처리하는 수학적 근거이므로 '상(象)'과 '수(數)'는 둘이면서 하나인 '이이일(二而一)'의 관계에 있게 된다. '상수'의 가장 큰 특징은 괘상(卦象)을 판단의 첫 번째 근거로 하고 언어적 묘사를 보조로 한다는 데 있고, 반면 '의리'는 비록 괘상(卦象)으로부터 나오는 것이기는 하나 논리적 추리와 철학적 이치의 발휘를 중시하는 데 있다.

　이상에서 볼 때, 공자는 점법(占法)을 목적으로 하는 상수연구(象數研究)와 인의(仁義)의 도덕(道德) 밝힘을 목적으로 하는 것과 구분하였음을 알 수 있다. 이러한 의리의 발명을 '이덕대점(以德代占)'이라고 할 수 있다. 하지만 그의 '이덕대점'은 『주역』의 상수(象數)에 대한 연구를 전제로 한다는 점에서 공자의 해(解)『역(易)』 학풍에는 상수와 의리가 어우러져 함께 다양한 목적으로 쓰여지는 관계에 있었다고 말해도 무방할 것이다.[30]

---

30) 천승민, 帛書 『易傳』 象數易學에 관한 연구, 동국대학교 박사학위논문, 2018, pp. 115-120.

Ⅲ. 결론

수천 년 동안 사람들은 줄곧 점서에 대한 탐구와 운용을 중단한 적
이 없다. 과학 기술이 이렇게 발전한 오늘날에도 여전히 일부 사람들
은 이 분야에 열중하고 있으며, 심지어 그것을 "과학"의 궤도에 포함
시키려 하고 있다. 점은 사람들의 사회 활동에서 주로 예측과 공고한
신념을 확립하는 두 가지 역할을 맡았다.

점서를 통해 육효 중괘를 얻은 후 상(象)과 사(辭)에 대해 각각 해석
하거나 상·사를 결합하여 해석하는 기초 위에서 질문한 것의 상황들이
발전, 변화, 길흉화복에 대해 어떤 결론을 내리는 것이 이른바 『주역』
의 예측이다. 이러한 예측은 과학적인 예측이 아니라 주관적이고 임
의적인 색채를 띠기 때문에 그 결론은 우연적인 것이며, 어떠한 논리
적 필연성도 없다.

점서는 일정한 "예측" 기능을 가지고 있는데 신령이 계시하는 것
이 아니라, 점서자가 자신의 사회 경험에 근거하고 괘상·괘사·효사의
해석에 도움을 받아 질문한 일에 대하여 일종의 예견을 하는 데 있다.
이러한 예견이 사물의 발전 결과와 서로 일치하는지의 여부는 전적으로
점서자의 경험과 지혜에 달려 있으며, 설시(揲蓍)는 점서라는 형식과
그 조작 과정과는 아무런 관계가 없다.

점서가 최고 통치자들에게 애용되고 자주 사용되는 이유는 또 다른
기능, 즉 "믿음의 공고화[固信]"가 있기 때문이다. 점술은 신비한 색으
로 칠해졌기 때문에 점술의 결론은 당연히 신령의 지시로 여겨진다.
이와 같이 통치자의 중대한 결정이 이루어진 후에 다시 신령들의 인
정을 받을 수 있다면 의심할 여지 없이 더 큰 권위를 갖게 될 것이며,
함께하는 사람들은 집행 과정에서 성공할 것이라는 확신에 차 있게

될 것이다.

점서가 하나의 예측 수단으로서 그리고 그것이 의사결정에서 적극적인 역할을 하는 것은 분명히 점서라는 형식이 아니라, 『주역』 64개의 괘상이 내포하고 있는 각종 사물에 관한 보편적인 법칙과 괘사·효사가 드러내는 전형적인 예설(例說)의 계시 작용이다. 따라서 『주역』의 의사결정기능과 예측작용을 효과적으로 발휘하는 가장 좋은 방식은 견강부회나 미신적인 색채가 가득한 점서를 『주역』의 추리 체계에서 떼어내어 버리고, 관련된 괘상과 그 괘사·효사를 직접 인용하여 실제 상황과 유사한 규칙적인 것을 연역해야 하며, 사고 문제와 규범을 실천 요구로 삼아야 한다.

복서(卜筮)에 관한 가장 빠른 기록인 『상서(尙書)·홍범(洪範)』에도 거북점과 시초점을 치는 것에 대한 내용이 있다. 또한 "당신에게 큰 의문이 있으면 우선 당신의 마음에 물어보고, 관리들에게 물어보고, 백성들에게 물어보고, 거북점과 시초점에게 물어보라. 그래서 당신이 따르고 거북이 따르고 시초가 따르며 관리들이 따르고 백성들이 따르면, 이것을 일러 대동(大同)이라고 한다"[31]라고 하여 이미 점(占)의 신비한 예지력보다 주관적인 작용을 더 중시하는 경향을 보이고 있다.

---

31) 『尙書』, 「洪範」, "汝則有大疑, 謀及乃心, 謀及卿士, 謀及庶人, 謀及卜筮. 汝則從, 龜從, 筮從, 卿士從, 庶民從, 是之謂大同."

참고문헌

『周易』,『周禮』,『論語』,『孟子』,『左傳』,『國語』,
『荀子』,『老子』,『春秋左傳』,『四庫全書總目提要』

高懷民, 정병석 역,『周易哲學의 理解』, 文藝出版社, 1995,
廖名春·康學偉·梁韋弦, 심경호 역,『주역철학사』, 예문서원, 1994.
신성수,『주역통해 : 주역원리의 현대적 이해』, 대학서림, 2005.
유호군, 임채우 역,『주역과 술수역학』, 동과서, 2014.
임채우 역,『주역 왕필주』, 도서출판 길, 2013.
장병석,『점에서 철학으로: 점서역의 해체와 주역의 철학적 해석의 길』, 동과서,
    2014.
주백곤(朱伯崑),『易學哲學史』中冊, 北京大學出版社, 1988.
_____, 김학권 외 역,『역학철학사 I, II, III, IV』, 소명출판, 2012.
진래(陳來) 저, 이종란 외 역,『주희의 절학』, 예문서원, 2013.
카린 라이(Karyn L. Lai), 심의용 옮김,『케임브리지 중국철학 입문』, 유유, 2018
한국주역학회,『주역과 과학사상』, 한국주역학회, 1993.

김동현, "黃宗羲의『易學象數論』에 관한 연구", 동국대학교 박사학위논문, 2018.
신명종, "『주역』점서법과 현대적 함의에 관한 연구", 성균관대학교 박사학위논문,
    2017.
신영대, "『주역』의 應用易學 연구:象數易의 術數文化現象을 중심으로", 부산
    대학교 박사학위논문, 2012.
신정원, "『周易』의 科學含意에 관한 연구", 동국대학교 박사학위논문, 2018.
안명순, "周易占의 起源과 占法에 관한 硏究", 원광대학교 박사학위논문, 2016.
안주현, "先秦時代의『周易』學에 관한 연구", 동국대학교 석사학위논문, 2017.
천승민, "帛書『易傳』象數易學에 관한 연구", 동국대학교 박사학위논문, 2018.
최영준, "『周易』과 四柱命理의 運命觀에 관한 比較 硏究", 경기대학교 석사학위논문,
    2015.

권일찬, 「주역점의 원리와 과학성」, 『한국정신과학학회』 제12집, 2000.

문재곤, 「한대역학연구-괘기역학의 전개를 중심으로」, 『동양철학연구』 제11집, 1990.

임채우, 「주역의 卦序 문제에 관한 일고찰-王弼本과 帛書本의 비교를 중심으로」, 『연세철학』 통권3호, 1991.

정병석, 「『周易』과 역상」, 『유교사상문화연구』 제32집, 2008.

_____, 「『周易』 象 모형을 통해 본 세계와 인간 : 「설괘전」의 팔괘취상설과 건곤부모육자설의 관점을 중심으로」, 『대한철학회논문집』 제108집, 2008.

인도의 전환, 그리고 우리 인도학의 전환

박 수 영

인도의 전환, 그리고 우리 인도학의 전환
- 인도에 대한 편견의 기원 -

박수영

Ⅰ. 인도의 대전환, "Rising Again"

1991년 이후 개혁·개방 정책을 시행하였지만, 성과가 지지부진하던 인도는 2014년 모디(Narendra Modi) 총리 취임 이후 조세·토지·노동의 3대 개혁과 2016년 전격적으로 시행된 화폐개혁 등 각종 개혁정책과 모디노믹스(Modinomics)라 부르는 경제개발정책을 통하여 중국을 대체할 새로운 신흥경제국(emerging country)으로 부상하고 있다. 한때 해외원조를 받기 위하여 가난과 영혼을 수출한다고 자조하던 인도가 이제는 "인도에서 만들어라"(Make in India)라는 구호 아래 그동안 약점으로 지적받던 제조업에도 드라이브를 걸기 시작하여 최근에는 구매력평가지수(PPP) 기준 GDP가 이미 그들의 과거 식민지배국인 영국 등을 추월하여 세계 3위권의 경제대국으로 부상하였다.

영국 일간지 더 타임스(The Times)의 주말판인 선데이 타임스(The Sunday Times)가 2019년 5월 12일 발표한 영국의 1,000대 부호 순위1)에 따르면 인도 출신인 힌두자 그룹(Hinduja Group)의 스리와 고삐 힌두자 형제(Sri and Gopi Hinduja)가 1위를 차지한 것으로 알려졌다.2) 그리고 역시 2위도 부동산 재벌인 인도 출신의 데이비드와 사이먼 루번 형제(David and Simon Reuben)였다. 이미 2008년에는 리만 브라더스(Lehman Brothers Holdings Inc.)에서 시작된 세계금융위기 당시 영국 전통의 명차 재규어와 랜드로버(Jaguar Land Rover Limited)를 인도 최대 재벌인 타타 그룹(Tata Group)이 대주주인 포드 자동차부터 인수한 바 있으며,3) 최근에는 타타와 더불어 인도의 양대 재벌 중의 하나인 릴라이언스 그룹(Reliance Group)이 1760년 창립되어 세계 최고(最古)의 역사를 자랑하는 영국의 장난감 유통업체 해믈리스(Hamleys)를 전액 현금으로 인수하여 화제가 된 바 있다.4)

이상에서 언급한 몇몇 사례들은 아직도 우리 일부에서 갖고 있는

---

1) 선데이 타임스는 매년 이맘때 부동산, 주식, 예술품 등을 근거로 영국의 1,000대 부호를 선정해 순위를 발표한다. 영국 국적자뿐 아니라 영국에서 장기간 거주하며 고정적인 사업을 하는 외국인도 순위에 올린다. 영국 부호 명단에 외국 출신이 많은 이유는 1799년부터 시행 중인 '송금주의 과세제'라는 독특한 세제(稅制) 때문이다. 런던이 해외 자본가들을 대거 끌어들여 금융 중심지가 된 원동력이다. 8-10위도 올리가르히(олигарх)라고 불리는 러시아 출신 신흥 사업가들이다.

2) 힌두자그룹은 1914년 인도 뭄바이에서 설립돼 인도-이란 간 무역업으로 시작하여 현재는 전 세계에 부동산·금융·석유·IT·미디어를 망라하는 다양한 사업을 벌이고 있다. 힌두자 가문은 4형제가 경영을 맡고 있는데, 그중 스리와 고삐 두 사람이 영국 국적을 얻어 영국에서 활동하고 있다. 힌두자 가문은 인도에서도 부호를 많이 배출한 북서부 라자스탄주 마르와르 출신이다. 이 지역 출신 기업가로는 세계 최대 철강 회사 아르셀로 미탈을 이끄는 락슈미 미탈 회장, 인도 최대 전자상거래 기업 플립카트의 창업자 사친 반살 등이 있다. 이들은 투자 방식이 과감하고, 친족 공동체 안에서 자금을 조달하는 가족 경영의 특징이 있다.

3) 금융위기의 여파로 2011년 인도의 마힌드라 자동차가 우리나라의 쌍용차를 대주주인 중국의 상하이 자동차로부터 인수한 것도 잘 알려진 사실이다.

4) 릴라이언스 그룹이 기업가정신과 부의 향유를 상징한다면, 타타 그룹은 기업의 사회적 책임을 중시하는 특징을 보인다.

"가난한 나라 인도"에 대한 인식과 다소의 거리가 있는 것이 사실이다. 인도는 불과 몇 년 전만 해도 인구의 절반이 화장실 없는 집에 살고 있었으며, 아직도 1인당 GDP가 2천불이 채 안되는 나라이기 때문이다. 그러나 국가의 기준으로 보면 이야기가 달라진다. 비공식적이지만 (파키스탄과 중국을 겨냥한) 핵폭탄과 발사체(ICBM)를 가지고 있고, 명목 GDP로도 이미 미국, 중국, 일본, 독일에 이어 세계 5위권이며 구매력으로 환산한 PPP GDP로는 세계 3위의 경제대국이다.

그렇지만 사실 인도의 경제규모는 이미 1600년경에 명나라에 이어 세계 2위였으며, 1700년경에는 청나라를 제치고 세계 1위의 자리에 오른 바 있다. 무굴 제국의 최전성기인 아우랑제브(Aurangzeb, r.1659-1707) 당대에 인도의 인구와 GDP가 차지하는 비중은 세계의 4분의 1이었다. 그러나 제국주의 수탈의 결과로 독립 직후의 세계 GDP 비중은 4% 이하로까지 떨어진다(Maddison, 2003: 256-261). 이후 네루 가문이 지배하는 이른바 "허가의 제국(License Raj)" 하에서 "힌두 성장률(Hindu rate of growth)"로 불리는 저성장 계획경제로 인하여 가난에서 벗어나지 못하게 된다.

1979년 조심스럽게 제한적으로 외국인의 직접 투자(FDI)를 개방한 중국[5]보다 12년 늦은 1991년도에 개혁·개방 정책[6]을 실시한 인도는 인도 개혁의 아버지라 불리는 나라시마 라오(Narasimha Rao, r. 1991-1996), 만모한 싱(Manmohan Singh, r. 2004-2014)[7] 총리 등의

---

5) 사실 중국의 몰락과 재부상은 인도보다 더욱 극적이다. 청나라 강희-건륭의 최전성기 (康熙帝, 雍正帝, 乾隆帝)에 중국의 GDP 비중은 세계의 3분의 1 수준이었지만 문화혁명기(1966-1977)에 세계의 2% 이하로까지 떨어진다. 개혁개방 이후 이른바 골디락스 경제를 구가하여, 2024년의 명목 GDP는 약 18.5조 달러에 도달할 예정이며, PPP로는 이미 2014년에 미국을 추월하였다. cf. NBS (National Bureau of Statistics of China) 홈페이지 참고. http://www.stats.gov.cn/english.
6) 라오 총리의 1991년도 신경제정책의 핵심은 자유화(Liberalization), 민영화(Privatization), 세계화(Globalization)로 요약된다.

노력에도 불구하고 네루 정부의 강력한 유산8)인 관료주의와 민주주의의 영향으로 성과가 지지부진하였다. 그러나 2019년 및 2024년의 총선에서 압승을 거둔 바 있는 인도인민당(Bharatiya Janata Party, 이하 BJP)의 모디가 2014년도에 집권하면서 다른 양상을 보이게 된다. 그는 인도의 전통적 취약산업인 제조업에 강력한 드라이브를 걸기 시작하여 해외원조(ODA)가 아닌 해외의 직접 투자(FDI)를 본격적으로 유치하며 인도 경제의 근본적 체질을 개선하기 시작한다. 만약 현재의 성장률을 지속하여 인도가 조만간 현재의 중국 수준에 도달한다는 것을 예상한다면 미래에 미·중과 더불어 이른바 G3가 되는 것은 시간 문제로 밖에 안보인다. 더욱이 아프가니스탄, 파키스탄, 방글라데시, 그리고 일부 동남아지역(타이, 싱가포르, 인도네시아, 말레이시아)에 분포하는 인도문화권까지 감안한다면 인구가 20억에 이르는 이들 "대인도권"(Greater India)의 경제규모는 하나의 세계로 보아도 좋을 것이다.

인도를 비롯한 남아시아 경제가 제조업을 집중적으로 육성하면서 제조업이 중심인 우리나라와의 협력가능성이 높아지는 가운데, 몇년 전 고고도미사일방위체계(THAAD)를 둘러싼 중국과의 갈등은 우리에게 몇 가지를 시사한다. 첫째는 특정 경제권에 과도하게 의존할 경우에 발생할 수 있는 정치·경제적 취약성이고, 둘째는 다른 지역과의 갈등을 사전에 방지하거나 또는 사후에 해결하는데 도움을 줄 지역 전

---

7) 네루 이후 주요 총리들과 그 재직기간은 다음과 같다. Jawaharlal Nehru (1947-1964), Indira Gandhi (1966-1977, 1980-1984), Rajiv Gandhi (1984-1989), Narasimha Rao (1991-1996), Atal Bihari Vajpayee (1996, 1998-2004), Manmohan Singh (2004-2014), Narendra Modi (2014-2019)

8) 네루의 유산은 합리주의, 비동맹 외교정책, 경제적 사회주의, 정치적 민주주의, 종교적 세속주의 등으로 요약된다. 긍정적 측면이 많지만 경제의 실패 때문에 젊은 세대들에게는 부정적 이미지가 강하며, 그것이 반영된 것이 2019년 총선에서 BJP의 압승이다. 네루의 유산을 상속한 인도국민회의(Indian National Congress, 이하 INC)는 군소정당으로 전락하여 재기가 불가능할 정도로 몰락했다.

문가의 필요성이다. 중국경제에의 과도한 의도로 몸살을 앓고 있는 우리에게 급부상하는 인도는 중국비중을 낮춰 정치적 돌발변수에 대응할 수 있다는 장점과 더불어 그 자체로서 또 하나의 거대한 시장인 "대인도"라는 새로운 파트너를 얻을 수 있는 좋은 기회가 될 것이다. 그러므로 전략적 관점에서 지역학으로서의 인도학에 대한 투자와 폭넓은 연구가 요청되는 상황이다.

그러나 우리의 인도(철)학은 아직 불교와 깊은 관련이 있으며, 지나치게 고대의 철학에 경도되어 있는 것으로 보인다. 그마저도 일본의 학문적 성과에 기생하는 것이 현실이다. 그리고 그것은 독일의 오리엔탈리즘에 근원이 있다. 제국주의 시대에 영국, 프랑스와 달리 실제의 식민지를 갖지 못했던 독일이 (고대) 인도학이라는 학문의 세계에 구축한 가상의 식민지는 일본을 통하여 우리에게 아직도 깊은 영향을 주고 있다. 즉 실제의 인도가 아닌, 영국인과 프랑스인이 구해온 산스끄리뜨 고문서에만 의존하여 빠리와 옥스포드의 도서관에서 발생한 독일의 인도학 전통은 태생적으로 현실과 유리되어 왔으며, 우리의 인도학도 이러한 방법론적 전통에서 크게 벗어나지 않은 것으로 보인다. 그러나 우리의 인도학이 우리의 현실에 뿌리를 내리고자 한다면, 근대 국민국가 독일이 탄생하는 과정에서 "낭만적 정체성 추구(romantic quest for identity)"라는 정치적 목적 하에 슐레겔(A. W. von Schlegel) 등에 의하여 탄생하고, 이후 올덴베르크(Hermann Oldenberg, 1854-1920) 등이 강화한, 더 나아가 나치 독일의 국가사회주의라는 특수한 상황에서 프라우발르너(Erich Frauwallner, 1898-1974), 티이메(Paul Thieme, 1905-2001) 등 나치 부역자들이 완성한 산스끄리뜨 문헌학(philology) 위주의 인도학 전통을 현대의 인도, 그리고 우리의 관점과 현실에서 재해석하여야 한다.

칸트의 유명한 경구9)에 비유하자면 문헌학(philology) 없는 철학(philosophy)은 공허하고, 철학 없는 문헌학은 맹목이다. 문헌학의 근거가 "그때 거기"(illic et tunc)라면 철학의 토대는 "지금 여기"(hic et nunc)가 되어야 한다. 그러나 더 크게 보면, 그 둘의 컨텍스트가 역사이며, 모든 역사는 우리의 현재적 관점에서 재해석되어야 한다. 이하의 글에서는 현실과 유리된 문헌학 위주의 독일 인도학 전통을 일별·재검토하면서, 인도가 정치·경제적으로 대전환하는 현 시점에 우리 인도학도 함께 전환되어 철학과 지역학, 고대와 근현대인도에 균형있게 접근해야할 필요성을 생각해보고자 한다.

II. 두 개의 오리엔탈리즘

사이드(Edward Said)의 『오리엔탈리즘(Orientalism)』(1979)은 유럽의 오리엔탈리즘을 이해할 수 있는 이론적 프레임웍을 최초로 제시한 문제작이지만, 주된 식민 지배국인 영국과 프랑스, 더 나아가 미국의 오리엔탈리즘에 국한된 연구의 결과였다. 그렇지만 서양의 식민 지배에 도움을 주거나, 또는 수반되는 지식의 생산이라는 측면에서 오리엔탈리즘을 분석한다면, 특히 서양이 인식하는 오리엔트에서 매우 큰 비중을 차지하는 인도에 제한한다면 독일의 기여는 영국, 프랑스를 포함하는 나머지 세계를 압도한다. 폴락(Pollock, 1993: 82)에 따르면 "19세기에서 20세기 전반에 걸쳐 독일의 인도학에 대한 투자와 지식의 생산량은 나머지 유럽과 미국을 합한 규모를 능가한다."10) 슐레겔

---

9) "내용 없는 사상은 공허하고 개념 없는 직관은 맹목이다"
10) 독일인들 스스로 "[수도인] 본은 라인강의 바라나시이고, 독일은 베다의 두 번째 고

(A. W. von Schlegel)[11])이 1818년에 본대학에서 독일 최초의 산스끄리뜨 문헌학 교수가 된 이래,[12]) 19세기에 이미 22개의 대학 교수직이 만들어졌으며, 리즈 데이비스(Rhys Davids)에 따르면 1903년에는 47개의 교수직(전임은 26명)이 만들어진다.[13]) 이는 실제로 인도를 지배하는 식민지배의 본산 영국의 4석(1903년, 19세기는 3석)에 비하여 압도적인 숫자이다.[14]) 그 결과 독일의 인도학은 나머지 세계에 매우 큰 영향을 미쳤으며, 우리가 알고 있는 미국의 인도학자들 상당수가 독일 또는 오스트리아 출신들이다.[15]) 여기에서 우리는 독일 오리엔탈리즘의 전형인 독일 인도학의 특징을 검토할 필요성을 발견하게 된다.[16])

향(Bonn—Benares on the Rhine, [⋯] Germany—the Second Home of the Vedas)"이라고 인식할 정도였다. cf. Lütt, 1987: 391.

11) III장에서 다루는 Friedrich Schlegel의 친형이다.

12) 이어서 1821년에는 Franz Bopp이 베를린대학의 교수가 된다.

13) Lanman에 따르면 1883년 현재 독일제국의 20개 대학 중 19개 대학에서 산스끄리뜨어를 가르쳤다(Lanman, 1884: iii).

14) Dusche, 2011: 7; Marchand, 2001: 465; Pollock, 1993: 81; 118, n.5

15) 원로학자인 UCLA의 Hartmut Scharfe, Harvard의 Michael Witzel, Pennsylvania의 Wilhelm Halbfass, 최근의 Alexander von Rospatt 등이 독일 출신이며, 미국 인도학의 태두인 William Whitney도 독일에서 공부하였다. 특히 Scharfe, Witzel 은 나치 부역자 Paul Thieme의 제자이다.

16) 우리의 인도학은 아직 불교 및 고대의 인도철학과 깊은 관련이 있으며, 그 마저도 일본의 학문적 성과에 기생하는 것이 현실이다. "사실 일본 불교학은 한국 근대불교학 탄생의 비밀을 지닌 요람이자 젖줄과 같은 역할을 해왔다. 그러나 종종 우리는 이러한 명백한 사실을 망각하거나 거부하려 한다. 우리의 근대불교학은 일본불교학에 어떤 의미에서든 종속되어 왔으며, 그 틀 안에서 성장했던 것이다"(박창환, 2013: 38). 제2차 대전 당시 일본은 같은 추축국(Axis Powers)인 독일과 전폭적 기술·문화 교류를 하였으며, 그 결과 중 하나가 일제 식민사학의 모태인 랑케의 실증주의 사학이라는 것은 잘 알려진 사실이다. 일제 식민 지배의 영향으로 우리는 독일이 세계에서 차지하는 비중에 비하여 독일에 과도하게 경도됐던 경험이 있다. 예를 들어 90년대까지 독일어는 우리나라에서 가장 대표적인 제2외국어였으며, 우리가 부르는 '독일'이라는 국명 자체도 일본식이다. 그 결과 독일의 인도학은 일본을 통한 간접수입이건, 아니면 직접수입이건 간에 우리의 인도학에 지금도 많은 영향을 주고 있다.

cf) 우리는 최근에 우리나라와 새로 교류하는 나라들의 국명을 대부분 영어식으로 표현한다. 그러나 근대화 초기에 중국과 일본을 통하여 그 존재를 알게 된 나라들, 이른

독일의 오리엔탈리즘에 대한 심층적 분석과 다양한 논쟁은 컬럼비아대학교 교수 폴락(Sheldon Pollock)의 논문 "깊은 오리엔탈리즘(Deep Orientalism)"(1993)에서 처음 출발한다. 그는 초기의 인도학을 구성하는 핵심 요소를 영국 식민주의(British colonialism), 기독교 복음주의(Christian evangelism), 독일 낭만주의-비센샤프트(German romanticism-Wissenschaft)[17]의 세 가지로 분류한다. 식민주의와 선교활동은 복합적으로 이루어졌는데, 예를 들어 최초의 산스끄리뜨어 문법서는 17-18세기에 독일과 오스트리아 선교사들이 만들었고, 초기의 산스끄리뜨어 필사본은 대부분 프랑스 선교사들이 수집하였으며, 편집과 출판은 벵갈에서 영국 침례교도들에 의해 이루어졌다. 앞의 두 가지 요소는 영국, 프랑스, 독일 등에 공통된 특징으로서 사이드에 의해 충분히 다루어졌지만 제3의 요소인 "독일 정체성의 낭만적 추구(German romantic quest for identity)" 및 그것의 실현 수단으로서의 "비센샤프트"에 주목한 것은 폴락의 연구가 최초이다(Pollock, 1993: 80).

그는 영국, 프랑스와 달리 실제 식민지 지배 경험이 거의 없는 독일의 오리엔탈리즘이 겨냥한 것은 오리엔트가 아니라 유럽과 독일 자신이라고 주장한다. 영국, 프랑스의 오리엔탈리즘이 향한 벡터가 오리엔트의 식민지였다면, 근대 국민국가의 성립이 지체된 19세기 초 독일 오리엔탈리즘의 벡터는 내부를 향하면서 국가의 정체성 확립에 큰 기여를 하고, 20세기 전반기에는 다른 유럽 국가를 지배하려는 정치

바 열강들의 경우 중국과 일본이 자국어 발음을 고려하여 한자로 표기한 것을 그대로 사용하고, 단지 발음만 우리식으로 하는 경우가 대부분이다. 그중 하나가 독일이라는 나라이다. 영어로 "Germany", 자국어로 "Deutschland"로 표기하는 그 나라를 우리는 독일이라고 부르는데, 도이칠란트의 앞부분 도이치를 음사한 "ドイツ"를 일본식 발음에 맞추어 "獨逸"이라고 표기한 데에서 기원한 것으로 알려져 있다.
17) "Wissenschaft"는 일반적으로 "과학"으로 번역하지만 여기서는 일반적인 의미의 과학이 아니라 독일 오리엔탈리스트들이 독일인들 고유의 능력이라고 말하는 과학을 의미하므로 번역하지 않고 발음 그대로 표기하고자 한다.

이데올로기의 생성에서 중대한 역할을 하게 된다. 기본적으로 영국, 프랑스, 독일의 오리엔탈리즘은 세계를 "우월한 자와 열등한 자(betters and lessers)"로 양분하고, 전자에 의한 후자의 지배를 정당화한다는 점에서 공통점이 있다. 그런데 영국, 프랑스와 달리 독일의 관심은 오리엔트가 아닌 독일 내부의 문제에 집중된다. 즉 유럽에서의 독일의 운명과 위치를 모색하던 당시 시대 분위기에서 독일의 인도학은 영국에서는 없었던 새로운 역할을 부여받게 된다(Pollock, 1993: 77-83).

뤼트(Jürgen Lütt)의 연구에 따르면 서양의 동양에 대한 태도는 크게 두 가지로 구분된다. 첫째는, 낭만적 태도(Romantic attitude)인데 일반적으로 근대적 역사 발전을 부정적으로 보는 입장으로서 역사를 쇠퇴와 퇴보의 과정으로 바라본다. 둘째는 공리주의적 태도(utilitarian attitude)로서 일반적으로 근대를 낙관적으로 보며, 역사를 불완전에서 완전으로 향하는 발전의 과정으로 이해한다.18) 전반적으로 독일의 오리엔탈리스트들이 낭만적 입장이며, 영국과 프랑스의 경우 후자의 입장이다. 인도에 국한하자면, 영국의 인도학자들이 근대 인도의 사회·문화적 후진성에 집중하면서 영국의 지배에 의한 인도의 근대화를 합리화했다면, 독일의 인도학자들은 고대 인도를 낭만적, 긍정적으로 바라보는 경향을 보인다. 그리고 영국의 학자들이 식민당국이 인도를 근대화하는 과정에서 직면한 문제들, 즉 살아있는 과부의 화형(sati), 과부의 재혼, 힌두와 무슬림의 대립 등의 당대의 문제를 다뤘다면, 독일의 학자들은 이런 실제적 문제들에 대하여 거의 관심을 보이지 않는다.19)

---

18) cf. Lütt, 1998: 60 (Dusche, 2011: 6-7에서 재인용).
19) 공리주의자 J. S. Mill의 아버지이며 *The History of British India* (1817)의 저자로 유명한 James Mill(1773-1836)은 1819년에 영국 동인도회사(East India Company)에 들어간 이후 17년 동안 회사의 정책에 큰 영향을 미치는데, 그는 인도를 미신, 브라흐마니즘 등 각종 사회적 압제에 시달리는 후진적 사회로 묘사하며,

　　이러한 태도의 차이는 우선 당대의 인도에 대한 접근성의 차이에서 비롯되지만, 더욱 결정적 이유는 중부 유럽에서 프로이센을 중심으로 신흥국(emerging country)으로 부상하는 독일의 역사발전 단계와 깊은 관련이 있다. 당시 독일의 국가적 관심은 오리엔트의 지배에 있지 않고, (독일어를 사용하는 사람들에게) 독일이라는 국가 개념에 대한 신뢰와 정합성을 주는 데 있었다. 독일의 정체성이 확보되어야 다른 유럽 강대국들과 대등하게 경쟁할 수 있기 때문이다. 흥미로운 것은 독일의 부상을 정당화하기 위하여 다른 유럽을 깎아 내리는 이데올로기의 창출 과정에서 슐레겔 등 초기의 오리엔탈리스트들이 결정적 기여를 했다는 것이다.[20]

　　독일 오리엔탈리스트들의 관점에서 유럽 문명은 종교개혁과 프랑스 혁명이 유발한 (종교적·정치적) 분열 때문에 쇠퇴하고 있었다. 반면에 고대 인도는 근대 유럽이 잃어버린, (사실은 독일 낭만주의자들이 추구하던) 신성한 계시의 원형을 보존하는 온전한 세계였다. 오리엔트(인도)에 대한 긍정적 태도는 인도학자들만의 것이 아닌 당대 독일의 국가적 시대정신이었고, 그 물리적 증거가 앞에서 언급한 영국과 프랑스를 압도하는 인도학 관련 교수직의 숫자이다.

영국의 식민지배를 정당화한다. 이는 사이드가 그리는 오리엔탈리스트의 전형적 모습이다. 영국 공리주의자들의 영향을 받아 인도를 정체된 사회로 보는 독일의 헤겔과 마르크스도 오리엔트는 오직 '아시아적 생산 양식(Asiatic mode of production)'을 통해서만 세계의 자본주의 경제체제에 참여할 수 있다고 보았다. cf. Dusche, 2011: 8-9.
20) 독일이라는 자아(Self)의 통합과 존중을 위해 비하하는 타자(Other)는 시대에 따라 터키, 프랑스, 유태인, 이슬람으로 변화한다. cf. Dusche, 2011: 5.

III. 전도된 오리엔탈리즘(Inverse Orientalism)

본 챕터에서는 근대 국민국가 "독일 정체성의 낭만적 추구(German romantic quest for identity)"를 위하여 "내부를 겨냥한(directed inward)" 오리엔탈리즘 초기의 방향성을 결정한 독일 최초의 인도학자 슐레겔(Friedrich Schlegel, 1772-1829)의 사례를 통하여 독일 인도학의 특징을 알아보고자 한다.

근대 초기 유럽 오리엔탈리즘의 주된 대상국은 모차르트의 "터키행진곡(Alla Turca)"(1783), 터키 할렘의 궁녀를 묘사한 앵그르(Jean Auguste Dominique Ingres, 1780~1867)의 "오달리스크(Grand Odalisque)"(1814) 등이 보여주는 것처럼 터키(turquerie) 또는 중국(chinoiserie)이었다. 당시 오리엔탈리즘의 주류는 이국풍(exoticism)에 대한 상류층의 관심을 반영하는 문화적 현상이었다. 그런데 맥도널(Arthur Macdonell)이 "르네상스 이래 최대의 발견"[21]이라고 언급한 바 있는 18세기 후반 고대 인도 산스끄리뜨 문헌의 발견은 유럽, 특히 독일에서 이전과는 다른 형태의 오리엔탈리즘을 탄생시킨다.

독일의 신성로마제국 영토 안에서 신교도와 구교도간에 벌어진 30년간의 종교전쟁(1618-1648)은 독일을 초토화시킨다. 인구의 절반이 죽고, 게르만 세계의 중심은 상대적으로 피해가 적은 동부로 이동하며 프로이센이 부상한다. 허울뿐인 제국 신성로마제국의 독일어권은 수백 개의 크고 작은 왕국, 대공국, 공국, 후국 등으로 분열되어 전통적인 유럽의 강대국 프랑스의 조종을 받는데, 나폴레옹의 라인동맹(Rheinbund) 결성(1806-1815)과 신성로마제국 해체(1806)로 그 절정을

---

21) "르네상스 이후, 18세기 후반에 있었던 산스끄리뜨 문헌의 발견만큼 중대한 세계문화사적 사건은 없었다"(Macdonell, 1900: 1).

맞게 된다. 프로이센과 오스트리아를 제외한 대부분의 독일제국(諸國)
이 프랑스의 괴뢰국으로 전락했지만, 시민혁명을 전파하는 나폴레옹
에게 베토벤은 영웅교향곡(Eroica Op. 55, 1803)을 헌정하려 했고, 헤
겔은 자신이 강사생활을 하던 예나를 침공(1806)한 나폴레옹을 말 위
의 세계정신(Weltgeist)이라고 찬양하였다. 그러나 피히테(Johann
Gottlieb Fichte)는 나폴레옹 점령 하의 독일국민에게 애국적 강연
(Reden an die deutsche Nation, 1808)을 하며 독일인들의 각성을 촉구
한다. 이 시기를 전후하여 독일의 낭만주의 운동은 프랑스를 겨냥하
면서 독일의 국가적 정체성을 모색하는 방향으로 전개되는데 그 전선
의 선두에 인도학이 서게 된다. 우리는 그 전형적 모습을 독일 최초의
인도학자인 슐레겔 형제에게서 발견할 수 있다.

독일 낭만파의 창시자 중 한 명인 동생 슐레겔(Friedrich Schlegel)
이 페르시아어를 배우러 1802년 빠리에 도착한다.22) 근대 초기 메트
로폴리스의 위용을 과시하는 빠리의 경관에 압도되어 "우주의 수도
(capital of the Universe)"23)라고까지 찬양한 그는 당시 빠리 교도소에
수감 중이던 스코틀랜드 해군장교 해밀턴(Alexander Hamilton, 1762-
1824)24)에게 산스끄리뜨어를 배우게 되는데,25) 1년 만에 산스끄리뜨

---

22) 당시 유럽인에게 페르시아어는 산스끄리뜨어보다 중요한 언어였다. 터키의 오토만
(Ottoman), 이란의 사파비드(Safavid), 인도의 무굴(Mughal) 등 이른바 3대 "화약
의 제국(Gunpowder Empires)" 중 2개 제국의 공식 언어가 페르시아어이다. cf. Schwab,
1984: 68.
23) "프랑스 기행(Reise nach Frankreich)" (KFSA VII 56-79, Duche, 2011: 1에서
재인용).
24) 미국 건국의 아버지(Founding Fathers of the United States) 중 한 명인 같은
이름의 미국 정치가 Alexander Hamilton(1755-1804)의 사촌 동생인 해밀턴은
동인도회사에서 해군장교로 복무하며 William Jones의 아시아협회에서도 활동했다.
해밀턴은 인도에서 영국으로 귀국하지 않고 프랑스 국립도서관(Bibliothèque
nationale de France)의 산스끄리뜨 필사본을 수집하러 프랑스로 갔지만 영불전쟁
(1803) 중에 스파이로 오인받아 잠시 감옥에 수감된다. 빠리에서 그는 슐레겔,
Jean-Louis Burnouf (Eugène Burnouf의 아버지)에게 산스끄리뜨어를 가르쳤으
며, 1806년에는 옥스퍼드대학교(Hertford College)에서 유럽 최초의 산스끄리뜨어

어를 터득한 그는 일체의 사회적 교류 없이 국립도서관(Bibliothèque Nationale)에서 산스끄리뜨 필사본만 연구한다. 그는 빠리를 환상, 예술, 사랑, 종교가 없는 도시라고 불평하며, 그 원인이 프랑스의 국민성에 기인하는 것이 아니라 전체적인 유럽의 타락과 퇴보 탓이라고 말한다. 슐레겔의 근대 프랑스에 대한 혐오와 무관심은 곧 고대 인도에 대한 관심으로 진도되는데, 특이한 것은 인도의 현대에 대해서는 일체 무관심했다는 것이다(Tzoref-Ashkenazi, 2006: 725).

전체적으로 아직 농업사회인 독일을 상기하면서 슐레겔은 "[빠리] 사람들은 [중세기의] 언덕과 성곽에서의 삶을 포기하고 계곡과 대로 주변에 살며 생경한 삶의 방식과 돈을 탐욕스럽게 추구한다"26)고 말하며 빠리의 근대적, 자본주의적 도시생활에 대한 혐오를 드러낸다. 특히 그는 언덕 위 성곽에서의 중세기적 생활방식을 높은 도덕성을 갖는 행복한 삶이었다고 회상하며 낭만적 이미지를 투사한다. 그리고 고대의 인도에서 퇴보하기 이전 유럽의 본모습을 발견한다. 빠리에서 쾰른으로 돌아오기 직전(1804)에 형에게 보내는 편지에서 나폴레옹에 대한 적대감과 카톨릭에 대한 공감을 언급한 슐레겔은 곧 그의 유태인 아내 도로테아(Dorothea)와 함께 카톨릭으로 개종(1808)하고, 2년 후에는 오스트리아의 반동적 메테르니히(Clemens von Metternich) 내각에 참여한다. 젊은 시절 무신론자이며 급진적 공화주의자였던 슐레겔의 계몽주의에서 보수주의로의 반동적 전향은 당시 프로이센을 중심으로 독일의 정체성을 다소 광적으로 추구하던 분위기와 직결된다. 그는 더 나아가 게르만 세계와 고대 인도를 직접 연결하는 시도를 모색한

교수로 임용된다. cf. Davies, 1998: 67.
25) "인도학이 학문으로 발전하는 과정에서 가장 결정적인 순간은 18세기 초 빠리에서 슐레겔과 해밀턴의 만남이다"(Rocher, 1968, Pollock, 1993: 80에서 재인용).
26) KFSA VII 56-79 (Duche, 2011: 2에서 재인용).

다(Tzoref-Ashkenazi, 2007: 727).

슐레겔에 따르면 (독일을 제외한) 서양 문명은 고전 그리스 이후 계속 퇴보하고 있으며, 그 결과 (특히 프랑스의) 근대에 이르러서는 이성의 독재, 과학과 진보의 숭배, 신앙의 단절로 이어졌다. 오직 오리엔트(인도)만이 세계를 전일적으로 완전하게 이해하고 있으며, 인도만이 서양을 치료할 수 있다. 그는 산스끄리뜨어와 페르시아어가 라틴어, 그리스어, 독일어와 혈연관계이며, 가장 오래된 언어인 산스끄리뜨어가 모든 인도-유럽어의 모어라고 가정한다. 인류의 역사를 지속적 퇴보로 상정한 그에게 산스끄리트어는 퇴보 이전 태고의 계시에 가장 가까운 신성한 언어였다. 그리스-로마의 계보를 잇는 서양 문명의 적자인 유럽 최강국이자 라인동맹의 보호자인 프랑스에 대한 열등감과 혐오감은 슐레겔에게 다른 대체 계보를 찾고자 하는 시도로 연결되는데 그것이 고대 인도였던 것이다.27)

슐레겔은 인도를 모든 문명의 발상지로 가정한다. 모든 문명의 기원이 고대 인도에 있다는 것을 증명할 수 있다면 그리스-로마 문명과 그 계승자인 프랑스는 일개 지역 문명으로 전락하게 된다. 반대로 고대 인도와 게르만의 직접적 연계를 증명한다면 독일은 세계 문명의 적자가 되는 것이다(Thiesse, 2001: 23ff.). 이를 위해 그는 그리스-로마 문명에 대한 관심을 반영하는 프랑스의 고전주의 운동을 회피하면서 낭만주의 운동을 전개한다. 그는 그리스-로마인들이 야만인(barbarian)이라고 불렀던 게르만인들이 그리스-로마보다 더 오래되고 발달된 문명인 고대 인도에서 유래한 자유인들이라고 주장한다. 슐레겔에게 독

---

27) 이런 시도는 슐레겔 이전에 이미 라이프니츠(Gottfried Wilhelm Leibniz, 1646-1716)가 한 바 있다. 그는 독일어가 그리스어보다 더 오래된 고대의 언어와 연결된다고 주장한다. 그러나 그의 주장은 프랑스어가 독일어를 압도하는 당시 독일의 상황을 반증하는 것이기도 하다. cf. Benes, 2004: 118; Hutton, 1995: xiii, xiv.

일어는 산스끄리뜨어와 직접적 연계가 있는 계시의 언어지만 프랑스
어는 라틴어, 로망스어, 켈틱어, 게르만어가 뒤섞인 타락한 언어였다.
이제 슐레겔의 인도학 연구에 의해 독일은 더 오래된 문명의 계승자
로서 프랑스의 보호(tutelage)에서 해방될 수 있는 길을 닦게 되었다.

슐레겔은 그리스의 고전연구에서 출발한 이탈리아의 르네상스가
성경의 해석에 인간이 개입하게 하여 종교개혁을 유발하였으며, 이것
이 이상적 중세사회를 균열시켰다고 평가한다. 그리고 분열된 유럽을
통합하기 위하여 고대 인도의 산스끄리뜨 텍스트를 연구하는 이른바
"오리엔탈 르네상스"를 역설하였지만, 실제는 독일의 국가적 정체성
과 비전의 구축이라는 정치적 목적을 위하여 인도를 이용한 것이다
(Tzoref- Ashkenazi, 2007: 718). 칸트와 헤르더에게 남아있던 정치적
계몽사상은 카톨릭으로 개종한 슐레겔에게서 사라졌고, 이제 독일의
(프랑스로부터의) 해방이라는 공동체의 자유를 위해 개인의 자유는 희생
되어도 좋나는 선체주의적 메시지를 던지게 된다. 독일 낭만주의의
이상사회는 모든 구성원을 유기적으로 통합하였고, 모든 구성원은 충
돌이나 마찰 없는 유기적 전체의 일부가 되었다(Kohn, 1950: 445). 더
나아가 그의 산스끄리뜨어 연구를 결산한『인도의 언어와 지혜에 대하
여(Ueber die Sprache und Weisheit der Indier)』(1808)에서는 서양
(Occident)[28]에 대항하는 동양(Orient)과 북유럽의 연맹을 결성하자는
(나치를 연상시키는) 정치적 주장하기까지 한다(Oesterle, 1989: 10).

슐레겔의 인도학은 독일의 뒤쳐진 근대화와 정체성에 대한 열망,
그리고 프랑스에 대한 열등감을 고대 인도에 투사한 "전도된 오리엔
탈리즘(inverse Orientalism)"[29]으로서 독일 인도학의 잘못된 방향성을

---

28) 슐레겔이 말하는 서양은 독일을 제외한 서유럽과 남유럽을 말한다.
29) cf. Dusche, 2011: 6.

결정지었다. 그에게 오리엔트는 서양의 지배 대상인 열등한 세계가 아니라 서양을 원래의 모습으로 복원해줄 수 있는 고대의 정신을 보존한 우월한 세계였고 그 오리엔트의 적자가 바로 독일이었다. 슐레겔은 영국, 프랑스의 오리엔탈리스트들과 다른 국가적, 정치적 목적에서 인도 텍스트들을 연구한 것이었고, 이제 "그의 연구는 독일의 국가주의라는 컨텍스트에서 재검토되어야 할 것이다"(Tzoref-Ashkenazi, 2007: 732).

IV. 오리엔탈리즘에서 게르마니즘으로

폴락이 지적한 독일 인도학의 주요 특징 중 하나는 독일인들 고유의 능력이라고 그들이 자부하는 비센샤프트이다. 19세기 초에 슐레겔이 "정체성의 낭만적 추구"라는 독일 인도학의 방향성을 결정한 이래 독일의 국력은 괄목할 만큼 성장하여 19세기 후반에는 유럽 최강국의 지위에 오르게 된다. 슐레겔이 목도한 바와 같이 독일의 신성로마제국, 이른바 제1제국은 나폴레옹에 의해 치욕스럽게 해체되고 라인동맹이라는 오합지졸들의 괴뢰집단으로 전락했지만, 제2제국(Deutsches Reich, 1871- 1918)은 프랑스를 함락시키고 그 심장부인 베르사이유에서 출범한다. 그리고 같은 시기에 독일의 인도학도 국가적 지원하에 비약적으로 성장하여 상기에서 언급한 바와 같이 영국과 프랑스를 압도하게 된다.[30] 한편 인도학 관련 교수직이라는 양적 성장과 더불어 인도학의 방법론도 치밀하게 발전하는데 그것이 바로 비센샤프트이다.

---

30) 훔볼트(Alexander von Humboldt, 1769-1859)의 독일 교육개혁(1810) 이전에 독일에서 고전문헌학을 한다는 것은 "굶어죽는 지름길"(Gottfried Heyne)이었다. cf. Marchand, 2001: 466-467.

비센샤프트는 볼프 및 라흐만의 문헌비평(text-criticism of Wolf and Lachmann), 뵈크의 문헌학(philology of Böckh), 랑케의 역사기술학(historiography of Ranke) 등 19세기의 독일 인문학 전반에서 발견되는 일반적 방법론이다. 그러나 인도학에서의 비센샤프트는 근본적으로 비합리적 성격을 내포한 낭만주의에 유사-신비주의적 독일주의(quasi- mystical nativism)가 침투한 것으로서, 동생 슐레겔뿐만 아니라 독일 최초의 산스끄리뜨어 교수인 형 슐레겔, 최초로 산스끄리뜨어와 유럽어의 혈족관계를 체계적으로 증명한 봅(Franz Bopp)에게서도 이미 발견된다. 그들이 말하는 비센샤프트의 주요 특징은 "가치중립적 객관성"과 독일인 고유의 능력이라는 것이다(Pollock, 1993: 84). 가장 유명한 나치 부역자 중 한명인 프라우발르너(Erich Frauwallner, 1898-1974)가 1944년에 말한 "엄밀한 의미에서 비센샤프트는 오직 북유럽인들(nordic Indo- Germans)31)만이 할 수 있다. […] 마찬가지로 인도 철학과 유럽 철학의 과학적 성격에 관한 합의된 관점에서 보면 과학적 방법으로 세계를 설명하는 시도로서의 철학은 아리안 정신(Aryan mind)의 전형적 창조물이라는 결론을 내릴 수 있다"32)는 그 대표적 사례일 것이다.

그러나 프라우발르너의 언급은 이미 19세기부터 시작한다. 처음에는 영국, 프랑스처럼 당대의 인도를 깎아 내렸지만,33) 점차 유럽의 경쟁자 영국, 프랑스를 깎아 내리기 시작한다. 프랑스에 의한 제1제국의 붕괴를 목도한 슐레겔과 달리 점령지 빠리에서 출범한 제2제국을

---

31) 슐레겔처럼 프라우발르너도 그레코-로망을 계승한 라틴 세계를 북유럽의 게르만 세계와 구분하여 말한다는 것이 흥미롭다.
32) Pollock, 1993: 93-94에서 재인용.
33) 철학자 헤겔은 인도가 "영적 과잉(spiritual excess)" 때문에 역사를 전개할 능력이 없다고 말한다(Adluri, 2011: 6). 인도학자 골드슈튀커(Goldstücker, 1864: 73-74)의 인도 사회의 무지와 무능력, 점진적 타락에 대한 언급은 더 노골적이다.

감격스럽게 바라본 올덴베르크(Hermann Oldenberg, 1854-1920)[34]는 다음과 같이 말한다.

1784년 캘커타에서 동인도회사의 판사와 관리들이 아시아 협회(Asiatic Society of Bengal)를 조직한 이래 인도 고대에 대한 과학인 산스끄리뜨 연구는 이제 어언 백년이 되었다. […] 영국인들이 그 일을 시작했지만, 곧 그것은 다른 나라 사람들의 차지가 되었다. 시간이 지나면서 그것은 상형문자 또는 설형문자의 연구처럼 독일 과학(deutschen Wissenschaft)의 일이 되었다.[35]

이어서 그는 "콜브룩(Henry Thomas Colebrooke, 1765-1837)[36]이 아직 절정의 능력을 과시하지만, 인도에 대한 연구는 이제 그 어떤 나라보다 엄격하고 확고한 비센샤프트의 기반위에서 연구할 수 있는 나라[독일]에서 피어나기 시작했다"(Oldenberg, 1886: 390)고 말하며 영국의 학문적 수준에 대한 불신을 드러낸다. 더 나아가 "영국인이 만든 산스끄리뜨어 사전은 인도 빤디뜨(pandit)들의 어깨 위에서 만들어졌지만, 엄밀한 문헌학적 방법론의 폭과 깊이에 있어서 이것과 비교 불가능한 사전이 독일 연구자들에 의해 만들어졌다"(Oldenberg, 1886:

---

34) 올덴베르크는 막스 뮐러(Max Müller)가 편집하고 옥스퍼드대 출판부(OUP)에서 출간한 50권의 기념비적 대작 "Sacred Books of the East" 시리즈의 편집·영역에도 참여한 바 있다. 리즈 데이비스와 함께 Theravada Vinaya, 막스 뮐러와 함께 Grihya- sutra를 번역하였다. 시리즈 전체를 다양한 인터넷 사이트에서 다운로드 받을 수 있다. cf. https://www.holybooks.com
35) Oldenberg, 1886: 386.
36) 콜브룩은 영국의 동양학자, 수학자로서 "유럽 최초의 위대한 산스끄리뜨 학자"(Royal Society of Edinburgh, 2006: 194)로 평가받는다. William Jones(1746-1794)가 1784년 캘커타에서 설립한 아시아협회(Asiatic Society of Bengal)의 회장을 역임한 적이 있으며, 1823년에는 이 조직을 더욱 확대해 영국 본토에 왕립 아시아협회(Royal Asiatic Society)를 설립한다. cf. Anthony, 2010: 6.

402)고 말한다.

올덴베르크에 따르면 비센샤프트의 임무는 "과거의 문명을 무덤에서 소환해 그것에 생명을 주는 것"(Oldenberg, 1906: 1516)이다. 그러나 그가 보기에 "대부분의 영국인들, 그리고 영국인들 옆에서 조수로서 함께 일하는 인도인들은 전체적으로 독일의 기준(nach deutschem Zuschnitt)에는 인도학자가 아니다"(Oldenberg, 1906: 1517-1518), 그러므로 "인도학에는 문헌학 및 역사적 방법론으로 성취할 수 있는 열매가 있지만, 그것은 영국인과 인도인들 손에 닿을 수 있는 열매가 아니다"(Oldenberg, 1906: 1518). 그러나 올덴베르크는 영국에 대한 우월감과 동시에 열등감도 표출한다.

> 우리 문헌학자들, 특히 독일의 문헌학자들 대다수는 인도를 전혀 본적이 없다. 우리에게는 로마나 아테네에 가는 것만큼 쉽게 바라나시에 갈 수 없는 명백한 이유가 있다.37) 그러므로 우리 모두는 우리가 보는 그림에서 삶의 궁극적 활력이 빠져나가는, 그리고 우리가 인도 하늘의 구름길이 되고자 하는 노력들이 결국 연구실의 수증기처럼 사라질 위험성에 노출되어 있다.38)

그렇지만 올덴베르크는 이러한 열등감과 태생적 한계를 극복할 방

---

37) 인도에 대한 직접 경험 여부와 관련된 흥미로운 에피소드가 있다. 1860년 옥스퍼드의 제1대 보든 석좌교수(Boden Professor of Sanskrit)인 윌슨(Horace Hayman Wilson, 1786-1860)이 죽자, 졸업생들로 구성된 약 3700명의 선거인단이 2대 보든 교수를 선출하게 되는데, 인도에 대한 태도, 종교적 성향, 학문의 방향 등 여러 면에서 서로 대비되는 두 후보(Monier Monier-Williams vs Max Müller)의 선거 공약이 1857년에 발생한 세포이 반란(Indian Mutiny)의 사후 대책과 관련되며 당시 영국 사회 전체를 뜨겁게 달구는 사건이 발생한다. 결국 국제적 평판과 학문적 커리어의 열세에도 불구하고 모니어-윌리암스가 승리하게 되는데, 뮐러의 패배 이유 중 하나가 루터파, 독일인이라는 것과 더불어 인도에 대한 직접경험이 없다는 것이었다. cf. Beckerlegge, 1997: 188.
38) Oldenberg, 1906: 1518.

법을 바로 찾아낸다. 그는 다음과 같이 말한다.

> 우리가 현재의 인도에 대하여 직접 경험할 수 없을지라도, 우리는 인
> 도의 과거에 대해서는 (현재보다) 더 큰 확실성을 가지고 볼 수 있다.
> […] 우리는 인도의 행정에 참여할 필요가 없지만 인류의 역사가 담긴
> 고대 인도의 문서들을 해석할 수 있다. 우리는 그 나라에서 살며 숨 쉬
> 는 영국 동료들보다 (현대의) 힌두를 모른다. 그러나 우리에게는 영국
> 인들보다 고대 인도의 아리안을 더 잘 알 수 있는 가능성이 주어져 있
> 다.39)

올덴베르크는 고대의 산스끄리뜨 문헌에만 의존하는 순수한 언어
학적 연구를 한다면 영국인들보다 이점이 있다고 본다. 독일의 인도학
이 영국의 인도학을 능가할 수 있는 근거로써 올덴베르크(Oldenberg
1889: 386)는 슐레겔을 연상시키는 고대 인도아리안과 현대 독일인과
의 인종적 동질성이라는 검증 불가능한 비과학적 이유를 제시한 것이
다. 그러나 비센샤프트가 독일인 고유의 능력이라는 주장은 올덴베르
크가 처음이 아니다. 이미 1837년에 에발트(Heinrich Ewald)가 동일
한 주장을 한 바 있으며,40) 더 놀라운 것은 현대까지 지속된다는 것이
다. 프라우발너가 산스끄리뜨어 사전을 만드는 데서 보여준 두 독
일인, 즉 뵈엘링크(Otto von Böhtlingk, 1815-1904)와 로트(Rudolf von
Roth, 1821-1895)의 독일적 능력을 칭송한 바 있으며,41) 최근(2003)에
는 오스트리아의 인도학자 발터 슬라예(Walter Slaje, 1954년생)가 유사

39) Oldenberg, 1906: 1518
40) 에발트의 인용문은 Adluri, 2011: 25 참고.
41) Monier-Williams의 산스끄리뜨어 사전도 Böhtlingk와 Roth가 만든 Sanskrit
　　Wörterbuch (전7권, Saint Petersburg, 1853-1895)를 바탕으로 만든 것이다.
　　cf. 산스끄리뜨-영어 사전의 역사에 대해서는 Bloomfield, 1900: 323-327 참고.
　　상기 Frauwallner의 언급은 Adluri, 2011: 26-27 참고

한 주장을 한 바 있다.[42]

여기서 우리가 주목해야할 것은 비센샤프트가 독일인 고유의 능력이며 동시에 가치중립적이라는 주장은 그들의 말과 달리 결코 가치중립적일 수 없다는 것이다. 비센샤프트가 "가치중립적 학문활동(value-free scholarship)"이라는 주장은 과거 관변 어용사학을 통해 우리에게도 친숙한 것이지만,[43] 그 기원지인 독일에서는 인도학을 넘어 근현대 독일 인문학 전반의 현상이었다. 그리고 그것은 가장 첨예한 정치적 순간에 작동된다. 1918년 제1차 대전의 패배와 더불어 독일 제2제정을 붕괴시킨 11월 혁명(Die deutsche Revolution, 獨逸革命) 당시, 막스 베버(Max Weber, 1864-1920)는 "직업으로서의 과학(Wissenschaft als Beruf)"(1919)이라는 강연을 통해 학생들에게 정치적 활동을 하지 말고 "사실만 정립할 것"을 요구한다.

흥미로운 것은 베버가 역설한 비센샤프트의 "가치중립적 객관성"의 (역설적이게도) "가치"가 가장 부각된 분야가 나치 독일 당시의 인도학이라는 것이다. "전쟁과 혁명의 순간에 학문적 활동의 탈컨텍스트화(decontextualization)와 탈역사화(dehistoricization), 그리고 객관화를 역설한 비센샤프트의 가치중립성이 인도학을 포함하는 학문의 역사상 가장 정치적으로 왜곡된 형태로 나타난 것이다"(Pollock, 1993: 84). 태생부터 당대 인도의 현실에서 유리되고, "전적으로 고대 인도의 언어와 문헌에만 몰입한 독일의 인도학은 처음부터 낭만적 인종주의의 경향에 전도되었고, 1930년대 나치독일에서는 프라우발르너

---

42) 상세한 내용은 Adluri, 2011: 14, 16-17, 22 참고.
43) 랑케(Leopold von Ranke)의 역사기술학은 일제 강점기 관변 어용사학의 일반적 조류인 실증사학의 근간이 된다. 와세대(早稻田)대학의 이케우치(池內), 요시다(吉田東伍), 쓰다(津田左右吉), 조선사편수회의 이마니시(今西龍) 등에게서 실증사학을 배운 이병도(李丙燾 1896~1989)를 통하여 한때 우리나라 사학의 주류를 형성하였으며 아직도 강력한 영향력을 미치고 있다.

(Erich Frauwallner), 티이메(Paul Thieme, 1905-2001) 등 수많은□인도
학자들이 나치의 아리안 인종이론의 형성에 기여하게 된다"(Marchand
2010: 489).[44]

V. 우리 인도학의 전환

사전적 정의에 따르면 지역학(地域學)은 "일정한 지역의 지리나 역
사, 문화 따위를 종합적으로 연구하는 학문"이다. 그런데 특이하게도
인도학(Indology)의 경우 또 하나의 중요 오리엔탈로지인 중국학
(Sinology) 등과 달리 고대에서 현대에 이르는 인도의 지리, 역사 등을
"종합적으로 다루지 않고" 고대 인도의 언어학과 철학에 과도하게 집
중되어 있다는 것을 발견할 수 있다. 스탈(Frits Staal, 1930-2012)이
"언어와 철학에 대한 과도한 몰입"[45]을 인도 문명의 주요 특징으로
언급한 바 있지만, 현대 서구의 인도학도 똑같이 고대 인도의 언어와
철학에 과도하게 몰입하는 경향을 보이며, 폴락 등의 연구에 따르면
그 기원은 현대 인도학에 압도적 영향을 미친 독일의 인도학에 있다.

2세기 전 슐레겔 등 독일의 낭만주의적 오리엔탈리스트들이 산업화,
도시화, 세속화라는 근대성(Modernity)에 등을 돌리고 고대 인도의 문
헌에서 발견한 "오리엔탈 르네상스"는 중부 유럽에서 신흥국으로 부
상하는 근대 민족국가 독일의 정체성 확립에 큰 역할을 담당한다. 신흥
민족주의 세력에게 고대 인도의 발견은 프랑스의 패권을 부수는 아이

---

44) 폴락에 따르면 당시 약 25명의 인도학 교수들이 나치당에 가입하여 적극적 정치 활
동을 한다(Pollock, 1993: 94).
45) "한편으로는 언어, 다른 한편으로는 철학에 대한 과도한 몰입이 인도문명의 한 특징
으로 간주될 수 있다"(Staal, 1969: 463).

디어를 제공한다. 그레코-로망 유산의 상속자이며 유럽의 패자인 프
랑스에 대하여 그리스보다 더 오랜 고대 문명의 상속자임을 입증하면
독일은 프랑스를 뛰어넘는 세계 문명의 적자라는 정체성이 확보되는
것이다.

"오랜 것일수록 더 정확하다(the older the more authentic)"
(Pollock, 2008: 541)는 인도학계의 오래된 편견이 상징하는 것처럼, 오
리엔트의 문명은 점점 퇴보하여 마침내 스스로는 재기할 수 없을 정
도로 활력을 잃어버렸다. 여기에서 두 개의 오리엔탈리즘이 분기한
다. 오리엔트를 식민지로 수탈하는 영국과 프랑스의 전형적 오리엔탈
리즘은 열등한 당대의 오리엔트를 "타자화(othering)"하며 근대 서양
의 지배를 합리화하는 방향으로 전개된다. 그러나 실제의 식민지를
갖지 못한 독일의 전도된 오리엔탈리즘은 독일 내부와 고대 인도를
향한다. 그리스보다 오래된 시원적 가치를 갖는 고대 인도는 근대 독
일에게 지배의 대상인 타자가 아니라 타락한 근대 유럽을 치유할 우
월한 문명으로 재발견되고 그 적자인 독일의 "자아(Self)"가 된다. 결
과적으로 신흥국 독일의 정체성 확립이라는 정치적 목적을 위한 국가
적 차원의 지원은 영국과 프랑스를 압도하는 인도학 교수의 숫자로
나타나게 된다.

슐레겔의 오리엔탈리즘은 올덴베르크에 이르러 전환점을 맞는다.
프랑스의 보호국(신성로마제국)에서 유럽의 최강자로 부상한 독일 제2
제국의 인도학자 올덴베르크는 인도 식민지배의 본산인 영국의 인도학
수준을 경멸하며 비센샤프트를 독일인 고유의 능력이라고 주장한다.
그러나 1차 대전의 패배로 인한 제2제국의 붕괴에 즈음하여 그들의
비센샤프트는 "가치중립적 학문활동"이라는 새로운 이데올로기를 만
들어낸다. 그 절정의 모습이 1930년대 나치독일에 대규모로 참여한

인도학자들이다. 그들은 자신들의 가치중립적 인도학 지식을 동원하여 아리안 인종의 신화를 만들어 히틀러를 돕는 유례없는 가치편향적 활동을 한다. 그러나 프라우발르너, 티이메 등 상당수의 저명한 인도학자들이 가치중립이라는 구호아래 나치에 부역했지만 전후 처벌을 받은 이는 거의 없다.46)

이제 우리는 독일의 특수한 역사적 상황에서 발생한 인도학을 그들의 역사적 컨텍스트에서 재검토하고 우리의 역사적 맥락에서 재해석해야 할 위치에 서있는 것으로 보인다. 우리는 독일 비센샤프트의 치밀한 방법론을 계승하되, 그들이 탈컨텍스트화(decontextualization), 탈역사화(dehistoricization)한 인도학을 현재 우리의 관점에서 다시 컨텍스트화, 역사화해야 한다. 현대 인도와 현대 한국의 컨텍스트에서 재해석되지 않는 공허한 진공(眞空) 속의 사색은 결국 독일 인도학의 아류에 지나지 않을 것이기 때문이다.

이와 더불어 앞으로 우리의 인도(철)학이 관심을 가져야 할 문제 두 가지를 제시하며 글을 마치고자 한다. 첫째, 우리의 인도학이 독일 인도학을 답습하여 고대의 문헌만 연구하면서 중세 후기와 근대 초기의 산스끄리뜨 텍스트는 연구대상에서 완전히 누락되었다는 것이다. 식민지 직전 근세 초기 약 2백년(1550-1750) 동안의 인도는 산스끄리뜨 지성사에서 가장 창조적인 시기 중 하나이지만(Pollock, 2002: 431),47) 서양과 일본의 기초 연구 없이는 산스끄리트 텍스트에 접근하지 못하는 우리학계에서 이 시기의 텍스트를 연구한 사례는 거의 없는 것으로 보인다.

---

46) 프라우발르너도 처벌을 받은 바 없으며, 티이메는 오히려 베다 등 인도사상사 연구에 기여한 공로를 인정받아 1988년에 같은 전범국인 일본의 이나모리(稻盛)재단에서 수여하는 교토상(京都賞)을 받는다.
47) 당시의 대표적 학자로서 Vijñānabhikṣu, Bhaṭṭoji Dīkṣita, (Bhaṭṭoji Dīkṣita의 조카인) Kauṇḍa Bhaṭṭa, Nāgoji Bhaṭṭa (Nāgeśa) 등이 있다.

둘째, 독일의 탈역사적 연구방법론의 영향을 받아 우리의 인도연구는 과도하게 고대의 문헌에 의존한다는 것이다. 대표적 사례로서 인도의 카스트 제도의 기원을 영국식민정부의 계층간 분할통치(divide & rule) 및 이를 인도인들의 뇌리에 각인시킨 대규모의 인구센서스(특히 1901년)가 아닌 「리그베다(Ṛgveda)」, 「마누스므리띠(Manusmṛti)」등 고대의 문헌에서만 찾는 것이야말로 "독일적" 또는 "인도철학적" 접근 방식의 한 전형을 보여준다.48) 이는 마치 현대 한국의 계층문제를 조선후기, 일제강점기, 6.25 한국동란기, 70년대 고도성장기 동안의 신분변동과 계층간 이동이 아닌 「삼국사기」에 기술된 고대 신라의 육두품 제도에서 찾는 것과 같다. 이제 우리의 인도학은 현실과 유리된 문헌학 위주의 독일 인도학 전통을 반성하면서, 철학과 지역학, 고대와 근현대 인도에 균형잡힌 접근을 해야 할 것으로 보인다.

---

48) Bayly, Washbrook 등의 선구적 연구를 소개하는 김경학(1998)의 논문이 있다.

참고문헌

김경학, 1998, "인도 카스트체계의 성격과 오리엔탈리즘의 영향", 『남아시아연구』, 3호, 인도연구소: 23-37.

박창환, 2013, "한국 부파·아비달마 불교학의 연구성과와 과제", 『결집, 한국불교학 40년: 그 연구성과와 과제』, 한국불교학회: 37-58.

Adluri, Vishwa P., 2011, "Pride and Prejudice: Orientalism and German Indology", *International Journal of Hindu Studies*, Springer.

Anthony, David, 2010, *The Horse, the Wheel, and Language: How Bronze-Age Riders from the Eurasian Steppes Shaped the Modern World*, NJ: Princeton University Press.

Beckerlegge, Gwilym, 1997, "Professor Friedrich Max Müller and the Missionary Cause", In: Wolfe, John (ed.). *Religion in Victorian Britain. V – Culture and Empire*, Manchester: Manchester University Press.

Benes, Tuska, 2004, "Comparative Linguistics as Ethnology", *Comparative Studies of South Asia, Africa and the Middle East* 24(2): 117-132.

Bloomfield, Maurice, 1900, "A Sanskrit-English Dictionary, Etymologically and Philologically Arranged with Special Reference to Cognate Indo-European Languages by Monier Monier-Williams; E. Leumann; C. Cappeller", *The American Journal of Philology* 21(3): 323–327.

Davies, Anna Morpurgo, 1998, *History of linguistics. Volume IV, Nineteenth-century linguistics*, London: Routledge.

Dusche, Micahel, 2011, "German Romantics Imagining India: Friedrich Schlegel in Paris and Roots of Ethnic Nationalism in Europe", http://www.goethezeitportal.de/fileadmin/PDF/kk/df/postkoloniale_studien/dusche _romantics_imagining_india.pdf. Accessed 30 May 2019.

Goldstücker, Theodore, 1864, "The Inspired Writings of Hinduism", *The Westminster Review* 159: 65-76.

Hutton, Chris (ed.), 1995, *History of Linguistics* (8 Volumes). London: Routledge / Thoemmes: (Vol. 1)

KFSA, *Kritische Friedrich Schlegel Ausgabe* Vol. I-XXXV. Edited by Behler, Ernst et al. (1958-1980). Paderborn: Schöningh.

Kohn, Hans, 1950, "Romanticism and the Rise of German Nationalism", *The Review of Politics* 12(4): 443-472.

Lanman, Charles Rockwell, 1884, *A Sanskrit Reader: With Vocabulary and Notes*. Boston: Ginn, Heath, & Company.

Macdonell, Arthur, 1900, A History of Sanskrit Literature, New York: D Appleton and Company.

Maddison, Angus, 2003, *Development Centre Studies The World Economy Historical Statistics: Historical Statistics*, OECD Publishing, ISBN 92-64-10414-3.

Marchand, Suzanne, 2001, "German Orientalism and the Decline of the West", *Proceedings of the American Philosophical Society* 145(4): 465-473.

Marchand, Suzanne, 2010, *German Orientalism in the Age of Empire: Religion, Race, and Scholarship*. Cambridge: Cambridge University Press.

Oldenberg, Hermann, 1886, "Über Sanskritforschung", *Deutsche Rundschau* 47: 386-409.

Oldenberg, Hermann, 1967 [1906], "Indische und klassische Philologie", In Hermann Oldenberg, Kleine Schriften (ed. Klaus L. Janert), 2: 1515-1523. Wiesbaden: Fritz Steiner Verlag.

Oesterle, Günter, 1989, "Friedrich Schlegel in Paris oder die romantische Gegenrevolution", In: Fink, Gonthier-Louis (ed.): *Les Romantiques allemands et la Révolution francaise - die deutsche Romantik und die französische Revolution. Strasbourg: Université des Sciences Humaines*,: 163-179. Republished 08/10/2005 at www.goethezeitportal.de (accessed 31/05/2019).

Pollock, Sheldon, 1993, "Deep Orientalism? Notes on Sanskrit and Power Beyond the Raj", In: Carol A. Breckenridge and Peter van der Veer, eds., *Orientalism and the Postcolonial Predicament: Perspectives* on *South Asia*, Philadelphia: University of Pennsylvania Press: 76-133.

Pollock, Sheldon, 2002, "Introduction: Working Papers on Sanskrit Knowledge Systems on the Eve of Colonialism", *Journal of Indian Philosophy* 30: 431-439.

Pollock, Sheldon, 2008, "Is There an Indian Intellectual History? Introduction to 'Theory and Method in Indian Intellectual History'", *Journal of Indian Philosophy* 36/5: 533-542.

Rocher, Rosane, 1968. *Alexander Hamilton 1762-1824: A Chapter in the Early History of Sanskrit Philology*. New Haven, CT: American Oriental Society.

Royal Society of Edinburgh, 2006, *Former Fellows of The Royal Society of Edinburgh 1783-2002: Biographical Index Part One*, Edinburgh: The Royal Society of Edinburgh.

Schwab, Raymond, 1984, *The Oriental Renaissance: Europe's Rediscovery of India and the East, 1680-1880* (translated by Gene Patterson-Black and Victor Reinking). New York: Columbia University Press.

Staal, J. F., 1969, "Sanskrit Philosophy of Language", In: *Current Trends in Linguistics*, Vol. V, eds. T. A. Sebeok et al., Mouton & Co., The Hague: 46-94.

Thiesse, Anne-Marie, 2001, *La création de identités nationals*. Europe XVIIIe siècle, Paris: Seuil.

Tzoref-Ashkenazi, Chen, 2006, "India and the Identity of Europe: The Case of Friedrich Schlegel", *Journal of the History of Ideas* 67(4): 713-734.

노자의 사회철학

이 명 권

노자의 사회철학

이 명 권 (동양철학자, 비교종교학자)

Ⅰ. 서론

노자는 춘추전국 시대의 혼란기에 살았던 인물로, 전통적으로 내려오던 주나라의 사회제도의 기초가 되었던 봉건제도를 비판하며 반대했다. 이는 공자가 주나라의 문화와 제도를 존중하고 무너진 주나라의 법도를 회복하고자 노력했던 것과는 사뭇 다르다. 이렇게 볼 때 노자는 공자를 중심으로 하는 유교적 질서의 사회철학과는 아주 다름을 알 수 있다. 유가(儒家)의 사상을 중시하는 철학자와 정치가들은 유교를 숭상하고 도가를 억압하는 '숭유억도(崇儒抑道)'의 경향을 보여 온 것이 사실이다. 이러한 사례가 구체화 된 것은 한(漢)나라 시기의 동중서(董仲舒)가 유가의 가치만 존중하는 "독존유술(獨尊儒術)"을 강화한 이후에 도가와 불가의 사회철학은 상대적으로 등한시 되었다.1)

노자가 '인(仁), 의(義)'를 중시한 유가철학을 비판적인 관점에서 기술한 바, "인을 끊고 의를 버리라"는 '절인기의(絶仁棄義)'에 대한 해석을 놓고 중국 내부에서도 학자들의 논란이 깊다. 양계초(梁啓超)나 풍우란(馮友蘭) 같은 학자는 노자의 이러한 관점이 공자 이후의 논점이라고 주장하고 있지만, 호적(胡適)이나 진고응(陳鼓應) 같은 학자는 이미 공자 이전의 『좌전(左傳)·소공(昭公)8년』에 "이로써 옛적에 인의(仁義)을 귀하게 여기고 용력(勇力)을 천하게 여겼다는 것을 알 것이다."2)는 구절에서 보듯이, 노자는 공자 이후에 횡행하는 '인의'의 문제를 비판한 것이 아니라, 그 이전에 이미 주나라로부터 지속 되어 온 '인의'에 기초한 사회질서의 폐단과 그 한계를 지적했다 것이다.3)

또한 『국어(國語)·주어(周語)』에서 "원한으로써 덕을 갚는 것은 어질지 못하다(以怨報德不仁)"는 표현이 있는 것도 같은 맥락이다. 뿐만 아니라 양계초가 지적하듯이 '왕후(王侯)'나 '왕공(王公)'이라는 표현을 노자가 사용한 것도 공자 이후의 유가적 사회 질서를 비판한 것으로 주장한 점에 대해서도 장후(張煦) 같은 학자가 반박하듯이, 노자 이전의 수백 년 전에 이미 『역경(易經)』에 '왕후' 개념이 등장한다고 비판하고 있다.4)

노자는 당시 사회가 현자를 숭상한 '상현(尙賢)'의 풍토나, 공자가 현자를 들어 쓰는 '거현(擧賢)'의 문제를 중시했던 것에 대해서도 비판적인 견지를 가졌다. 노자가 '현자를 숭상하지 말라'(노자 3장)는 '불상현(不尙賢)'을 거론한 이유도 유가적 전통이 지니는 외형적인 문제를 마찬가지 맥락에서 비판했다고 할 수 있다. 현자에게 정치를 맡기는

---

1) 陳鼓應, 『中國哲學創始者 老子新論』, (北京: 中華書局, 2015), p.17.
2) "是以知古之貴仁義而賤勇力也"
3) ibid., pp.18-20.
4) ibid., p.18. "不事王侯, 高尙其事"『易·蠱』.

'임현(任賢)'의 문제는 이미 공자 이전의 서주(西周) 초년에 『주서(周書)·
입정(立政)』에서 밝히고 있는 사상이다.

　　이처럼 노자는 당시의 유가적 전통과는 차별되는 나름대로의 사회
철학이 있었다. 그의 사상이 현대적 의미의 사회철학과는 분명히 다
르지만 유교적 사회질서와 어떻게 다르며 또한 현대적 사회질서와의
차별 속에서도 드러나는 노자의 독특한 사회철학이 무엇이고 그것이
오늘날 우리에게 줄 수 있는 교훈이 무엇인지를 살펴보고자 한다. 그
러기 위해 먼저 방법론적 차원에서 서양철학이 말하는 근 현대적 의
미에서의 '사회철학'이 무엇인지 고찰해 본 다음 노자 사회철학의 제
반 요소를 부분적으로나마 노자 본문에서 추출하여 비교적 관점에서
논의하고자 한다.

II. 서양철학이 말하는 사회철학의 구성 요소

　　근현대 서양 철학사에서 본 사회 철학의 구성 요소와 범주는 고대
동양사회의 사회 철학과 근본적으로 다르다. 근 현대 이후의 서양 철
학과 과학은 사회 철학에도 커다란 변화를 안겨 주었다. 동양에서도
예외는 아니지만, 사회 철학이라고 할 때의 '사회'라는 개념이 '사회
계약설' 등에서도 논의되는 바와 같이 서구의 근대적인 개념이기 때
문이다. 하지만 봉건제도를 중시하던 춘추전국 시대에 살던 노자의
경우도 '사회'는 개혁의 대상이었다. 이를 좀 더 비교적 시각에서 고
찰해 보기 위해 근 현대 서양에서 논의된 사회철학의 단면을 개괄해
보는 것도 중요한 접근법이 될 것이라고 생각한다. 사회철학이 다루
어야 할 핵심 범주와 내용은 사회적 정의, 자유와 권리, 평등, 권력,

사회 계약과 공동체, 문화적 다양성과 정체성 등의 문제와 깊이 관련
된다. 이를 차례로 살펴보면 다음과 같다.

1. 사회적 정의(正義)문제

사회적 정의를 실현하기 위해서 먼저 정의가 무엇인지 하는 것을
이해하고 공정한 분배와 절차가 어떤 것인지 탐구해야 한다.5) 분배의
정의를 위해서는 자원, 기회, 부, 권력의 공정한 분배 문제가 대두 된
다. 또한 사회적 정의를 실현하기 위해서는 절차적 정의도 구현되어야
한다. 이는 법적 절차와 제도의 공정성과 투명성이 확보 되어야 한다.
존 롤즈(John Rawls)는 『정의론(A Theory of Justice)』을 통해 "정의의
두 원칙"을 제안한다. 하나는 모든 사람이 기본적인 자유에 대해 평등
한 권리를 가져야 한다. 다른 하나는 사회적 및 경제적 불평등은 가장
불리한 사람들에게 최대한의 혜택을 주는 방식으로 정당화될 수 있어
야 하며, 모든 사람에게 기회 균등이 보장되어야 한다는 것이다. 롤스
는 '무지의 베일'(veil of ignorance)이라는 개념을 통해 사람들이 자신
의 지위와 상황을 모르는 상태에서 정의로운 사회를 설계할 수 있다고
주장했다. 한편 시카고 대학 교수 마사 누스바움(Martha Nussbaum)은
'능력 접근법'(Creating Capabilities: The Human Development Approach)
의 개념으로 사람들이 자신의 삶을 진정으로 살 수 있는 기회를 제공

---

5) 존 롤즈(John Rawls), 황경식 옮김, 『정의론 (A Theory of Justice)』, (서울: 이학
  사, 2003), pp.105-110. 저자는 "자유주의적 이론 체계에 사회주의적 요구를 통합
  했다"는 평가를 받는다. 그의 정의의 제1원칙은 "모든 사람은 평등한 기본적 자유와
  권리를 가져야 한다."는 것이고, 제2원칙은 "사회, 경제적 불평등은 최소 수혜자에게
  최대 이득이 되고, 공정한 기회 균등의 조건 아래 모든 사람들에게 개방된 직책과 지
  위가 결부되어야한다."는 것이다.

하는 데 중점을 둔다. 그녀는 인간의 삶에서 중요한 10가지 기본 능력을 제시하며, 이를 통해 사회가 개인의 존엄성과 인간적 잠재력을 최대한 발휘할 수 있는 환경을 조성해야 한다고 했다.[6]

2. 자유와 권리문제

먼저 자유의 개념에는 긍정적 자유와 부정적 자유가 있다. 이들의 차이를 밝혀야 한다. 참된 자유를 위해서 개인의 자유와 사회적 제약의 균형을 이해해야 한다.[7] 자유에는 인권이 중시 되면서 기본적인 인권의 정의와 그에 따른 보호가 필요하다. 인권에는 문화적 상대주의를 고려해야 하고, 권리의 문제에는 개인의 인권 외에도 시민권으로서 정치적 참여와 관련된 시민의 권리와 의무가 있다. 존 스튜어트 밀(John Stuart Mill)은 『자유론(On Liberty)』에서 개인의 자유가 사회의 발전과 행복에 필수적이라고 주장한다. 그는 개인의 자유를 보호하기 위해 국가와 사회의 간섭을 최소화해야 한다고 보았다. 밀은 '해악 원칙'(harm principle)을 제시하며, 개인의 행동이 다른 사람에게 해를 끼치지 않는 한, 그 행동은 제한되어서는 안 된다고 주장했다. 이는 개인의 자유와 사회적 책임 간의 균형을 강조한 중요한 사상이다.

---

6) 마사 C. 누스바움(Martha Nussbaum), 한상연 옮김, 『역량의 창조』(Creating Capabilities: The Human Development Approach), (파주: 돌베개, 2015), pp.44-52. 10가지 중요한 능력은 생명(정상 수명), 건강(영양 섭취와 운동), 신체의 온전성(이동의 자유), 감각적 상상력과 사고, 감정(감정발휘), 실천이성(계획과 결정), 소속(사회적 상호작용), 다른 종(種)과의 관계, 놀이, 환경 통제 능력(참정권, 재산권)이다.
7) 존 스튜어트 밀(John Stuart Mill), 서병훈 옮김, 『자유론(On Liberty)』, (서울: 책세상, 2018). pp.121-194. 밀은 다수의 횡포에 놓인 개별성의 중요성을 지적하면서, 개별성과 사회성의 조화를 꾀한다. 또한 사회가 제시한 일정한 방향 아래에서 자유가 향유되어야 한다는 것을 강조한다.

반면에 이사야 벌린(Isaiah Berlin)은 '자유의 두 개념(Two Concepts of Liberty)'을 통해 자유를 두 가지 개념으로 나눴다. '소극적 자유'(negative liberty)는 외부의 간섭 없이 개인이 자신의 선택을 할 수 있는 상태를 의미하며, '적극적 자유'(positive liberty)는 개인이 자신의 진정한 자아를 실현할 수 있는 능력과 기회를 의미한다. 벌린은 소극적 자유가 중요한 정치적 가치라고 보았으며, 과도한 적극적 자유의 추구가 전체주의적 결과를 초래할 수 있다고 경고했다.8) 한편 로버트 노직(Robert Nozick)은 『무정부, 국가, 유토피아(Anarchy, State, and Utopia)』를 통해 자유지상주의 관점에서 정의를 논한다. 그는 개인의 자유와 소유권을 강조하며, 국가의 역할을 최소화해야 한다고 주장한다. 노직은 소유권의 정당한 취득과 양도를 통해 불평등이 발생하더라도 이는 정당화될 수 있다고 본다.9) 이처럼 자유의 문제는 학자들마다 다양한 차이를 보인다.

3. 평등의 문제

평등에는 크게 두 가지가 있다. 하나는 '형식적 평등'으로서 법 앞의 평등과 기회의 평등이다. 또 하나는 '실질적 평등'으로서 경제적, 사회적 불평등을 해소하는 방안10), 그리고 평등한 교육과 의료의 혜택

---

8) 이사야 벌린(Isaiah Berlin), 박동천 옮김, 『이사야 벌린의 자유론』, (서울: 아카넷, 2014)에서 "자유의 두 개념"(적극적인 자유와 소극적인 자유)부분을 참조. 그는 '진리는 하나임'을 주장하는 일원론과 전체주의에 저항하며, 그러한 함정에 빠지지 않는 자유의 개념을 옹호한다.
9) Robert Nozick, *Anarchy, State, and Utopia* (New York: Basic Books, 1974); 로버트 노직, 남경희 옮김, 『아나키에서 유토피아로』, (서울: 문학과 지성사, 1997), p.11, 214, 337.
10) 아마르티아 센(Amartya Sen), 이상호 역, 『불평등의 재검토(Inequality Reexamined)』 (서울: 한울아카데미, 2008) 제2장에서 기능과 능력, 제5장에서 정의와 능력을 다루

등이 있다. 노벨경제학상을 수상한 인도 출신의 하버드대학교 명예교수 아마르티아 센(Amartya Sen)은 『불평등의 재검토(Inequality Reexamined)』라는 책을 통해 경제적 불평등을 평가하는 데 있어 단순한 소득 분배를 넘어, 개인의 자유와 기회에 대한 접근성을 고려해야 한다고 주장한다. 그는 '기능적 자유'(functional freedom)라는 개념을 통해, 사람들이 가치 있는 삶을 영위하는 데 필요한 자원을 가지는 것뿐만 아니라 실제로 그런 삶을 영위할 수 있는 '능력'도 중요하다고 강조한다.

4. 권력과 권위의 문제

여기에는 권력의 본질과 정당성 그리고 지배와 복종의 관계가 형성된다. 권력의 본질에는 권력의 정의와 권력의 다양한 형태(정치적, 경세석, 사회적)에 대한 이해를 내포한다. 권력의 정당성 문제는 권력이 정당화되는 조건과 이에 반하는 권력 남용의 문제가 있다. 지배와 복종의 관계에도 권위에 의한 합법적 지배와 저항의 정당성도 고려되어야 한다.

막스 베버(Max Weber)는 『경제와 사회(Economy and Society)』에서 권력을 '사회적 관계 속에서 자신의 의지를 타인의 반대에도 불구하고 관철시킬 수 있는 가능성'으로 정의했다. 그는 권위를 세 가지 유형으로 분류했다. 전통적 권위, 카리스마적 권위, 합리적-법적 권위다. 전통적 권위는 전통과 관습에 기반을 두고, 카리스마적 권위는 개인의 특출한 자질과 능력에 기반을 두며, 합리적-법적 권위는 법과 제

면서, '능력'의 문제를 중시하면서 과학적 경제학의 냉담함에서 윤리적 따뜻함의 결합을 강조한다. 그는 이 책에서 '주변부의 불평등'을 강화하는 '모든 평등'에 대해 비판한다.

도에 기반을 둔다. 베버는 현대 사회에서 합리적-법적 권위가 주로 중요하다고 보았다.11)

한편, 한나 아렌트(Hannah Arendt)는 『전체주의의 기원(The Origins of Totalitarianism)』에서 권력과 권위를 구분했다. 권력은 공동 행동의 능력으로, 사람들이 함께 행동할 때 발생하는 것이며, 권위는 전통과 신념에 의해 지지되는 합법적인 권위로 보았다. 그녀는 전체주의 체제에서 권위가 붕괴하고, 권력이 억압적인 형태로 변질된다고 분석했다.12)

이에 비해 미셸 푸코(Michel Foucault)는 『감시와 처벌(Discipline and Punish)』에서 권력을 억압적인 것으로만 보지 않고, 생산적인 측면도 있다고 주장했다. 그는 권력이 사회의 모든 곳에 퍼져 있으며, 특히 지식과 권력이 밀접하게 연결되어 있다고 보았다. 푸코는 감시와 규율이 현대 사회에서 권력의 중요한 수단이라고 분석했다.13)

피에르 부르디외(Pierre Bourdieu)는 『구별 짓기(Distinction: A Social Critique of the Judgement of Taste)』에서 권력이 단순히 정치적, 경제적 권력뿐만 아니라 문화적, 사회적 자본에서도 나타난다고

11) 볼프강 J. 몸젠, 미하엘 마이어 엮음, 박성환 옮김,『경제와 사회(Economy and Society)』, (파주: 나남출판사, 2009), pp.137-395. 이 책에서 막스 베버는 다양한 형식의 공동체(가정, 종족, 시장, 정치)들 가운데 나타나는 '경제 행위'의 형식을 사회학적인 인식의 틀을 제공하고 있다. 이는 기존의 마르크스주의 이론과 국민경제의 역사이론(각국의 고유한 역사적 맥락을 고려한 이론)과는 다르게 자신의 고유한 사회 경제의 이론을 제시한다.
12) 한나 아렌트, 박미애, 이진우 옮김, 『전체주의의 기원』1,2, (파주: 한길사, 2006). 한나 아렌트는 이 책(The Origins of Totalitarianism)에서 "전체주의는 가장 극단적인 형태의 정치 부정"이라고 했다. 그러한 '전체주의'는 여전히 오늘날도 도사리고 있다고 경고한다. 이는 진정한 의미의 정치가 사라지고 자유가 불가능해지는 상황을 말하는 것이다.
13) 미셸 푸코, 오생근 옮김, 『감시와 처벌(Discipline and Punish)』, (파주: 나남출판, 2020). 미셸 푸코는 이 책에서 근대정신과 사법부의 권력이 어떠한 상관관계가 있는 것인지를 밝힌다. 그러한 권력지배 효과는 소유에 의하지 않고 배열, 조작, 전술, 기술, 작용 등에 의해서 이루어진다. pp.59-66.

주장했다. 그는 다양한 형태의 자본(경제적, 문화적, 사회적 자본)을 통해 사회적 불평등이 재생산된다고 보았다. 그의 이론은 권력 관계가 어떻게 일상생활과 문화적 취향에 내재하는지를 설명한다.[14]

그런가 하면 안토니오 그람시(Antonio Gramsci)는 『옥중수고(Prison Notebooks)』에서 '헤게모니' 개념을 통해 권력의 작용 방식을 설명했다. 그는 권력이 단순히 물리적인 억압이나 경제적 강제에 의해서만 유지되는 것이 아니라, 문화적 '헤게모니'를 통해 지배 계층의 가치와 신념이 사회 전체에 퍼져 정당화된다고 보았다. 이는 지배 계층이 사회적 동의를 얻는 방식으로 작용한다는 것이다[15].

5. 사회계약과 공동체의 문제

사회계약 이론에는 개인과 국가 사이의 계약이 있고 그에 따른 국가 권력의 정당성이 확보 된다. 공동체주의 문제 또한 공동체와 개인의 관계, 공동체의 가치와 역할의 문제가 있다. 토머스 홉스(Thomas Hobbes)는 『리바이어던(Leviathan)』에서 자연 상태에서 인간이 "만인에 대한 만인의 투쟁" 속에 살며, 끊임없는 불안과 폭력에 시달린다고 보았다. 이를 피하기 위해 사람들은 스스로 권리를 포기하고 강력한

---

14) 피에르 부르디외, 최종철 옮김, (서울: 새물결, 2005). 이 책(La Distinction, 1979 년)에서 저자는 정치는 문화이며 문화는 정치일 수밖에 없다는 것이고, 문화만큼 계급에 따라 철저하게 차별적으로 나타나는 것도 없다고 한다.

15) 안토니오 그람시, 『옥중수고』1,2(Selections from the Prison Notebooks of Antonio Gramsci: Notes on Politics, 1920년), 이상훈 옮김, (서울: 거름, 1999). 그람시는 1921년에 이탈리아 공산당을 창건하여 무솔리니의 파시즘을 비판하다가 구속되어 46세의 일기로 감옥에서 죽음을 맞이한다. 그람시의 이론은 1980년대 한국 민중 운동의 이론적 근거가 되기도 했다. 그는 부르주와 사상이 영향력을 행사하는 곳에서는 프롤레타리아의 이데올로기 전쟁을 통해 도덕적 이상과 새로운 가치관을 형성해 나갈 것을 주장했다.

주권자(리바이어던)에게 복종하는 사회계약을 맺는다. 홉스는 이러한 절대적인 주권자가 질서와 안전을 보장한다고 주장했다.16)

존 로크(John Locke)는 『통치론(Two Treatises of Government)』에서 자연 상태를 홉스와 달리 보다 평화로운 상태로 보았다. 그러나 재산권과 자유를 보호하기 위해 사람들은 사회계약을 통해 정부를 설립한다. 로크는 정부의 주요 역할은 개인의 생명, 자유, 재산을 보호하는 것이며, 정부가 이 역할을 다하지 못하면 국민은 저항할 권리가 있다고 보았다.17)

한편 장 자크 루소(Jean-Jacques Rousseau)는 『사회계약론(The Social Contract)』에서 자연 상태에서 인간이 자유롭고 평등하다고 보았지만, 사회적 불평등이 발생하면서 자유와 평등이 침해된다고 주장했다. 그는 "일반 의지"(general will)에 기초한 사회계약을 통해 개인의 자유와 공공의 선을 조화시키는 공동체를 형성해야 한다고 보았다.18)

데이비드 흄(David Hume)은 『인간 본성론(A Treatise of Human

16) 토머스 홉스(Thomas Hobbes, 1588~1679)의 『리바이어던(Leviathan)』(Leviathan, or The Matter, Forme and Power of a Common-Wealth Ecclesiastical and Civil)은 영국 시민혁명기 정치사상가의 대표 저작으로, '교회 및 시민 공동체의 내용·형태·권력'이라는 부제가 붙어 있다. 토마스 홉스 , 최공웅, 최진원 옮김, (서울: 동서문화사, 2021). 저자는 불가침적인 자기 보존권에서 정치권력의 절대성을 끌어내어 종교도 정치권력에 종속시켰다.
17) 존 로크, 강정인, 문지영 옮김 『통치론(Two Treatises of Government)』,(파주: 까치, 2022). 영국 경험론의 대표적인 사상가 로크(1632-1704)는 이 책에서 '시민 정부의 참된 기원'에 대하여 논하면서, 국가의 형태와 권력 및 폭정 등을 논한다. 특히 저자는 인간의 자연 상태를 완전한 자유의 상태로 보면서, 방종의 상태와는 구별한다. 자연 상태는 평등한 상태로서 권력과 사법권은 상호적이다. 자연법의 위반을 막기 위해 누구나 필요한 만큼 그 법의 위반자를 처벌할 권리를 가진다.
18) 장 자크 루소, 김영욱 옮김, 『사회계약론(The Social Contract)』, (서울: 후마니타스, 2022). 루소(1712-1778)는 『불평등 기원론』의 저자로서 계몽주의 안의 반계몽주의자다. 그는 자연법 사상가로서 사회계약론에 대해 이렇게 표현한다. "공동의 힘을 다해 각 회합원의 인격과 재산을 지키고 보호하며, 각자가 모두와 결합함에도 오직 자기 자신에만 복종하기에 전만큼 자유로운 회합형식을 찾는 것. 바로 이것이 사회계약으로 해결하려고 하는 근본 문제다."

Nature)』에서 사회계약 이론에 대해 회의적이었다. 그는 정부의 정당성이 실제 계약이나 합의에서 비롯되지 않고, 오랜 시간 동안의 습관과 유용성에서 기인한다고 주장했다. 흄은 사회계약 이론이 역사적 사실이 아니라 철학적 가정에 불과하다고 비판했다.[19]

이러한 흄에게서 영향을 받은 임마누엘 칸트(Immanuel Kant)는 『법학의 형이상학적 기초』에서 사회계약을 윤리적 원칙의 근거로 삼아, 개인의 자유와 자율성을 존중하는 법적, 정치적 구조를 제안했다. 그는 사회계약이 도덕적 법칙을 실현하는 수단으로 보았다. 칸트는 인간의 존엄성과 자율성을 중시하며, 법과 정부는 이러한 원칙을 보장해야 한다고 주장했다.[20]

이상에서 언급한 5가지 범주의 사회철학 개념 외에도 문화와 정체성의 문제와 같은 범주가 있다. 문화의 정의는 문화적 다양성을 고려해야 하며, 문화적 상대주의를 전제해야 한다. 정체성의 문제는 개인의 사회적 정체성과 다문화주의의 문제를 염두에 두어야 한다. 이 같은 5-6 가지의 범주가 현대적 의미에서의 사회철학을 논하는 중요한 요소가 된다. 이러한 제반 요소가 과거의 춘추전국 시기의 노자나 공자의 사회철학과 비교한다는 것은 여러 가지 한계가 있다. 하지만 과거와 현대의 역사를 비교하는 것도 가능한 일이듯이 과거의 사회철학

---

19) 데이비드 흄, 김성숙 옮김, 『인간이란 무엇인가』, (서울: 동서문화사, 2016). 흄(David Hume), 1711-1769은 『인간 본성론(A Treatise of Human Nature)』에서 경험과 관찰을 통해 인성론(人性論)을 설명한다. 칸트는 흄을 평가하기를 "나를 이성이라는 독단의 잠에서 비로소 깨워주었다."

20) 임마누엘 칸트, 김주환 옮김, 『법학의 형이상학적 기초』(Metaphysische Anfangsgrunde der Rechtslehre), (서울: 솔과학, 2019) 칸트(I. Kant, 1724-1804)는 이성에서 도출되는 체계로서의 법형이상학을 주장했다. 그것은 순수한 자연법(Ius naturae) 체계지만 실천을 위한 경험적 사건에 적용하기 위한 체계로서, 실정법에 정당성을 부여하는 원리가 되고 보편적, 영구적 평화를 위한 것이었다. 그러나 그의 법철학은 여전히 실증주의적 사고와 형식적 정의론을 포함하여 프로이센 왕국의 영향아래에 있는 봉건주의의 잔재가 남아있는 보수적 법철학이라는 비판을 받기도 한다.

도 현대의 사회문제와 비교하면서 그 의의를 찾아보는 일도 의미 있는 일이다. 더구나 노자나 예수와 같은 성현들의 고전적 가치 기준은 여전히 울림을 주는 큰 효과가 있기 때문이다.

III. 노자 사회 철학으로서의 도와 덕

1. 노자의 사회적 이상(理想), 도(道)

1) 도 개념의 변천

서주(西周) 시기 춘추시대에 '도'라는 글자는 '목표(目標)'라는 뜻을 지니고 있었다. 이는 일종의 사회적 이상상태를 목표로 하는 개념이었다. 그 당시만 해도 도가 '궁극적이고 근본적'인 의미를 지닌 것은 아니었다.[21] 하지만 『노자』에서는 '도'의 개념을 사회적 이상상태로 받아들여서 그러한 '이상상태'를 '만물 혼연(混然)의 상태'로 보고 있다. 그것이 '원초적인 상태'이거나 '복귀(復歸)'의 상태이거나 상관없이 혼연 되어있는 상태다. 이러한 '혼연' 미분(未分)의 상태는 『노자』 1장에서 구체화 된다. 예컨대, 도는 '무(無)'와 '유(有)'의 관점에서 "무는 천지의 시작이며, 유는 만물의 어미다"라고 하여 '시(始)'와 '모(母)'로 표현된다.[22] '시·모(始·母)' 개념은 추상적이며 상징적 표현이다. 하지만 도가 드러나기 시작하는 현상에 대한 노자의 초기 표현이다.

이러한 '혼연 미분'의 상태는 『노자』 25장에서 더욱 분명히 나타난다. 본문에서 "천지가 생겨나기 전에 무엇인가 섞여서 이루어진 것이

---

21) 陳劍 譯注, 『老子譯注』, (上海: 上海古籍出版社, 2019), p.306.
22) "無名天地之始, 有名萬物之母"

있었다. 고요하고 텅 비어 홀로 서서 고침(변함)이 없고,23) 두루두루
행하지만 위태하지 않으니 가히 천하의 어머니라 할 수 있다."24)라고
할 때, 천지의 모태로서의 도의 모습은 천지가 존재하기 이전부터 있
어 왔고, "무엇인가 섞여서 이루어져 있었다(有物混成)."는 것이다. 이
때 "무엇인가 섞여서 있었다."는 것을 송(宋)나라의 내학자 임희일(林希
逸)은 '도'라고 했고, 이 '도'는 '무극이태극(無極而太極)'이라 했다.25)
이러한 도의 존재 방식은 누구의 간섭을 받는 상태도 아니며, 두루두
루 우주와 세계 속에 끊임없이 작용하고 있는 것으로 설명된다.

　이처럼 도는 노자에게서 만물 전개의 근원으로서 우주론적 개념이
있는가 하면, 천지와 만물의 근본을 뜻하기도 한다. 노자 본문 81장
전체가 '도'를 설명하고 있지만 '도'라는 글자가 나타나는 횟수는 총 73
회다. 도를 지칭하는 이 모든 내용 가운데 가장 우선시 되는 것이 도는
천지 만물의 '근본'이라는 점이다. 그러면서도 도 그 자체는 늘 보이
지 않는 형태로 이름을 가지지 않는 속성이 있다. 그리하여 『노자』 21
장에서는 도를 '잘 보이지 않고, 들리지 않고 붙잡히지 않는다'라는
뜻에서 '이(夷), 희(希), 미(微)'라는 용어로 대신 설명했다.26) 이처럼 도
에는 한 가지로 설명할 수 없는 다양한 의미가 있다. 그 가운데서도
후대로 갈수록 점차 '근본'의 의미를 공통적으로 지니게 되었다. 이러
한 도의 개념에 대하여 『노자』 25장에는 "억지로 글자를 지어 말하자
면 '도'이고(强字之曰道), 억지로 이름을 지어 말하자면 '크다(大)'(强爲之
名曰道)"라고 했다.

---

23) '고침이 없고'라는 원문의 '不改'는 죽간본(竹簡本)에는 '不亥'로 되어있다. '亥'는 『玉
　篇』에서 "亥, 依也"라고 하여, '도움이 필요 없는' 존재로 설명되고 있다. cf. 蘭喜幷,
　『老子解讀』, (北京: 中華書局, 2009), p.96.
24) "有物混成, 先天地生. 寂兮寥兮, 獨立而不改. 周行而不殆, 可以爲天地母."
25) 林希逸, 『老子鬳齋口義』, (上海: 華東師範大學出版社, 2009), p.27.
26) "視之不見, 名曰希, 聽之不聞名曰希, 搏之不得名曰微"

도의 큰 작용이 단순히 본체의 '근본'이라는 차원에서 머물지 않고 '도의 원리'가 인간에게 작용할 때 비로소 그 가치가 드러나는 법이다. 노자가 살던 춘추시대의 현실 사회에서 도가 행해지기 어려운 시대였다. 그리하여 노자는 본문에서 '큰 도가 폐해졌다(大道廢)'던가, '천하에 도가 있다(天下有道)'고 했던 표현은 도 그 자체는 눈에 보이지 않지만 '현상적'으로 드러나는 바가 있다는 것이다. 이렇게 '도가 무너졌다'거나 '도가 있다'라는 표현 속에는 노자가 바라보는 당시의 사회상을 설명해 주는 주요한 관점이 된다. 오직 도에 근거하여(唯道是依), 도를 좇아 사는(唯道是從) 모든 행위는 도의 작용으로 나타나는 것을 보게 된다.

2) 도의 작용

도의 '근본'은 인간 사회에서 어떻게 작용하는가? 인간이 도를 체득했을 때의 모습을 말해 주는 것이다. 도의 그 무궁한 기능과 작용을 몇 가지로 검토해 보겠다.

(1) 만물 생성의 작용

『노자』 42장에는 "도가 하나를 낳고, 하나는 둘을 낳고 둘은 셋을 낳고 셋은 만물을 낳는다."라는 표현이 있다. '도가 하나를 낳는다.'라고 하는 '생성(生成)'의 차원인 '도생일(道生一)'에 대하여 송(宋)나라 시기의 정치가이자 춘추시대부터 당나라까지 1400년간에 걸친 편년체 역사서인 『자치통감(資治通鑑)』을 저술한 역사학자 사마광(司馬光, 1019-1086)은 "스스로는 '무(無)'이지만 '유(有)'를 생성한다(自無而生有)"라고 풀이한다. 도를 '허(虛)'와 '무(無)'의 차원에서 이해한 것으로 본체의

'무'와 현상의 '유'라는 차원으로 풀이한 셈이다. 이로써 도는 노자가 2장에서 말한 '유무상생(有無相生)'의 차원을 '체(體)'와 용(用)'의 관점에서 다시 이해할 수 있게 된다. 사마광은 다시 '하나가 둘을 낳는다'라는 '일생이(一生二)'의 문제는 "음양의 분리(分陰分陽)"로 해석했다. 사마광은 유학(儒學)의 원리를 중시했기 때문일 것이다. 따라서 '둘이 셋을 낳는다'라는 '이생삼(二生三)'의 문제도 "음양이 교접하여 화(和)를 이룬다(陰陽交而生和)"로 풀이한다. 음양이 교접하여 만들어 내는 창생(創生)의 모습을 '화(和)'로 풀어내는 것이 독특하다.

　그는 노자의 본문도 '인의예지'를 중시했던 유교 사상의 철학적 바탕에서 사회의 안정과 평화적 질서를 강조했던 정치 철학적 사상에 입각한 해석이라고 볼 수 있을 것이다. 이러한 바탕에서 사마광은 '셋이 만물을 낳는다'라는 '삼생만물(三生萬物)'도 "화와 기가 합하여 만물을 생성한다(和氣合而生物)"로 풀이한다.27) 이는 음양의 교접으로 '화'가 발생한 이후 '화'는 다시 '기(氣)'와 합하여 만물이 생성된다는 뜻이다. 이때의 '화'는 다시 노자의 이어지는 본문에서 "만물이 음을 지고 양을 품으면서(萬物負陰而抱陽), 텅 빈 기로써 '화'를 이룬다(沖氣以爲和)"라는 표현을 통해 그 뜻이 더욱 분명해진다. 이렇게 볼 때, 노자의 도의 작용은 생생불식(生生不息)하는 무한한 생성의 작용이 있고, 그 생성의 작용은 '화기(和氣)'로 이루어지는 이상적 상태의 우주와 사회적 관계를 지향해 가는 과정과 방식으로 설명이 가능해진다.

　(2) '주인 행세를 하지 않는다. 나대지 않음(不爲主)'
　『노자』 34장은 도의 작용에 대하여 다음과 같이 말한다. "큰 도는 범람하는 물과 같아서, 좌편이나 우편이나 넘쳐흐른다. 만물이 이것

27) 馮振 撰, 『老子通證』, (上海: 華東師範大學出版社, 2012), p.69.

에 의지하여 살아가도 마다하지 않는다. 공을 이루지만 이름을 드러내지 않는다. 만물을 입히고 기르지만, 주인 노릇을 하지 않는다. 이름을 붙여 '크다'라고 할 수 있다. 끝내 스스로 크다고 하지 않으니 능히 큰일을 이룰 수 있다."28)

위의 본문은 '도의 작용'에 대한 이야기다. 도는 만물을 생장시키고, 양육하는 근본이다. 그리하여 만물이 각각 그 필요로 한 바를 얻어서 고유의 성질을 지니게 된다. 그러면서도 각각의 사물이나 사람에게 조금도 간섭하거나 주재(主宰)하려고 하지 않는다. '대도범혜(大道 汎兮). 기가좌우(其可左右)'라고 하여 큰 도가 광범위하게 흐르는 것이 도달하지 않는 곳이 없다고 했다. 그러면서도 도의 작용은 만물 가운데 공을 이루어주지만 소유하거나 주재하려고 하지 않는 무욕의 작용을 하고 있다. 이른바 '스스로 그러함에 맡기는' '순임자연(順任自然)'의 정신을 보게 된다.29)

(3) 비어서 다함이 없음(冲而不盈)

『노자』 4장에 의하면, "도는 비어서(冲)30) 쓰이니 혹 차지 않은 듯하고(不盈)31), 심연처럼 깊음이 만물의 으뜸 같다."32) 도의 본체는 비어 있지만 그 작용은 무궁하다는 뜻이다. '도는 비어 있지만 다함이 없다.'라는 이 말 속에는 도의 본체와 작용의 관계가 동시에 내포되어

---

28) "大道汎兮, 其可左右. 萬物恃之而生而不辭, 功成而不名有. 衣養萬物而不爲主, 常無欲, 可名於小. 萬物歸焉而不爲主, 可名爲大. 以其終不自爲大, 故能成其大."
29) 陳鼓應, 『老子註釋及評介』, (北京: 中華書局, 2010), pp.194-195.
30) 冲은 '盅'의 古文이다. 그 뜻은 '虛'를 말한다. 『說文·皿部』에서 "盅, 器虛也"라고 했다. 劉康德, 『老子』, (上海: 上海辭書出版社, 2018), p.14.
31) 不盈은 不滿(가득 차지 않음), 不溢(넘치지 않음), 不盡(다함이 없음)의 의미를 지닌다. ibid., p.14. 노자 본문에서는 '다함이 없는' 무궁함의 의미를 지닌다.
32) "道冲而用之或不盈. 淵兮似萬物之宗."

있다. 이른바 노자『도덕경』의 '체용(體用)' 관계를 단적으로 잘 보여주는 사례다.33) 도의 본체는 비어 있으나 그 작용이 무궁무진하다는 것을 두고 노자는 그 깊고 심오함이 마치 만물의 으뜸(宗) 같다고 했다. 이 '으뜸(宗)'은 앞서 언급한 '시(始), 모(母)' 혹은 '근본'이라는 것으로 대치가 가능한 말이다.

『노자』45장에도 "큰 가득 찬 것은 마치 비어 있는 듯하고, 그 쓰임은 다함이 없다."34)고 했다. 이는 도의 작용이 비어 있는 듯하지만, 그 작용의 방법에 있어서는 무궁무진하다는 뜻이다. 이처럼 도는 '비움' 곧 '허(虛)'의 작용의 무궁함을 말하는 동시에, 인간 사회의 제반 활동에도 적용될 수 있는 것이다. 그 '비움'의 도의 작용은 구체적으로 '마음의 청정(淸淨)'을 뜻한다. 그리하여『노자』45장 같은 본문의 말미에서 "청정함이 천하의 올바름이다(淸淨爲天下正)"라고 했다.35) 비움의 도는 곧 청정의 도로 사회생활 속에서 드러난다는 뜻이다.

(4) '스스로 그러함을 본받음(道法自然)'

『노자』25장에 의하면, "사람은 땅을 본받고, 땅은 하늘을 본받고, 하늘은 도를 본받고 도는 스스로 그러함을 본받는다."36)라고 했다. 사람이 살면서 하늘의 해와 달과 별들의 천문(天文) 운행과 땅의 이치인 지리(地理)에 밝아야 하고, 하늘과 땅의 운행에 순응함으로써 농사를 짓는 일이나 세상의 모든 경영이 용이해진다. 그리하여 "하늘을 거스르는 자는 망하고(逆天者亡), 순응하는 자는 흥한다(順天者興)."라는 옛말도 있다. 그런데 인간이 땅의 이치를 본받아야 하고, 땅도 하늘의

---

33) 陳鼓應,『老子註釋及評介』, p.75.
34) "大盈若沖, 其用不窮"
35) 湯漳平, 王朝華 譯註,『老子』, (北京: 中華書局, 2014), p.179.
36) "人法地, 地法天, 天法道, 道法自然."

이치에 순응하여 천지는 장구한 세월 우주 공간에 흘러간다. 그런데 노자는 놀랍게도 이러한 하늘도 도를 본받아야 하는데, 한 걸음 더 나아가서 "도는 스스로 그러함(自然)"을 본받아야 한다고 했다. 도의 작용의 근본이 '스스로 그러함'에 있다고 한 것이다. 그렇다면 도를 본받아 살아야 하는 존재인 인간도 '스스로 그러함'의 원리에 따라 살아야 한다는 결론이다. 함석헌도 '씨올'의 존재 방식을 '스스로 그러함'이라고 했다. 이를 사회학적 측면에서 말하자면 '주체성'이라고 할 수 있을 것이다. 이른바 '민중의 주체성'이다. 이를 확대 해석하면 모든 생명 있는 것들의 '스스로 그러한 주체성'의 작용이 곧 도의 작용이 된다.

(5) 순환과 반작용

『노자』 25장에는 도의 속성 가운데 하나를 '순환' 작용으로 이해한다. 노자는 본문에서 이렇게 말한다. "도의 이름을 알 수 없지만 글자를 지으면 도라고 하고, 억지로 이름을 붙이자면 '크다(大)'. 크니까 가고(逝), 가니까 멀어지고(遠), 멀어지니까 되돌아온다(反). 그러므로 도는 크고, 하늘도 크고, 땅도 크고, 왕 또한 크다." 도의 크기를 비유로 설명하면서 그 작용이 결국 되돌아오는 반작용의 원리를 말하고 있다. 도의 운행은 끊임없이 나아가지만 멀리 가서 다시 돌아오는 특성이 있고 그러는 과정에서 생멸생화(生滅生化)의 과정이 있는 것이다. 이러한 도의 순환 작용을 혹자는 "원주형 나선식 과정의 부단한 전진 운동"[37]으로 파악하고 생멸변화의 부단한 진행을 말하기도 한다. 바로 이러한 부단한 생장 변화의 순환 작용이 도의 작용이라는 것이다.

『노자』 40장에는 "되돌아가는 것이 도의 움직임이며(反者道之動),

---

37) 鄭張歡, 『老子今釋』, (濟南: 齊魯書社, 2008), p.54.

유약한 것은 도의 쓰임새다(弱者道之用)."라고 했다. 되돌아가는 순환운동의 도의 법칙이다. 왕필(王弼)은 이 구절을 앞선『노자』39장의 본문인 높고 낮음(高下), 귀천(貴賤), 유무(有無)의 상대적인 개념을 가지고 이 구절을 해석했다. 예컨대, "높은 것은 낮은 것으로 인해 기초를 삼고, 귀한 것은 천한 것을 근본으로 하며, 유는 무로써 쓰임이 있게 된다."38)고 했다. 이는 우주적 순환의 되돌아옴이라는 법칙의 작용일 뿐 아니라. 인간 사회의 제반 작용도 그러하다는 것이다. 되돌아가는 '반(反)'의 의미는 '왕복', '되돌아가는 선전(旋轉)', '순환(循環)'을 뜻하는 것39)으로 앞서 본『노자』25장의 '되돌아옴(反)'과 같은 뜻이다.

(6) 유약(柔弱), 무위(無爲)의 역설

노자는 도의 작용이 부드럽고 약함에 있다는 것을 여러 본문에 걸쳐서 말하고 있다.『노자』36장에 "부드럽고 약한 것이 강하고 단단한 것을 이긴다(柔弱勝剛强)."라고 했다. 이에 대한 보다 더 진일보한 비유로『노자』43장에서는 "천하에 지극히 부드러운 것(天下之至柔)이 천하의 가장 견고한 것을 부린다(馳騁天下之至堅)."라고 했다. 이는 모두 '유연성을 간직할 것'에 대한 노자의 교훈이다. 지극히 부드럽다고 하는 '지유(至柔)'를 왕필은 '기(氣)'와 '물(水)'로 다음과 같이 해석한다. "기는 들어가지 못하는 것이 없다. 물은 못 가는 길이 없다."40)

부드럽고 약한 것과 관련해서 노자는 78장에서 이렇게 말한다. "천하에 물보다 유약한 것이 없다. 하지만 단단하고 강한 자를 공격함에 있어서 물을 이길만한 것이 없다."41) '부드럽고 약한 것이 강하고

---

38) 王弼,『老子注』, (北京: 中華書局, 2011), p.113. "高以下爲基, 貴以賤爲本, 有以無爲用. 此其反也"
39) 羅義俊,『老子譯註』, (上海: 上海古籍出版社, 2012), p.95.
40) 王弼,『老子注』, op., cit., p.123. "氣無所不入, 水無所不經"
41) "天下莫柔弱於水, 而功堅强者莫之能勝."

단단한 것을 이긴다.'라는 이러한 도의 작용의 역설적 근간은 '무위(無
爲)'의 사상을 배경으로 하고 있다. 이어지는 본문 43장에서 "(형태가)
없는 것이 간극이 없는 것에도 들어간다. 나는 이로써 무위의 유익을
안다. 말 없는 가르침인 무위의 유익을 아는 사람이 천하에 극히 드물
다."42)라고 했다. 이처럼 노자는 '부드럽고 약함'이 도의 작용이라는
것을 말하면서 인간 사회의 제반 행위도 이 같은 도의 작용을 실천하
는 '무위의 덕'을 주장하고 있다.

2. 사회적 이상 실천으로서의 덕(德)

노자는 사회적 이상인 도를 실천하는 모습을 덕으로 표현한다. 이
러한 덕에 대하여 『노자』 38장에서 '높은 덕(上德)'과 '낮은 덕(下德)'을
구분하여 설명하면서, '무위'로써 행하는 것이냐, '인위적으로' 행하
는 것이냐를 기준으로 하여 구분한다. "높은 덕은 덕을 내세우지 않는
다. 그러므로 덕이 있다." 반면에, "낮은 덕은 덕을 잃지 않으려고 애
를 쓴다. 그래서 덕이 없다." 그 까닭이 무엇인가 하는 점에 대해 노자
는 이어서 다음과 같이 말한다. "높은 덕을 지닌 자는 인위적으로 행
함이 없지만, 낮은 덕을 지닌 자는 인위적으로 행하려 한다."43) 왕필
은 '높은 덕을 지닌 사람(上德之人)'은 '오직 도를 좇아 행한다(惟道是用)'
라고 해석했다.44) 오직 도의 사회적 실천이 덕으로 나타나는 것이고,
덕을 지닌 사람의 모든 행동이 노자 본문 전반에 걸쳐 나타나 있다.
어떠한 방식으로 덕이 실현되는가 하는 내용을 고찰해보자.

---

42) "無有入無間, 吾是以知無爲之有益. 不言之教, 無爲之益, 天下希及之."
43) "上德不德, 是以有德. 下德不失德, 是以無德. 上德無爲而無以爲, 下德爲之而有以爲."
44) 王弼, 『老子注』, p. "上德之人, 惟道是用"

1) 현덕(玄德)

(1) 소유와 주재(主宰)의 집착을 벗어난 현덕(玄德)

『노자』 10장에서 소유와 주재의 집착을 벗어나는 현묘한 덕에 대하여 다음과 같이 말하고 있다. "낳고 기르며, 낳으면서도 소유하지 않고, 일을 해 주지만 기대지 않고, 어른이라고 해서 주재하려 하지 않는다. 그러므로 이를 일컬어 현묘한 덕이라고 한다."[45]

본문의 '현덕'은 〈백서을본(帛書乙本)〉에 의하면, '현람(玄覽)'으로 기록되어 있다. 이 뜻은 마음의 깊은 곳을 거울처럼 밝고 환하게 비추어 준다는 것을 말하는 것이다. 이때 '현(玄)'은 '마음의 깊고 깊은 영묘함(深邃靈妙)'을 뜻한다. 고형(高亨)에 의하면, 람(覽)은 고대에 감(鑑, 鑒)과도 통용 되는 것으로, '현람자(玄覽者)'는 안으로 마음에 광명이 있는 자로서 형이상학적인 거울을 지님으로서 능히 사물을 바르게 관찰할 수 있는 자가 된다.[46] 이렇게 보면 '현덕'은 '현람'을 지니고 사물을 관찰하면서 소유와 집착에 얽매이지 않는 자로 이해 가능하다. 이는 『장자』(天道篇)에서 "성인(聖人)의 마음은 고요하여 천지와 만물의 거울이 된다."[47]고 했는데 이 또한 마음을 거울에 비유하고 있는 것이다. 이에 비해 하상공(河上公)은 '현덕'을 도와 관련하여 해석한다. "도와 덕은 오묘하고 그윽하여 눈으로는 볼 수 없지만 사람들로 하여금 도를 알게 한다."[48]

『노자』 10장의 본문 전체와 관련하여 볼 때, '현덕'은 성인(聖人)의 차원에서 진행되는 깊은 도의 실천적 덕목으로서, 백성을 돌보는 일

---

45) "生之畜之, 生而不有, 爲而不恃, 長而不宰, 是謂玄德."
46) 陳鼓應, op., cit., p.95.
47) "聖人之心, 靜乎天地之鑒, 萬物之鏡也."
48) (漢) 河上公, 『道德經集釋』上冊, (北京: 中國書店, 2015), p.14. "言道德玄冥, 不可得見, 欲使人知道也."

에 있어 자기의 사사로움과 소욕을 챙기지 않는 일부터 시작하여 공로를 이루지만 거기에 의지하거나 주재하지 않는 '현묘한 덕성'49)을 지닌 것으로 이해 할 수 있다.

(2) 치국(治國)의 두 가지 '도의 법칙(稽式)'을 아는 현덕

『노자』 65장에 나라를 다스리는 일에 관한 하나의 준칙으로 '현묘한 덕의 다스림'에 대해 말하고 있다. "옛적에 도를 잘 실천하는 사람은 백성들에게 꾀와 술수를 도모하게 하지 않고, 순박하고 진실을 간직하게 한다. 백성을 다스리기 어려운 이유는 그 꾀와 술수가 많아지기 때문이다. 꾀로 나라를 다스리면 나라의 재앙이 되고, 꾀로 나라를 다스리지 않으면 나라의 행복이 된다. 이 두 가지 차별을 인식하는 것, 이것이 치국의 법칙(稽式, 계식)이다. 항상 이 법칙을 알고 간직하는 것이 현덕이다. 현덕은 깊고, 멀고, 사물과 더불어 진실과 순박함으로 되돌아가니 그런 연후에 크게 순순(順順)해 진다."50)

이상의 진술에서 노자는 나라를 다스리는 원리도 도에 입각한 '현덕'의 길을 제시하는데, 중요한 것은 지모(智謀)를 동원한 술수의 정치를 배제하고 순박하고 진실한 무위의 정치를 하라는 것이 핵심이다. 이것을 일러 도의 법칙, 곧 '계식'을 아는 것이요 현덕이라는 것이다. 이로써 '현덕'은 소유와 주재의 집착을 벗어나는 일과 꾀와 술수의 정치를 배제하는 일체의 사회 정치철학을 말하고 있는 것이다.

49) 王孺童 講解, 『道德經講義』, (北京: 中華書局, 2013), p.22.
50) "古之善爲道者, 非以明民, 將以愚之. 民之難治, 以其智多. 故以智治國, 國之賊. 不以智治國, 國之福. 知此兩者亦稽式. 常知稽式, 是謂'玄德', '玄德深矣, 遠矣, 與物反矣, 然後乃至大順."

2) 용덕(用德): 덕의 쓰임새와 방법

(1) "덕으로 원수를 보답하라(報怨以德)"

『노자』 63장에서 다음과 같은 표현이 있다. "무위로써 일을 하고, 일을 하되 일 없는 듯 하며, 맛을 보되 일정한 맛에 미혹되지 않는다. 큰 것은 작은 것에서 생기고, 많은 것은 적은데서 생긴다. 원한은 덕으로 보답한다."51) 공자는 『논어』에서 "바르게 함으로써 원수를 보답하라(以直報怨)"고 했고, 예수는 "원수를 사랑하라"고 했다. 원수를 대하는 태도가 서로 조금씩 다르다. 노자가 말하는 사회적 인간관계의 준칙이 도를 실현하는 차원의 '덕'으로 강조된다면, 공자는 사회적 질서를 바로 잡은 공의와 정직의 입장에서 원한관계를 풀어 간다. 반면에 예수는 '사랑'이라는 아가페의 정신으로 원수를 대한다. 각각의 차이는 조금씩 있지만 덕, 정직, 사랑이라는 3 가지 속성은 모두 인간의 내면에 사리한 근원적인 도의 '넉성'에 부합하는 방향으로 나아가는 모습을 보여주고 있다.

(2) 덕의 세움(健德)과 확장(普德)

『노자』 54장에는 덕을 잘 세우는 자의 모습을 설명하고 있다. "잘 세워진 것은 뽑히지 않고, 잘 껴안은 것은 벗어나지 않으니 이로써 자자손손 제사가 끊이지 않는다. 그 도(道)로 자기 몸을 닦으면 그 덕은 참되고, 그 도로 집안을 다스리면 그 덕이 넉넉해지고, 그 도로 마을을 다스리면 그 덕이 오래가고, 그 도로 나라를 다스리면 그 덕이 풍요로워지며, 그 도로 천하를 다스리면 그 덕은 널리 널리 퍼진다."52)

---

51) "爲無爲, 事無事, 味無味. 大小多少, 以德報怨"
52) "善建者不拔, 善抱者不脫, 子孫以祭司不輟. 修之身, 其德乃眞. 修之家, 其德乃余. 修之鄕, 其德乃長. 修之國, 其德乃豊. 修之天下, 其德乃普."

이 본문에서 '잘 세운다는 것'은 도에 입각한 덕을 세운다는 것이다.53) 그것이 자신으로부터 시작해서 가정과 마을 그리고 나라와 천하로 확장되어 간다. 그 덕을 점차 세워 나가는 방법에 대하여, 잘 포용하는 것(善抱)으로서의 '포일(抱一)'을 통하여 떨어져 나아가거나 이탈하는 것을 방지하게 된다. 이것이 후대의 모범이 된다.

IV. 노자 사회철학의 현대적 의의

1. 얽힌 관계 해법의 철학, '분쟁을 해결함, 해분(解紛)'

『노자』 4장에 의하면, '날카로운 것을 무디게 하고(挫其銳), 얽힌 것을 풀어라(解其紛)'라는 표현이 있다. 최첨단 무기의 시대 전쟁의 재난이 지구촌 곳곳에 그칠 줄 모르고 일어나고 있다. 신냉전시대의 맵고 쓸쓸한 그늘이다. 러시아와 우크라이나, 이스라엘과 팔레스타인에 이어 한반도의 남북한 긴장도 '날카로운(銳)' 공방을 거듭하고 있다. 노자의 본문에서 '예(銳)'는 창끝을 뜻하기도 하고 '군대가 날래고 용맹하다'라는 뜻도 있다. 노자가 살던 춘추전국 시대에는 창칼로 전쟁에서 죽임을 일삼았다. 하지만 오늘날에는 창칼에 의존하는 육탄전 보다 첨단의 로켓이나 위성 발사로 대량 살상의 살인적 무기로 변했다. 노자가 "날카로운 것을 무디게 하라"는 것은 비단 전쟁의 무기를 사용하지 말라는 평화적 의미도 있지만, 개인과 개인 사이, 혹은 개인과 집단 사이에도 이 원리는 도의 기능으로 작용한다.

---

53) 陳劍, 『老子譯註』, p.203.

2. 화광동진(和光同塵)의 민생(民生)철학

앞서 본 『노자』 4장에, "빛을 누그러뜨리고(和其光) 먼지와 하나가 되라(同其塵)"는 구절이 있다. 이 본문에서 '화광동진(和光同塵)'이라는 유명한 사자성어가 탄생했다. 이 글자 중에 '화(和)'는 '협화(協和)'와 '조화(調和)'의 의미를 지니고 있다.54) '광(光)'은 '굉명'의 의미로서 일반 민중의 삶보다는 차이가 있다는 뜻이다.55) 계급적 신분이나 지위의 '번뜩임' 정도에 해당한다. 따라서 화광동진의 의미는 빈부격차와 계급 차별의 시대에 '갑질'을 중지하고 낮은 자, 소외된 자들과 함께하는 정신과 실천적 삶을 의미한다. 이른바 '민중(民衆)'을 살리는 민생의 사회적 철학이라 할 수 있다. 함석헌의 사상을 빌리면 '씨올 정신'을 살려서 '씨올'과 더불어 사는 삶이다. 예수의 성육신과 밥상 공동체 그리고 십자가의 죽음에 이르는 일련의 삶이 '화광동진'의 삶의 철학과 상동하다.56)

'화광동진'의 삶을 생활 철학에 적용해 보면, "음양이 적절히 중(中)을 차지하여 치우치지 아니하고(陰陽適中), 밝고 어두움이 서로 엇비슷함(明暗相半)"을 이루는 삶이라고 할 수 있다. 이러한 조화로운 상태인 '화광(和光)'을 이루기 위해서는 "빛이 과다하여 혼(魂, 마음, 정신)을 상하게 하거나(明多傷魂), 어두움이 과다하여 넋(魄, 몸)을 상하게 하는(暗多傷魄)" 일이 없게 해야 한다. 집에서도 태양이 너무 강렬하게 비칠 때(太明)에는 창가에 발을 달아서 안으로 들어오는 빛의 강렬함을 조절하고, 실내가 너무 어두우면(太暗) 발을 거두어 바깥의 밝음과 통하게 한다.

---

54) 陳劍 譯注, 『老子譯注』, op., cit., p.15. cf. '和'는 '잠기다(涵)', '합하다(合)'는 의미도 있다. 劉康德, 『老子』, (上海: 上海辭書出版社, 2018)
55) 陳劍 譯注, op., cit., p.15.
56) 이명권, 『노자와 예수 가라사대』, (서울: 열린서원, 2018), pp.

　이렇게 함으로써 '화광'은 심신의 건강한 생활을 유지하는 생활 철학에도 적용되지만, 현대의 산업자본주의의 소비사회에도 적용해 보면, 상품을 선전할 때 현란한 광고를 하여 소비자를 유혹하는 행위라든가, 그 광고에 현혹되는 일 또한 '화광'의 원칙에 부합하지 않는 것으로 볼 수 있다. 소박하고 진실함만이 도의 사회철학에 부합하는 것이다. 중국의 노자 전문가인 류캉더(劉康德)는 '화광동진'을 비유적으로 해석하기를 "삼국 위진 시대의 공융(孔融,153-208)이나 양수(楊修,175-219), 혜강(嵆康,223-262)[57]은 그들의 뛰어난 밝고 빛나는 자랑하는 태도(炫耀) 때문에 '화광'을 하지 못하고 죽임을 당하는 화를 면하지 못했다."[58]고 지적했다. 이러한 이야기는 일면 일리가 있어 보이지만, 도와 덕을 충실히 지키다가 죽임을 당한 사례라고 본다면 이를 굳이 '화광'에 부합하지 못한 사례라고 할 수 있을까 하는 의문이 든다. 예수도 진리와 정의를 주장하다가 십자가 죽임을 당한 사례에 해당한다고 볼 수 있기 때문이다. 다만 시대의 환경에 '타협'하지 못하고 끝내 자신의 결백과 청렴을 주장하다가 죽임을 당하는 억울한 사례도 안타깝지만 정의로운 죽음마저 화광에 부합하지 않는 것으로 해석하는 것은 무리가 있다고 본다. '화광'은 '타협'하고는 다른 차원이기 때문이다.

　'화광'에 이어서 '동진(同塵)'을 조금 더 생각해 보자. '동진'은 앞서

---

57) 공융은 공자의 20세손으로 당대 뛰어난 학자, 정치가로서 한나라 말기의 혼란기에 조조(曹操)에 의해 초청되어 관직에 올랐으나, 도덕적 원칙을 고수하면서 조조와 정치적 견해 차이로 처형당했다. 양수는 뛰어난 가문 배경으로 학식과 정치력이 풍부하여 조조의 막료로 등용되었지만 조조의 아들 조식(曹植)과 친분이 깊었는데, 이로 인해 조조의 다른 아들 조비(曹丕)와 갈등으로 조조는 양수를 처형했다. 혜강은 죽림칠현(竹林七賢)의 한명으로 세속적인 가치관과 권력 구조에 반대하며 자연과 도가(道家) 사상에 몰두하며 예술, 철학적 토론을 즐겼고 당시의 사회와 정치에 대한 비판적이었는데, 사마씨(司馬氏) 정권의 고위 관료 종회(鍾會)와의 갈등으로 인해 262년에 처형되었다.

58) 劉康德, 『老子』, (上海: 上海世紀出版集團, 2018), p.16.

언급한 대로 직역하면 '먼지와 하나 되기'다. 비천하고 소외된 이웃과 하나 되는 것이다. 예수가 말한 '강도 만난 자의 이웃이 된 선한 사마리아인'의 비유에서도 볼 수 있다. 오늘날 현대 사회에서 '강도 만난 자'와 같은 수많은 위기의 사람들이 있다. 자살률도 높은 한국 사회다. 각종 재난의 시기에 힘들게 살아가는 이들과 함께 할 수 있는 '동진'의 철학과 연대(連帶)의 공동체적 복지사회가 필요하다.

    이러한 '동진'의 철학은 단순히 "로마에 가면 로마의 법을 따르라"라고 하거나 중국 속담에 "고향을 떠나 다른 곳에 가면 그곳의 풍속을 따르라(入鄕隨俗)"라는 의미의 차원을 넘어선다. 이는 화합을 의미하는 긍정적인 뜻을 지니고 있지만 '동진'은 단순히 '타협'하는 수준의 전략적인 개념이 아니기 때문이다. 오히려 적극적으로 평화를 만들어 가는 희생적인 의미를 지니고 있다. '민중'과 더불어 하나 되는 삶의 철학을 말하는 것이다.

3. 도의 상대적 작용과 차별 없는 사회를 위한 '상생(相生)의 철학'

    『노자』 2장에는 "있음과 없음이 서로 의존하고, 어려움과 쉬움이 서로 이루어지며, 높은 것과 낮은 것이 서로 기울어져 있다."[59]고 했고, 『노자』 39장에는 "귀한 것은 천한 것을 근본으로 하고, 높은 것은 낮은 것으로 기초를 삼는다. 이로써 후왕은 스스로 고(孤), 과(寡), 불곡(不谷)이라 자칭했다."[60]라고 했다. 여기서 '고, 과, 불곡'은 모두 옛 임금이 스스로 겸손히 칭하는 용어다. 고독한 존재, 홀로인 존재, 재능과

---

59) "有無相生, 難易相成, 長短相形(較), 高下相傾"
60) "貴以賤爲本, 高以下爲基, 是以侯王自謂孤寡不谷"

덕이 훌륭하지 못한 존재라고 스스로 낮춤으로써 임금은 도리어 백성의 보호를 받게 된다.61) 이는 모두 유무의 여부를 떠나 고하 귀천의 상대적 세계를 말해 주는 것으로 차별 없는 평등성을 지향하는 통치자의 자세를 보여주는 대목이다.

오늘날 온 세계는 자유민주주의나 공산 사회주의 할 것 없이 모두가 빈부귀천의 사회로 계급화 되어있고, 산업자본주의와 세계화 정책은 빈부의 격차를 더욱 극대화하고 있다. 이러한 시대적 상황에서 사회와 지구 환경의 문제 또한 기후변화라는 커다란 재앙으로 다가오는 실정이다. 지구의 황폐화는 물론 인간 사회의 갈등과 부조리는 어디서 그 실마리를 풀어야 할지 모를 지경이 되었다. 근현대 서양 사상사에서 말하는 자유와 정의의 개념을 충족 시켜줄 수는 없어도, 노자는 적어도 '상생'을 위한 인간 삶의 근원적 방향과 지침을 말해 주고 있다는 점에서 의의가 크다고 할 수 있다.

V. 결론: 서양 사회 철학과 노자 철학의 비교분석과 노자의 현대적 전망

노자가 말하는 사회철학은 근현대의 서양 철학에서 말하는 사회철학 내용과 다르다. 서양철학에서는 정의로운 사회구조와 질서를 회복하는 데 필요한 요소들을 거론한다. 예컨대, 자유와 권리, 평등, 권력, 사회계약, 문화의 다양성 등을 거론한다. 이러한 일련의 개념들은 학자들에 따라 정의가 다소 달라지거나 강조점이 다르다. 사회적 정의

---

61) 劉康德, 『老子』, op., cit., p.111.

가 실현되기 위한 분배의 문제라든지, 자유와 권리의 문제도 개인의 자유에 대한 국가와 사회적 제약에 관한 주장도 다르다. 또한 자유도 외부 간섭이 없는 소극적 자유와 자아실현을 위한 능력으로서의 적극적 자유를 구분하기도 한다. 특히 로버트 노직은 자유 지상주의로 국가 권력이 개인의 자유를 제한하는 일에 비판적이었고, 롤스의 '정의론'에 대해서도 비판적이었다. 또한 지배와 복종의 관계에 따른 권력과 권위의 문제도 사회철학의 중요한 요소로서 여기에는 권력의 남용 문제와 저항의 정당성 등이 고려의 대상이다.

평등의 문제도 법 앞의 평등과 같은 형식적 평등과 사회 경제적 불평등을 해소하는 실질적 평등이다. 아마르티아 센의 『불평등의 재검토』는 이러한 시대적 요구에 대한 비판적 산물이다. 그런가 하면 막스 베버는 『경제와 사회』라는 책을 통해, 다양한 공동체(가정, 종족, 시장, 정치)들 가운데서 나타나는 '경제 행위'의 형식을 사회학적 차원에서 재고한다. 이른바 권력과 권위가 어떻게 작용하고 있는지를 분석한 것이다. 그 가운데서 그는 합리적-법적 권위의 중요성을 주장했다. 미셀 푸코는 『감시와 처벌』에서 보여주듯이, 권력이 '배열, 조작, 전술' 등에 의해 작동한다는 것을 밝힌다. 그런가 하면 피에르 부르디외는 '문화와 취향의 사회학'을 강조하면서 권력이 단순히 정치 경제적 권력만이 아니라, 문화, 사회적 자본에서도 계급적 차별이 잘 나타남을 말한다.

한편 1921년에 이탈리아 공산주의를 창설하는데 기여한 안토니오 그람시는 무솔리니의 나치즘에 저항하다가 구속된 후에 기록한 『옥중수고』를 통하여 부르주아의 권력 행사에 대한 프롤레타리아의 이데올로기 전쟁을 통해 새로운 사회적 가치관을 세워 나갈 것을 주장했다.

사회계약과 공동체의 문제에 대하여 영국 시민 혁명기의 정치 사상가 토머스 홉스는 인간을 자연적 상태에서 기본적으로 이기적인 존재로 판단하여, 『리바이어던』을 통해 '교회와 시민의 공동체 내용, 형식, 권력'에 대하여 논하면서, 불가침적인 자연적 자기 보존권에서 정치권력의 절대성을 유도해 내고 이에 종교도 정치권력에 종속시켰다. 반면에 존 로크는 홉스와 달리 자연 상태를 평화적으로 이해했다. 하지만 재산권 보호를 위해서는 정부가 주도하는 사회계약이 필요하다고 했다. 『사회계약론』에 관해서는 장자크 루소의 자연법사상에 입각한 내용이 오늘까지도 큰 영향을 미치고 있다. "자연으로 돌아가라"라는 그의 명언은 2500년 전의 노자를 연상하게 할 정도이지만, 구체적인 내용에 있어서는 시대적 차이만큼이나 큰 것이기도 하다. 데이비드 흄은 『인간 본성론』에서 사회계약 이론에 회의적이었고 임마누엘 칸트도 『법의 형이상학적 기초』에서 개인의 자유와 자율성을 존중하는 법적 정치적 구조를 제안하면서 사회계약이 도덕적 법칙을 실현하는 수단으로 보았다.

이상에서 거론된 서양의 근현대 사회 철학자들이 주장하는 '자유, 평등, 정의, 사회 계약과 공동체' 등의 주요 개념들과 노자가 말하는 당 시대의 상황에서 본 '사회 철학'은 다음과 같은 몇 가지 점에서 상당한 차이를 보여주고 있다.

첫째, 서양 근대철학에서 말하는 자유론과 노자의 자유론의 차이다. 노자의 자유론은 무위(無爲)라는 개념을 중심으로 전개된다. 무위는 '아무것도 하지 않음'이 아니라 '스스로 그러함'과 인위적이지 않음을 의미한다. 노자의 자유론의 주요 특징은 우선 자연의 법칙이나 앞서 본 '순환 작용'에 따르는 것을 강조한다. 또한 억지로 만들어 내는 인위적인 사회 규범이나 제도로부터의 해방을 의미하는 것으로 비강제성을 뜻하기도 한다. 이에 비해 서양의 자유 개념은 개인의 자유를 존중하면서도 사회적인 제약을 중시한다는 차이가 있다. 노자의 자유는 '허정(虛靜)'과 같은 내적 평화와 조화에서 출발한다. 반면에 서양의 자유는 외부 환경이나 사회적 압력에 의한 구속에서 벗어나는 외적, 구조적 자유를 강조한다.

둘째, 서양 철학과 노자의 정의(正義)론에 대한 차이다. 칸트는 정의를 보편적인 도덕 법칙에 따르는 것으로 보았다. 그는 도덕적 행동은 그 자체로 정당하며, 타인을 수단이 아닌 목적으로 대하는 것이 중요하다고 주장했다. 또한 존 롤즈는 '정의론'에서 정의를 공정으로 정의하며, 원초적 입장과 '무지의 베일' 개념을 통해 사회계약을 설명했다. 그는 기본적 자유의 평등과 차등의 원칙을 통해 사회적 불평등을 정당화할 수 있다고 보았다. 반면에 노자의 정의는 '대도(大道)'의 자연 법칙에 따르는 정의 개념으로서 '대도'가 무너지니 '인(仁)이다. 의(義)다. 하는 것이 나왔다(大道廢, 有仁義)'는 것이다. 대도를 따르는 길은 '상선약수(上善若水)'와 같은 물이 흐르듯이 사는 처신이 필요하다. 서양철학이 법률과 제도 같은 인위적인 장치를 강조한다면, 노자는 이러한 인위적 장치가 오히려 부정의를 초래할 수 있다고 보고 자연스러운 조화를 강조한다. 그것이 '화광동진(和光同塵)'의 자세다.

셋째, 사회계약론과 공동체 개념에 대한 서양과 노자의 차이다. 토마스 홉스 자연 상태를 "만인에 대한 만인의 투쟁"으로 묘사하며, 개인의 생명과 안전을 위해 사회계약을 통해 절대 군주에게 권력을 위임해야 한다고 주장했다. 또한 존 로크는 자연 상태에서도 기본적인 자연법이 존재한다고 보았고, 개인의 생명, 자유, 재산을 보호하기 위해 사회계약을 통해 정부를 구성한다고 주장했다. 이에 비해 장 자크 루소는 자연 상태에서 인간이 자유롭고 평등하지만, 사유재산의 출현으로 불평등이 생겼다고 보았다. 그래서 그는 공동선을 추구하기 위해 일반 의지에 따라 사회계약을 통해 공동체를 구성해야 한다고 주장했다.

　반면에 노자의 사회와 공동체 개념은 자연스러움(自然)에 기초한다. 노자는 자연스럽게 삶을 영위하는 것이 중요하다고 보았다. '무위이치(無爲而治)'를 공동체의 기본 개념으로 삼은 것이다. 여기에는 물론 강제성이나 인위적인 작동이 없다. 그러기 위해서는 '소국과민(小國寡民)'과 같은 단순하고 자급자족하는 '작은 공동체'를 주장 했다. 이럴 때 조화와 균형을 이루는 공동체가 된다는 것이다. 그것은 '인법지(人法地), 지법천(地法天), 천법도(天法道), 도법자연(道法自然)'과 같은 '스스로 그러함'의 원리에 따르는 '도'에 입각한 생활이 이상적 사회와 나라를 이룬다는 것이다. 이러한 서양 사회와 노자의 차이점들은 각 철학 전통의 문화적, 역사적 배경과 사회적 맥락에서 기인하는 것으로, 서양 사회와 노자 의 '공동체'에 대한 상이한 이해를 제공한다.

　이러한 차이점들에도 노자 사회 철학의 현대적 의의가 있다면 크게 3가지로 들 수 있다. 첫째, 복잡하게 얽힌 분쟁 관계의 해법의 철학으로서 '분쟁을 해결하는, 해분(解紛)의 철학'이다. 둘째, 생존 경쟁 사회에서 빈부격차가 날로 심각해지는 소비와 권력과 계급의 차별 사회에서 소외된 자들과 함께하는 복지사회의 실천으로서 '화광동진(和光同塵)의 민생(民生)철학'이다. 셋째, 사회적 평등의 실현을 위한 철학적 원리로서 노자가 제시하는 도의 상대적 작용과 차별 없는 사회를 위한 '상생(相生)의 철학'이다. 이 밖에도 노자가 제시하는 사회철학이 더 있을 수 있지만 큰 틀에서 3가지 차원으로 요약해 보았다. 기후 위기의 시대에 생태 환경을 중시하는 노자의 자연 철학이 이후에도 큰 영향을 발휘할 것이며 이 분야에 지속적인 연구가 필요한 부분이다.

참고문헌

데이비드 흄, 『인간이란 무엇인가』, 김성숙 옮김 (서울: 동서문화사, 2016)

로버트 노직, 『아나키에서 유토피아로』, 남경희 옮김, (서울: 문학과 지성사, 1997)

마사 C. 누스바움, 『역량의 창조』, 한상연 옮김 (파주: 돌베개, 2015)

미셸 푸코, 『감시와 처벌』, 오생근 옮김 (파주: 나남출판, 2020)

볼프강 J. 몸젠, 미하엘 마이어 엮음, 『경제와 사회』, 박성환 옮김 (파주: 나남출판사, 2009)

아마르티아 센, 『불평등의 재검토』 이상호 역 (서울: 한울아카데미, 2008)

안토니오 그람시, 『옥중수고』1,2(서울: 거름, 2006)

이명권, 『노자왈 예수 가라사대』, (서울: 열린서원, 2018)

이사야 벌린, 『이사야 벌린의 자유론』, 박동천 옮김 (서울: 아카넷, 2014)

임마누엘 칸트, 『법학의 형이상학적 기초』, 김주환 옮김 (서울: 솔과학, 2019)

장 자크 루소, 『사회계약론』, 김영욱 옮김 (서울: 후마니타스, 2022)

존 로크, 강정인, 『통치론』, 문지영 옮김 (파주: 까치, 2022)

존 롤즈, 『정의론』, 황경식 옮김 (서울: 이학사, 2003)

존 스튜어트 밀, 『자유론』, 서병훈 옮김 (서울: 책세상, 2018)

피에르 부르디외, 최종철 옮김 (서울: 새물결, 2005)

토마스 홉스, 『리바이어던』, 최공웅, 최진원 옮김 (서울: 동서문화사, 2021)

한나 아렌트, 『전체주의의 기원』1,2, 박미애, 이진우 옮김 (파주: 한길사, 2006)

羅義俊, 『老子譯註』, (上海: 上海古籍出版社, 2012)

蘭喜幷, 『老子解讀』, (北京: 中華書局, 2009)

劉康德, 『老子』, (上海: 上海世紀出版集團, 2018)

馮振 撰, 『老子通證』, (上海: 華東師範大學出版社, 2012)

王孺童 講解, 『道德經講義』, (北京: 中華書局, 2013)

王弼, 『老子注』, (北京: 中華書局, 2011)

林希逸, 『老子鬳齋口義』, (上海: 華東師範大學出版社, 2009)

鄭張歡,『老子今釋』, (濟南: 齊魯書社, 2008)

陳劍,『老子譯注』, (上海: 上海古籍出版社, 2019)

陳鼓應,『老子註釋及評介』, (北京: 中華書局, 2010)

陳鼓應,『中國哲學創始者 老子新論』, (北京: 中華書局, 2015)

湯漳平, 王朝華 譯註,『老子』, (北京: 中華書局, 2014)

(漢) 河上公,『道德經集釋』上冊, (北京: 中國書店, 2015)

'멀티 페르소나-부캐(副캐릭터)'에 관한 성서-정신분석적 사색

강 응 섭

'멀티 페르소나-부캐(副캐릭터)'에 관한 성서-정신분석적 사색[1]

강 응 섭 (예명대학원대학교 조직신학-정신분석상담학 교수)

I. 글을 시작하면서

　　기술문명이 발달할수록 나를 표현하는 방법은 겉으로 드러나는 것에 쏠리고 있다. 상징화 과정을 통해 묻혀 있는 것들을 발견한 프로이트(Sigmund Freud, 1856~1939)는 그것에 Es(그것, 이드)라는 이름을 주었고, 라깡(Jacques Lacan, 1901~1981)은 le réel(실재)이라고 명명하였다. 이것을 본 글에서는 '본캐'라고 부르고, '무의식의 주체'로서 상징적 주체화 과정에 있는 것, 이것을 '멀티 페르소나-부캐'라고 부른다.

---

[1] 이 글의 내용 일부는 《〈과학과 신학의 대화〉》(https://www.scitheo.or.kr/)에 게재한 "기술이 발전할수록 '나는 누구인가'에 대한 질문이 구체화된다"(과신대 칼럼 2019-07-31)에서 연장된다. 이 글에는 본캐에서 비롯된 부캐를 다루면서, 내림과 오름, 젖음과 마름, 산 영(생령)과 살려 주는 영 등의 대조가 주는 연상, 문화작업이 구조화하고 있는 것, 모르페와 케노시스, 시뮬라크르 등의 주제를 덧붙였고, 창세기, 고린도전서, 빌립보서 등의 성서 본문 해설도 추가하였다.

그렇기에 '멀티 페르소나-부캐'는 실재적 '본캐'를 상정한다. SNS의 구석진 곳에 숨겨둔 나의 껍데기로서 부캐는 성서에 근거할 때 '하나님의 형상을 따라 그 모양대로', '네페쉬'에서 그 모습을 드러낸다. 이 글에서는 '네페쉬'를 '아직 젖은 네페쉬', '이미 마른 네페쉬'로 구분하여 본캐와 부캐에 대응하는 용어로 사용한다. 이런 표현은 플라톤에 근거할 때 이데아와 에이코네스/판타스마타, 프로이트에 근거할 때 '사고와 표현', 라깡에 근거할 때 '언표행위와 언표'에 상응한다. 대조되는 네 개의 표현법은 전자에 대한 후자의 부캐됨으로 규정지을 수도 있다. 이런 용어는 인공지능으로 지어지는 우리 사회를 설명하고, 그 속에서 종교의 의미를 볼 수 있게 해 준다.

II. 내림과 오름, 젖음과 마름, 산 영(생령)과 살려 주는 영: 대조가 주는 연상

'나는 누구인가?' 이 질문은 계통발생적 측면에서나 개체발생적 측면에서 줄곧 제기되어 왔다. 전자의 관점에서 보면, 역사 이전 시기에는 동굴 그림, 돌 조각 등 비언어적 형태로, 역사 시기에는 언어적 형태로 이 질문에 대한 답이 기록되었다. 후자의 관점에서 보면, 비언어적 형태는 언어적 형태 속에 스며들어 이 둘의 묘한 엮임으로 그 답이 제시된다. 이렇게 비언어적 형태와 언어적 형태는 계통발생 및 개체발생이라는 틀 속에서, 또는 자연과 문화라는 구조 속에서 논의가 될 수 있다.

이런 구조를 우리는 창세기 2장에서 본다. 자연의 초기 모습, 이미지로 그려지는 역사 이전 시기의 그 모습은 역사 시기의 산물인 언어를 통해 서술된다. 언어는 역사 이전 시기의 모습을 역사 시기에 전하려고 도입한 고난도의 기술(Technic)이다. 그 기술을 터득한 이래로 인간은 계속해서 그 기술을 정교하게 만들어 왔고, 그것을 이용해 기록 문화를 남겨 왔다.

칠기시대의 산물인 '쟁기'로부터 '정보화 기술'과 '디지털 기술'이 대두되기까지 우리는 지금, 네 번에 걸친 산업혁명의 산물들과 공존하며 살고 있다. 이러한 기술의 발전은 '나는 누구인가' 하는 질문과 이어져 있다. 창세기 2장은 그 질문에 근거하여 서술된다 '여호와 하나님께서 땅에 비를 내리지 아니하셨다'(5절)는 "안개만 땅에서 올라와 온 지면을 적셨더라"(6절)와 대조를 이룬다. 6절의 오름은 1장 2절의 '깊음(테홈)'에서 시작되는 물의 오름과 연결된다. 즉, 5절과 6절의 대조(對照)는 물의 내림과 물의 오름의 대조, 물의 없음과 물의 있음의 대조를 보여 주고, 그 이면에는 '깊음'이 자리한다.

물이 아래서 위로 올라오는 모습은 안개 낀 여명의 장면을 연상시킨다. 지면을 적실 정도로 충분한 안개가 올라왔다. 대류 현상의 물기로 인해 충분한 수분을 머금은 흙은 사람을 짓는 재료가 된다. 하나님은 이 흙으로 사람을 만든다. 그리고 바람은 지어진 사람, 즉 '젖은 네페쉬'를 말린다. 그 결과 갈라지기도 하고 각질을 날리는 '마른 네페쉬'가 등장한다. 7절은 이렇게 말한다. "여호와 하나님이 흙으로 사람을 지으시고 생기를 그 코에 불어 넣으시니 사람이 생령이 된지라"라고 기록한다.

기록 문자가 없던 시기의 모습을 기록 문자로 정리함으로 인간의 기원을 담고 있는 5~7절은 '나는 누구인가'를 질문하는 이에게 큰 실마리를 제공한다. '젖은 것'과 '마른 것'의 대조는 이 질문에 어떤 실마리를 줄 수 있을까? 바울은 창세기 2장 7절을 고린도전서 15장 45

절에서 다루었다. "기록된바 첫 사람 아담은 생령이 되었다 함과 같이 마지막 아담은 살려 주는 영이 되었나니." 그는 '살려 주는 영'을 추가한다. '생령'(ψυχη, psyche, a living soul)은 창세기 2장 7절 "네페쉬 하야"(nephesh chaya)의 번역이고,[2] '살려 주는 영'은 바울이 '생령'과 대조를 이루도록 추가한 것이다. 기독교에서 보통 '영혼'이라고 말하는 '프시케'는 심리학(Psycho-logy), 정신분석학(Psycho-analyse)의 어근이 된다. 히브리어 '네페쉬'는 목구멍을 지칭하는 해부학 용어이자 '갈증'이란 의미를 지닌 정동(affect)이다. '네페쉬'는 살기 위해 마시고 먹고 호흡하는 통로인 목구멍이자, 자신의 갈급함을 표현하는 말을 전달하는 통로다. '네페쉬'는 창세기 1장 20절에 처음 등장한다. 창조의 다섯 번째 날에 "하나님이 이르시되 물들은 생물을 번성하게 하라 땅 위 하늘의 궁창에는 새가 날으라"고 하셨다. 물 속에 번성하는 생물이 바로 네페쉬이다. 그러니까 바다에 사는 살아있는 존재를 네페쉬, 생명이라고 명명하신다. 21절에는 "하나님이 큰 바다 짐승들과 물에서 번성하여 움직이는 모든 생물을 그 종류대로, 날개 있는 모든 새를 그 종류대로 창조하시니 하나님이 보시기에 좋았더라"고 하신다.

큰 바다에 사는 짐승들과 물에 번성하여 움직이는 생물이 최초의 네페쉬이다. 이어서 창조의 여섯 째 날에 "하나님이 이르시되 땅은 생물을 그 종류대로 내되 가축과 기는 것과 땅의 짐승을 종류대로 내라 하시니 그대로 되니라"(24절)고 말씀한다. 땅이 내어 놓는 생물(네페쉬)은 가축, 기는 것, 땅의 짐승이다. 땅이 내어 놓는 것을 식물로 볼 수 있지만 동물과 연결하고 있다. 창세기 2장 19절도 동물과 연관된다.

---

2) 생령은 히브리어 '네페쉬 하야'의 번역이다. 개역개정판에는 '생령'으로 번역되어 있지만, 개역한글판에는 '산 영'으로 번역되어 있다. 한스 발터 볼프는 『구약성서의 인간학』(문희석 옮김, 왜관: 분도출판사, 1976, 28-56)에서 "네페쉬"를 잘 설명한다.

바울은 고린도교회가 제시한 두 개의 질문을 해결할 때 창세기 1장과 2장을 들어 답한다. 즉, "죽은 자들이 어떻게 다시 살아나며 어떠한 몸으로 오느냐"는 질문에 답하면서, 맨 먼저 식물의 씨, 식물의 알맹이, 종자를 언급한다. 창세기 1장 24절에서 땅과 식물의 관계가 모호했다면, 고린도전서 15장 36절 이하에서는 식물을 앞세우면서 다시 사는 문제를 다룬다.

바울은 창세기 2장 7절의 '네페쉬'(히브리어)를 그리스어 '프시케'(고린도전서 15장 45절)로 번역한다. 그리고 네페쉬-프시케(생령, 산 영)를 '살려 주는 영'과 대조시킨다. 바울은 '생령(산 영)'과 살려 주는 영을 대조한다. 여기서 '생령'은 마른 네페쉬에 해당한다고 본다. 창세기 2장은 마치 물의 오름과 물의 내림의 대조, 젖음과 마름의 대조를 연상시키면서, 어쩌면 젖음의 네페쉬와 마름의 네페쉬를 대조하는데, 이것을 바울은 '생령(산 영, 사는 영)'과 '살려 주는 영'으로 대조하면서 극적인 발출+를 연출한다.

신학의 역사가 '살려 주는 영'에 관한 역사라면, 인문학의 역사는 '프시케'에 관계된 역사라고 볼 수 있다. 인문철학자들에 의해 '프시케'는 인간 중심의 세계를 만드는 이데올로기로 사용되었다. 이런 세계관은 산업혁명의 배경이자 후경이 된다. 산업혁명은 인간의 삶에 큰 변화를 주었지만 그에 따른 역효과도 불러일으켰다. 인간의 '프시케'는 이전보다 더 새로운 형태의 고뇌를 하게 되었고, 고뇌하는 인간의 '프시케'에 관한 연구가 데카르트, 칸트, 헤겔에 의해 자연과의 관계 속에서 진행되었다. 인간 고뇌에 대한 탐구와 산업혁명의 진전 시기는 서로 겹친다. 프로이트는 이 둘이 서로 영향을 주고받던 접점 시기에 활동했다. 그는 ps(psi, 프사이)-system을 구상하면서 몸 밖과 몸 안의 관계를 정립하고자 그 과정과 진행을 도면으로 그렸다. 물론 프로이트의 도면은, 여러 다양한 학자들의 견해 중, 하나의 견해에 불과하다. 그럼에도 우리가 그의 도면을 간과할 수 없는 이유는 무엇인가?

프로이트는 제2차 산업혁명이 한창 여물어 가던 시기에, 곳곳에서 나타난 폐단의 인과관계를 연구했던 의학자, 생리학자, 신경학자였다. 그는 그 문제를 진단하고자 몸 밖과 몸 안을 대조시키면서 '감각-기억-무의식-의식'이라는 가교 장치를 마련한다. '무의식'은 몸 밖과 몸 안을 잇는 하나의 장치다. 프로이트는 이걸 '비계'(독 Gerüst, 프 Echafaudage, 영 Scaffoldm, 飛階)라고 불렀다. 건물을 짓기 위해 세우는 장치인 비계에 비유한 것이다.

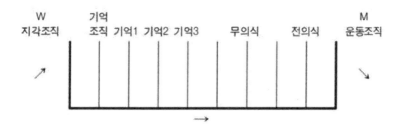

비계(飛階, das Gerüst)를 통해 작업하다 보면, 도면에 그려진 것이 현실에서 모습을 드러내는 것을 볼 수 있다. 정신분석가는 분석수행자(내담자)의 자유연상을 통해 프스케의 모습을 본다. 하나님은 흙으로 빚고, 그것에 생기를 불어 넣어 아담이라는 생령(사는 영), 네페쉬, 프시케로서의 인간을 만들었다. 이 피조물은 에덴동산에서 저녁을 보내고 아침을 맞이한다. 이 피조물을 만드신 하나님의 예지(prescience)와 에덴동산에서 살게 된 인간의 삶(habitus)은 계통발생과 개체발생이라는 메비우스적 틀 속에서 재현된다.

III. 멀티 페르소나와 부캐: 고된 간척지 문화사업

쥐의 해였던 2019년을 "MIGHTY MICE"로 정리한 『트렌드 코리아 2020』은 'MIGHTY'의 'M'을 "Me and Myselves"로 풀이하면서 "Me and Myselves Multi Persona"라는 표현을 제시했다.

'멀티 페르소나'(Multi Persona)는 한 개인의 성격, 인격뿐 아니라 또 하나의 직업, N잡러, 투잡족, 문라이터(moonlighter), 임시직, 계약직, 비정규직 등과 비교된다. '멀티 페르소나'는 한 개인이 여러 모습으로 자신을 드러낸 것이다. '서울대학교 생활과학연구소 소비트렌드분석센터'는 '멀티 페르소나 트렌트 설문조사'를 시행하여 세 가지 유형의 페르소나를 뽑아내었다.

첫 번째, 응답자의 87.8%가 '직업'에 대한 멀티 페르소나에 관해 긍정적인 반응을 보였다. 두 번째, 지금 하고 있는 직업 정체성보다 취미 정체성을 더 중시하는 '취향'의 멀티 페르소나이다. 세 번째, 디지털 공간 속 가상의 모습이 실제 현실 속의 모습으로 변해 가는 전복 흐름인 'SNS'의 멀티 페르소나이다. 좀 더 첨가해서 말하자면, 하나의 직업에서 두 개의 직업으로 개척하는 흐름도 관찰되고, 취미를 향유하고자 하는 모임이 두 배 넘게 증가하였다.

이런 세 가지의 페르소나는 다양성을 보여주기는 해도 "자신의 진짜 SNS에서는 오히려 정체성을 솔직하게 드러내지 않는다"[3]고 한다. 이런 조사를 통해 '참 나'는 누구인지, 멀티 페르소나의 시대에 우리가 찾는 궁극적인 것은 무엇인지 물음을 던져본다.

프로이트는 『꿈의 해석』(1900)에서 '꿈-사고'와 '꿈-내용'의 간극을,

---

3) 김난도·전미영·최지혜·이향은·이준영·이수진·서유현·권정윤·한다혜, 『트렌드 코리아 2021』(서울: 미래의 창, 2020), 31.

『농담과 무의식의 관계』(1905)에서 '사고'(Gedanke)와 '표현'(Ausdruck) 의 간극을, 라깡은 『세미나 11. 정신분석의 네 가지 근본 개념』(1963-1964)에서 '언표행위'(énonciation)와 '언표'(énoncé)의 간극을 이야기한다. 정신분석학은 대립적인 것으로 보이는 두 항 또는 양극을 엮는 장치로 '감각-기억-무의식-전의식-의식'이라는 심급 또는 비계를 사용한다. 정신분석학은 후자(알려지는 것, 아는 것)를 통해 전자(가려진 것, 모르는 것)의 진리를 밝히고자 한다.

'멀티 페르소나 트렌드 분석팀'은 디지털 공간에 드러난 것('표현'과 '언표')을 분석한 자료에 따라 '직업과 취미'가 본인의 부캐는 될지라도 본캐는 아니고, SNS 계정 속의 표현이나 언표가 자신의 참 모습은 아니라고 평한다. 유저들이 자신의 겉모습 정체(즉 멀티 페르소나의 정체)를 드러내는 데 열중한다면, 자신의 '사고'와 '언표행위'에 대해서 어떻게 생각하고 있을까? 문명은 '사고'와 '언표행위'에서 흘러나오는 것들에 대하여 어떤 태도를 취하고 있을까? 창세기 1장 26절의 "하나님의 형상을 따라 그 모양대로"에서 '형상'(첼렘)과 '모양'(데무트)은 동어반복으로, 대극으로 볼 수도 있다. 즉, 형상이 본캐라면 모양은 부캐, 형상이 하나님만의 것이라면 모양은 형상의 겉, 거죽으로 볼 수 있다. 인간은 처음부터 본캐의 부캐로 지음받았다고 볼 수 있다. 하나님이라는 본캐를 따라 만들어진 모양으로서 부캐가 사람이다.

주디 와츠맨(와이즈먼)은 2004년 저술한 책에서 "서구 기술 그 자체가 가부장(制)적인 가치를 구현"[4]하기 때문에 모든 기술은 남성적이라고 말했는데, 멀티 페르소나 트렌드 분석팀은 지금 현재 유저들은 '성 중립성'(Gender Neutral), '성 유동성'(Gender Flud)을 보이고 있다[5]고 말한다. 기술이 가부장적인데 '남성에 고착된 성'에서 '유동적인

---

4) 주디 와이즈먼, 박진희·이현숙 옮김, 『테크노페미니즘』(서울: 궁리, 2004), 37.

중성'으로 이어진다는 주장은 서로 맞지 않는 것으로 보인다. 이 두 견해차에서 발생하는 사회현상을 어떻게 보아야 할까?

트렌드의 변화는 기업들에게 이윤을 창출할 수 있는 호기이다. 미디어는 부캐가 등장하여 숨겨진 내면의 것이 다양하게 표출되는 것처럼 호도하지만 멀티 페르소나 트렌드 분석팀이 분식하듯 '사고/언표 행위'는 그 자체의 진리를 좀처럼 드러내지 않고 있다. 오히려 더 복잡한 양상으로 펼쳐지고 있다.

1932년에 프로이트가 출판한 『새로운 정신분석 강의』의 제31장 마지막 문장이 힌트를 줄 수 있을까? "Wo Es war, soll Ich werden. Es ist Kulturarbeit etwa wie die Trockenlegung der Zuydersee."[6] 이 문장은 정신분석 영역에서 해석에 관한 논란도 있고, Es와 Ich 간의 관계에 대한 해설에서도 논란이 있다. 제임스 스트레치(James Starchey)의 번역은 "Where id was, there ego shall be. It is a work of culture-not unlike the draining of the Zuider Zee"이다.[7] 열린책들에서 출간한 프로이트전집에 따른 한글 번역은 "이드가 있었던 곳에 자아가 생성되어야 합니다. 그것은 조이더Zuider 만 근처의 바다를 간척하는 것과 같은 문화적 작업입니다."[8] 이 문장의 첫 소절은 여전히 어렵다. Wo Es war(Where id was-이드가 있었던 곳)는 Es가 있던 곳이다. 프로이트가 비유를 들고 있는 대서양과 조이더 만의 간척지를 염두에 두면서 상상해보면, 그의 진의를 알 수 있다. 대

---

5) 김난도·전미영·최지혜·이향은·이준영·이수진·서유현·권정윤·한다혜, 『트렌드 코리아 2021』, 32-34.

6) Sigmund Freud, "Neue Folge der Vorlesungen zur Einführung in die Psychoanalyse," *Gesammelte Werke* XV(Frankfurt: S. Fischer, 1944), 86.

7) Sigmund Freud, *New Introduction Lectures on Psychoanalysis*(London: Penguin Books, 1973), 112.

8) 지그문트 프로이트, 임홍빈·홍혜경 옮김, 『새로운 정신분석 강의』(파주: 열린책들, 2014), 109.

서양은 Es이고, 조이더 만 간척지는 생성되어야 할 Ich이다. 간척지를 만드는 문화 작업은 자아를 생성하는 것과 같다. 이때 대서양 심연에 있던 Es가 간척지에 그 흔적을 남긴다. Es가 본캐라면 Ich는 부캐이다. 부캐로서 간척지는 대서양의 것을 담고 있다. 대서양을 알려면 간척지를 보는 수밖에 없다. 물론 대서양의 심해를 조사할 수도 있지만 대서양의 것은 연안 지대인 간척지에 자신의 것을 각인시킨다. 프로이트는 Es를 소환하여 Ich로 드러내는 것을 '조이더만 간척사업'에 빗대어 '문화 작업'이라고 말한다. Ich는 Es의 것을 담고 있다. 즉, 멀티 페르소나는 Es로부터 유래하는 것을 담고 있는 Ich이다. 매립된 간척지(와 같은 Ich)는 망망대해(와 같은 Es)에서 유래하는 것들, 즉 요즘 문화에서 '멀티 페르소나-부캐'라고 부르는 것, 프로이트는 이것을 '표현'(Ausdruck)이라고 불렀다. 이것은 '사고'(Gedanke)라는 대서양, 본캐에서 기인한다. SNS 계정에서 투영한 멀티 페르소나로서 부캐는 '사고/언표행위'에서 '표현/언표'로의 이행으로 볼 수 있다. 프로이트의 문장은 대서양에서 연안으로 움직이는 흐름으로 이해할 수 있다. 하지만 이와 반대로 대륙에서 연안을 거쳐 심해를 메우려는 시도도 있다.

Persona는 타인에게 비치는 외적 성격인데, 라캉에게서는 moi imaginaire, personne imaginaire(상상적 자아)로 불린다. 개인화되고 다양화된 디지털 기술문명은 페르소나의 개념을 보여준다. 다양한 SNS를 사용하는 유저들은 상황에 맞게 부(副)계정, 가(假)계정 등으로 자신의 모습을 표현한다. 즉 디지털 기술 시대에 살고 있는 유저들은 드러내지 않는 본연의 캐릭터를 부차적인 캐릭터로 표현한다. 일명 '부캐'(副캐릭터)는 2019년 대중매체에서 가장 손꼽히는 트랜드 중 하나였다. 2010년 전후에 '딴짓'이라는 용어로 표현되던 것이 2019년에 이르면서 '부캐'로 대체되고 있다. 부캐 용도의 계정은 좋은 모습들로 표현되어 보이지만, 앞서 '멀티 페르소나 트렌드 분석팀'의 보고를 인용했듯이, 전체 빅데이터에서 보면 부캐와는 반대 성향의 키워드가 본캐 SNS에서 매우 많이 나타난다. 페르소나로서의 부캐는 자신을 위장하지만 본캐를 잘 덮지는 못한다. 왜냐하면 본캐는 부캐의 구멍이나 느슨한 곳을 뚫고 나와 드러나기 때문이다.

어떤 사람들은 아날로그 세상에 자신의 정체성을 유유자적하게 남겨 두고 디지털 세상이라는 공간을 즐기고, 또 다른 사람들은 이와 다른 모습인 디지털 공간에 자신의 정체성을 시시각각으로 투영하면서 디지털 세상에서 기거한다. 이처럼 나의 모습이 아날로그 공간에 표현되느냐, 나의 일상이 디지털 공간에서 이뤄지느냐를 두고, 어떤 이는 세대를 가르는 기준으로 삼기도 한다. 하지만 이런 기준은 기술 방식에 지나치게 의존하는 해석이라고 볼 수 있다.

프로이트에게서 시작한 정신분석 사유에 따르면, 아날로그 공간에서 보이건, 디지털 공간에서 보이건, 겉으로 보이는 것은 안에 있는 것과 다르다. 창세기 2장이 젖음의 네페쉬와 마름의 네페쉬를 대조하듯, 바울이 '생령(산 영)'과 '살려 주는 영'을 대조하듯, 프로이트가 사고(Gedanke)와 표현(Ausdruck)을 대조하고, 라깡은 언표행위(énonciation)와 언표(énoncé)를 대조(對照)한다. 디지털 기술이 발달하여 많은 계정에 자신의 것을 투영한다고 해서, 자신의 참 정체성을 거리낌 없이 잘 표현한다고는 볼 수 없다. 조이더만 간척사업에 비교되는 부캐로서 멀티 페르소나의 재현, 디지털 시대의 문화작업, 이런 표현은 극도로 발달된 기술문명 앞에 놓인 인간을 바라보게 한다. 이 인간은 지금까지 인류가 누리지 못한 것을 향유하는 자인가?

Ⅳ. 문화작업이 구조화하고 있는 것

　　문화작업 방식이 아날로그식이거나 디지털식이라고 해서, 사고/
언표행위와 표현/언표 간의 간극이 넓어지거나 좁혀진다고는 볼 수
없다. 디지털 기술 공간이 '사고'와 '표현' 사이에서 기능하는 '저항'
과 '밀어냄'(Verdrängung, 억압)을 느슨하게, 더디게 한다는 것은 근거
가 약하다고 보인다. 프로이트가 정신분석 영역을 만들면서 가장 고
심한 것은 인간의 '정신 장치'9)는 '밀어냄'의 과정을 거치면서 형성된
다는 점이다. 이 발달에 따라 신경증, 정신증, 도착증이 구조화된다.
인간이 구축해 온 근본적인 문화작업은 신경증의 구조작업이었다. 이
작업은 창세기 3장에 잘 제시된다. 성경은 신경증의 구조화 작업뿐 아
니라, 정신증의 구조화나 도착증의 구조화 작업을 기록하고 있다. 율법
앞에 놓인 인간의 모습은 신경증의 구조화에 관계되고, 뱀이 신처럼
된다고 말한 것은 정신증의 구조화에 관계되고, 십계명에서 제시한
항목들은 신경증에 내몰린 도착증의 구조화에 관한 것으로 볼 수 있다.

　　창세기 3장은 문화작업의 구조화 앞에 놓인 이 인간이 어떤 과정
을 통해 하나님과 자연과 사귀는지를 보여 준다. 에덴에서의 생활
(habitus) 기록은 기록 이전의 역사를 잘 나타낸다. 즉, 하나님은 자신
이 만든 모든 것을 다스릴 자(1장 26절)로서 네페쉬인 아담을 만들었
다. 하나님은 그 일을 실험할 공간인 에덴에 아담을 데려다가 다스리
는 일을 수행하게 했고, 그 일을 돕는 하와를 주어 함께 그 일을 하게
한다. 다스리는 일은 각 실재에 이름을 부여하는 것이다. 다스리는 일
을 하기 위해 필요한 기술은 무엇이며, 염두 해야 할 일은 무엇인가?

---

9) 프로이트는 정신 장치에 관하여 다양한 용어로 표현했다. 가령, Psychische Apparat,
　 seelischen instruments, seelischen Apparat, Appareil psychique, Gerüst 등이다.

하나님은 아담에게 규율을 주었고, 아담은 그것을 준수하는 가운데 실재와 소통하면서 다스림을 수행해야 했다.

하나님이 제시한 규율은 아담과 하와에 의해 파괴된다. 하나님이 심혈을 기울인 젖음과 마름의 네페쉬로서 아담과 하와, 이 둘은 하나님의 규율을 이뤄내지 못했다. 하나님의 '먹지 말라'는 말씀을 '어긴 것'이다. 이 '어김'은 프로이드가 말하는 '표현', 라깡이 말하는 '언표'에 해당한다. 이 '어김'은 프로이트가 말하고자 했던 사고, 라깡이 말하고자 하는 '언표행위'를 지칭하는 것은 아니다. 젖은 네페쉬와 마른 네페쉬는 프로이트식의 사고와 표현의 차이, 라깡식의 언표행위와 언표의 차이를 보여준다.

이런 차이는 인간의 첫 번째 추락을 설명할 수 있는가? 물론 환경의 영향을 살펴볼 수 있다. 뱀이 등장하여 소통을 방해했기 때문이고, 뱀의 제안을 듣고 방황이 부족했던 탓이다. 하나님의 제안을 염두에 두었다면 더 방황했어야 했다. 속는 자는 방황하지 않지만, 속지 않는 자는 방황하기 때문이다. 이 첫 부부가 방황을 하지 않았던 것은 아니다. 하지만 더 철저하게 방황했다면 어떠했을까? 왜 방황이 그렇게 어려웠을까? 젖음의 네페쉬에서 마름의 네페쉬로의 이행 때문일까? 하나님이 그렇게 지어서일까? 인간이 속임수를 피할 능력을 개발하지 못해서일까? 다시 말해, 인간이 속임 구조로 만들어져서일까, 인간이 속임에 안주해서일까? 필자는 두 가지 질문에 대하여 '인간이 속임 구조로 만들어졌고 그 결과 이어질 것에 대한 예지(prescience)가 있지 않았을까, 아울러 속임 구조에 놓인 인간이 그 구조에 익숙해진 생활(habitus)이 있지 않았을까'라고 의견을 제시해 본다. 이 두 가지 질문은 수렴되지 않는, '나는 누구인가'에 대한 양날의 주장으로 이어져 왔다. 그 첫 번째 주장은 〈나는 존재한다. 그러므로 나는 생각한다〉이고, 두 번째 주장은 〈나는 생각한다. 그러므로 나는 존재한다〉이다. 전자는 방황 없는 '믿음의 시대'를 대변하고, 후자는 반항하는 '이성의 시대'를 대변한다. 의심은 근대를 출범하게 했다. 의심은 속지 않으려는 인간의 몸부림에서 비롯되었다. 속지 않으려는 인간의 무기는 의심이다. 그것은 곧 이성에 대한 신뢰였다. 추락하지 않으려고 인간이 기댄 것은 이성이었다. 그런데 이 신뢰 역시 속임이었다.

또 한번 인간의 추락을 밝힌 이는 프로이트이다. ps(psi, 프사이)-system을 정립한 프로이트는 데카르트의 주장을 뒤엎었다. 믿음의 시대에서 이성의 시대로 갈아탄 서양 사회는 또 다른 형태의 속임 구조를 밝힌 프로이트로 인해 적잖이 불편해했다. 프로이트의 이러한 주장이 무신론적이라고 하는 것은 하나님의 인간 창조에 대한 교리에서 비롯된다. 정말 속고 있는 이가 누구인지, 누구의 의심이 믿음에 근거한 것인지를 깊이 상고해 보는 것도 의미가 크다. 하나님이 지은 인간의 원래 모습이 어떠했는지? 기록 문자가 없던 시기의 일을 기록 문자로 남긴 창세기 도입부로 돌아가 논의를 다시 시작하면 프로이트의 작업이 의미 있지 않을까?

과학 기술 발전에 따른 인간에 관한 견해가 차곡차곡 쌓이면서 지금까지 주장되던 이론은 새로운 질문을 받게 된다. 이런 질문을 통해 이전에 내렸던 주장을 새롭게 생각해 보는 기회가 주어졌다. 과학이나 기술이 발전한다는 것은, 새로운 과학 이론이나 기술이 제기된다는 것은 하나님이 지으신 세계, 하나님이 갖고 있던 도면을 밝히는 것으로 이해할 수 있을 것이다. 이런 시대 환경에서 '나는 누구인가'에 접근하는 또 하나의 방식은 무엇인가? '나는 속고 있는가', '나는 추락하고 있는가'라는 질문이 아닐까? 정신분석에서 분석가와 분석수행자(내담자)의 관계가 형성되려면, 저항의 문제를 잘 다루어야 하고, 그것은 전이라는 기술개념과 기술실천으로 이어진다. 기술과 저항의 관계를 연구하는 것이 정신분석의 핵심 부분이다. 인공지능의 시대에는 정신분석에서 보는 관점, 즉 상호 간의 저항에 관한 관점이 요청된다.

이런 관점에서 보면, 아날로그 공간에서보다 디지털 공간에서 저항이 덜한 사람이나 세대가 있다는 것은 수용하기가 쉽지 않다. 현실적으로 봐도, 점점 디지털 공간에 대한 법적 장치가 강화되고 있고, 개인정보에 관한 엄격함은 날이 갈수록 공론화되고 있다. 아날로그에 남긴 흔적으로 찾는 것보다 디지털에 남겨 둔 흔적을 찾는 게 더 용이한 시대가 되었다. 젊음의 네페쉬에 근접하는 시도이다. 우리의 손이 놀린 모든 것이 생명책에 기록된다고 말할 수 있을까? 이런 관점에서 볼 때, 아날로그와 디지털은 모두 '알 수 있는 부분'에 해당한다. 정신분석은 '알 수 없는 부분'과 '알 수 있는 부분'의 관계를 살피는 행위이다. 정신분석의 기술은 '알 수 없는 부분'에 근접하려는 시도이다.

Ⅴ. 삼위일체론의 부캐, 하나님 형상의 부캐

기독교 신학은 신앙의 대상으로 삼위일체 하나님을 둔다. 신앙은 신앙의 대상에 대한 믿음이다. 그런데 믿음의 대상이 정확하게 정해지지 않는다면 그 믿음은 어떤 믿음인가? 지난 2천 년 동안 기독교는 신앙의 대상으로서 하나님을 성경에 명시했고, 성경을 기준으로 그 대상을 설명해왔다. 중세의 가톨릭은 성부 중심의 삼위일체론에 따라 교황 중심의 교회 체제를 운영했다. 세 위격이면서도 하나의 본질, 일체라는 삼위일체 개념은 설명하기가 쉽지 않다. 위격을 간과하면 단일신론으로 빠지고, 위격을 살리다보면 삼신론, 사신론으로 귀결되기도 한다. 위격은 헬라어 휘포스타시스(hupostasis, ὑπόστασις(ὑπό+ἵστημι)에서 유래하는 데, 그 뜻은 '아래+서게 하다/확립하다'이다. 서방 가톨릭 교회는 이 용어를 직역하여 ὑπό(sub) + στασις(sistence), 즉 subsistence로 표기했다. 그러나 라틴어 esse와 subsistence가 의미상 구분이 잘 되지 않는 단점이 있었다. 그래서 아우구스티누스는 의미와 상관 없이 '얼굴/가면'을 지칭하는 persona(헬라어는 πρόσωπον, Prósopon)를 사용한다고 그의 『삼위일체론』 제7권에서 말한다.

삼위일체론의 용어를 '부캐'로 풀어볼 수도 있을까? 성부성자성령 중 성부를 으뜸에 두는 '군주적 삼위일체론'에서 성부는 '본캐'(本캐, 메인 캐릭터)이고, 성자와 성령은 '부캐'(副캐릭터)로 볼 수 있다. 부캐는 본질을 논하는 용어가 아니고, 드러난 것을 지칭하는 용어, 멀티-페르소나처럼 부캐의 다양성을 보여주는 용어이기에 위격을 설명할 때 사용할 수 있을 것이다. 하지만 본질이 하나라는 것이 전제되지 않는다면 양태론(樣態論, Modalism)으로 비판을 받을 여지가 있다. 종속적 삼위일체론으로서 군주적 삼위일체가 본캐로서 성부 하나님을 강조하는 것이라면, 정통적(유기적) 삼위일체론은 본질에서는 하나, 위격에서는 세 개의 동등한 부캐로 설명할 수 있다. 종속적 삼위일체론은 본질에서는 본캐와 부캐의 일치를, 사역에서는 본캐와 부캐를 구분한다고 볼 수 있다. 즉, 정통적 삼위일체론은 본질에서는 일치를 말하지만 사역에서는 본캐와 부캐를 가르지 않는다. 부캐 간에 차별이 없다. 이렇게 본캐와 부캐라는 용어를 삼위일체론의 본질과 사역 설명에 대입한다면, 그 당시의 논의를 이해하는 데 용이할까?

또한 하나님과 인간의 관계를 설명할 때, 본캐가 하나님, 하나님의 형상이시라면, 부캐는 그 형상을 따라 그 모양대로 지음받은 존재, 네페쉬, 프시케로 볼 수 있을까? 부캐는 프로이트식의 '사고', 라깡식의

'언표행위'가 아니라 '표현'과 '언표'이기에 본질에서 자유로운, 드러난 것을 지칭하는 것이다. 그렇기에 본캐의 부캐인 인간 존재는 본캐의 본질을 그대로 갖고 있지 않다. 그렇기에 부캐로서의 인간, 젖음에서 마름으로 이행한 '네페쉬 하야'(생령, 사는 영)는 추락을 전제하고 있다. 신학의 역사에서 하나님의 형상으로서 인간을 다뤄왔는데, 그 인간의 모습은 악한 영들에 사로잡혀 있고, 그렇기에 특별한 구속(救贖)을 요청하는 존재로 그려졌다.

VI. 요셉의 부캐와 요셉의 꿈 해석

창세기에서 요셉만큼 성공한 이는 없을 것이다. 또한 창세기에서 요셉만큼 추락한 이도 없을 것이다. 그는 꿈을 꾼 대가로 죽음에 처할 뻔했고, 꿈의 해석한 대가로 높은 위치에 올랐다. 그의 삶에서 '꿈과 꿈 해석'이 부캐와 어떤 연관이 있을까?

창세기 37장은 채색옷을 입은 17세의 요셉이 꿈을 이야기하는 장면(창37:5, 9, 19)을, 창세기 39장은 보디발의 관원복을 입은 요셉이 보디발의 아내로부터 옷을 갈취당하는 장면(창39:13)을, 창세기 40장은 죄수복을 입고 꿈을 해석하는 장면(창40:9 이하에 술 맡은 관원장, 16 이하에 떡 굽는 관원장)을 담고 있다. 창세기 40장에서 요셉은 꿈 해석자를 찾는 술 맡은 관원장에게 이르기를 "해석은 하나님께 있지 아니하니이까 청하건데 내게 이르소서"라고 말한다. 요셉은 하나님의 해석 대리인으로 자처한다. 요셉은 어떤 근거로 이런 이야기를 하는가? 당시 제사장이나 마술사 같은 직업군이 이런 일을 했을 텐데, 요셉은 이런 일을 가감없이 하고 있다. 혹시나 잘못된 해석을 할 수도 있는데, 그의 꿈해석의 자부심은 어디서 오는 것일까? 그는 '해석은 하나님께 있다'고 말한다. 이런 견해를 어떻게 갖게 되었을까?

창세기 41장은 죄수복을 벗고 바로의 꿈을 해석하는 장면(창41:25, 26)을 담고 있다. 술 맡은 관원장이 추천한 요셉은 바로의 꿈을 듣고 "바로에게 이르되 바로의 꿈은 하나라"(창41:25), "하나님이 그가 하실 일을 바로에게 보이심이니이다"(창41:25)라고 말한다, 이 말은 바로의 꿈 해석 전에 했던 말에 근거하는데, "들은즉 너는 꿈을 들으면 능히 푼다 하더라. 요셉이 바로에게 대답하여 이르되 내가 아니라 하나님께서 바로에게 편안한 대답을 하시리이다"(창41:15, 16)라고 말한다. 요셉은 '내가 아니라 하나님'이라고 말한다. 어떤 과정을 통해 그는 하나님으로부터 해석을 얻는가? 혹 그가 17살이었던 때에 형들에게 꿈 이야기를 한 것과 연관이 있을까? 꿈 잘 꾸는 요셉이 꿈을 잘 해석한다고 볼 수 있을까? 요셉이 하나님으로부터 받은 해석은 "일곱 좋은 암소는 일곱 해요 일곱 좋은 이삭도 일곱 해니 그 꿈은 하나라"(창41:26)이다. 25절, 26절에서 보듯, 요셉의 꿈 해석 원리는 '하나님은 하나의 메시지를 여러 표상들로 알린다'는 것이다. 하나의 부캐에서 여럿 부캐가 나온다는 것이다. 이렇듯 본캐와 부캐의 관계는 요셉의 꿈해석 원리로 작용한다.

요셉이 17세 때에 꿈을 알리고 그 꿈을 해석한 형들로부터 위협을 받아 종으로 팔려갔다. 그는 감옥에서 꿈을 해석하여 인연이 된 술 맡은 관원으로부터 바로의 꿈을 해석할 기회를 얻었다. 요셉의 직업이 행정가(공무원)라면, 꿈 해석은 그의 또 다른 재능으로 볼 수 있다. 꾼 꿈을 잘 이야기하던 17세 청소년기에서부터 요셉은 꿈에 관심이 많았다. 그로 인해 형들의 위협을 받아 목숨이 위태했지만 그는 이 재능을 묵히지 않은 것으로 보인다. 그는 타자의 욕망(혈육의 형들)을 거스르다가 죽음에 직면하고, 종으로 팔려 보디발의 집에서 자신의 주체를 재구성하는 시기를 보낸다. 타자의 욕망과 주체의 재구성 기간 사이에서 요셉은 큰 사건에 휘말린다. 보디발의 아내의 유혹이 그것이다. 그녀는 요셉을 유혹하는 일이 수포로 돌아가자 요셉으로부터 희롱을 받았다(창39:14, 17)고 고소한다. 서른이 되어 감옥에 갇혔을 때도 꿈을 해석하여 현실적인 효과를 본다. 이런 과정을 볼 때 요셉의 꿈 해석은 취미이고, 취미를 넘는 어떤 것으로 보인다. 당시 주술사들처럼 행세를 하지 않았으나 오히려 그들보다 더 나은 해석을 하였다. 해석을 들은 "바로와 그의 모든 신하들은 요셉의 해석을 좋게 여겼다"(창41:37). 요셉이 꿈만 잘 해석하였다면 바로로부터 '총리'(창41:41)라는 일자리를 얻지 못했을 것이다. 그는 꿈 해석과 아울러 현실적 대안을 제시한다(창41:34-36). 이 대안은 요셉의 본캐로부터 나온 것으로 볼 수 있다. 그러나 그가 부캐를 갖지 못했다면 그의 본캐를 사용할 기회를 얻지 못했을 것이다.

필자는 요셉의 꿈 해석을 그의 취미에 따른 부캐, 그의 영성에서 나오는 부캐, 그가 하나님과 동행하면서 갖게 된 은사로서 부캐로 볼 수 있지 않을까 생각한다. '부캐'는 '투잡'과는 다른 활용법이다. '부캐'는 타자의 욕망에 의해 갖게 된 본캐로서의 직업과는 달리, 자신의 정체성을 질문하는 과정에서 만들어가는 것이다. 부캐로서 꿈해석 일은 '나는 누구인가?'를 진지하게 추구하면서 하게 되었을 것으로 보인다.

요셉은 꿈 때문에 종으로 팔려 오고, 꿈 해석 때문에 아버지와 동생을 만날 수 있었다. 요셉이 애굽에서 가졌던 직업, 직업인으로서 해야 하는 일들이 있었다면, 이 일을 하면서 진정으로 이루고 싶었던 것이 있었을 것이다. 그것은 아버지 야곱과 동생 베냐민과의 만남이었다고 볼 수 있다. 또는 17세 때 꾼 꿈의 성취일 수도 있겠다.

아버지 야곱이 요셉에게 그랬듯이 요셉도 아버지 야곱을 지극히 여겼고, 그의 동생 베냐민에게도 그랬다. 요셉은 타자의 욕망 앞에서 직업인으로 살았지만 자신의 욕망을 갖고 있었다. 욕망은 욕구를 요구할 때 성취되지 못함으로 생긴다. 요셉의 아버지 야곱은 네 명의 아내(레아, 라헬, 빌하, 실바), 열 두 명의 아들(르우벤, 시므온, 레위, 유다, 잇사갈, 스불론, 단, 납달리, 갓, 아셀, 요셉, 베냐민), 한 명의 딸(디나)이 있었다. 그 중 요셉은 12번째로 태어났고 그 다음이 베냐민이고 이 둘의 어머니는 라헬이었다. 라헬은 야곱의 아내 중 아내였기에, 그녀에게서 난 요셉은 야곱에게 특별했다.

프로이트의 어머니 아말리아(Malka Amalia Nathansohn, 1835~1930, 1855.7.29. 결혼)는 아버지 야콥(Jacob Freud, 1815-1896)의 세 번째 아내였다. 야콥은 첫 번째 아내(Sally Kanner와 1831년 결혼)와 두 아들(Phillip, Emanuel)을, 세 번째 아내와 여덟 자녀를 낳았다.[10] 요셉과 프로이트는 아버지가 여러 번 결혼했고, 이 결혼에서 자녀가 많이 태어났다는 공통점이 있다. 애굽의 꿈해석가인 요셉이 구체화시키지 못한『꿈의 해석』

[10] 여덟 자녀의 이름은 아래와 같다. 1. Sigmund(1856.5.6.生), 2. Julius(1857.10월生, 일찍 사망), 3. Anna(1858.12월生, 일찍 뉴욕으로 이민, 남편은 Eli Bernays), 4. Rosa(Regine Debora, 1860.3.21.生 라이헨할(Reichenhall) 역 인근에 거주, Bad Reichenhall은 독일 바이에른 북부의 베르히테스가데너 란트 지구의 온천 마을), 5. Maria(Mitzi, 1861.3.22.生), 6. Adolfine(Esther Adolfine/Dolfi, 1862.7.23.生), 7. Paula(Pauline, 1864.5.3.生), 8. Alexander(1866.4.19.生). 이 중에서 둘째 Julius는 일찍 사망했고, 여섯 째 Adolfine는 Theresienstadt에서, 넷째(Rosa) 다섯째(Maria) 일곱째 Paula는 Auschwitz에서 학살되었다. 여덟 째 Alexander는 프로이트와 런던으로 갔다. 그리고 야곱의 두 번째 아내는 Rebekka인데, 프로이트는 '레베카'라는 이름을 플리스에게 보낸 편지(1897.9.21. 플리스에게 보낸 편지)에서 언급한다. 그는 문학선집에서 읽은 대목이라고 하면서 "내가 읽은 문학선집의 한 구절이 떠오르네: 레베카여! 옷을 벗어라. 너는 더 이상 신부가 아니라네!"라는 말을 한다.

Ⅶ. 글을 마치면서: 모르페와 본캐, 케노시스와 부캐

바울은 빌립보 교회에 보내는 글에서 예수 그리스도를 일컬어 "그는 근본 하나님의 본체시나 하나님과 동등됨을 취할 것으로 여기지 아니하시고 오히려 자기를 비워 종의 형체를 가지사 사람들과 같이 되셨"(빌립보서 2:6, 7)다고 말한다. 여기서 '본체'와 '형체'는 헬라어로 모르페($\mu o \rho \varphi \acute{\eta}$, Form)인데, "하나님의 모르페($\mu o \rho \varphi \acute{\eta}\ \theta \epsilon o \upsilon$)"와 "종의 모르페($\mu o \rho \varphi \acute{\eta}\ \delta o \upsilon \lambda o \upsilon$)"이다. 모르페는 창세기 1장 26절에서 말한 하나님의 '형상'(첼렘)이고, 형상질료론을 말한 아리스토텔레스의 '형상'이다. 필자는 하나님의 모르페를 본캐, 종의 모르페를 부캐로 볼 경우, '종의 모르페로서 케노시스'($\kappa \epsilon \nu o \sigma \iota \varsigma$, kenosis)는 부캐에 해당한다고 본다.

케노시스는 마름의 네페쉬이지만 모든 무릎을 꿇는 자리이다. Es에서 보내오는 것은 간척지라는 Ich에서 꽃 피운다. 본캐로서 Es는 부캐로서 Ich에서 그 모습을 보인다. 예수 그리스도는 '본캐로서 하나님의 모르페'에서 '부캐로서 종의 모르페'로 자신을 낮추시고 비우심(케노시스)으로 "모든 이름 위에 뛰어난 이름"(9절)인 "주"($K \acute{\upsilon} \rho \iota o \varsigma$, Kurios, 11절)로 고백된다.

이와 같이 낮아짐과 비움은 본캐의 부캐, 젖음의 마름, 사고의 표현, 언표행위의 언표이다. 부캐는 시뮬라크르(프: simulacre, 라: simulacrum), 시뮬라시옹(simulation)으로 알려진 가장체(假裝体)와 비교할 수 있다. 부캐는 '본캐로서 이데아'($I \delta \acute{\epsilon} \alpha$, eidos)에 근접하는 $\epsilon \acute{\iota} \delta \omega \lambda o \nu$(eidolon, 그림자, 복사물, 이미지 등의 의미)과도 비교할 수 있다.11) '부캐로서 에이돌론'($\epsilon \acute{\iota} \delta \omega \lambda o \nu$)은 두 가지 속성을 갖는데, 이데아를 닮으려는 속성일

---

11) 마르틴 졸리, 이선형 옮김, 『이미지와 기호』(서울: 민음사, 2004), 72.

때 에이코네스($\varepsilon\iota\kappa\acute{o}\nu\varepsilon\varsigma$, eikones, 복사물)라고 표현하고, 이데아를 벗어나려는 속성일 때 판타스마타($\varphi\acute{a}\nu\tau\alpha\sigma\mu\alpha\tau\alpha$, phantasmata, 시뮬라크르, 허깨비, 환상의 감각상)라고 표현한다.

　에이돌론의 두 속성처럼, 부캐도 두 속성을 지닌다고 볼 때, 부캐는 본캐와 가까워지려는 시도로서 자기증식(멀티 페르소나)을 할 수도 있고, 본캐와 더 거리를 두면서 새로운 지위를 갖지려는 시도로서 자기증식(멀티 페르소나)을 할 수도 있다. 판타스마타는 본체를 복사했으나 새로운 본체의 지위를 갖는 또 다른 본체의 가능성을 갖는다.12) '멀티 페르소나-부캐'는 이 두 가능성 앞에 있다고 볼 수 있다.

　AI의 발달로 인해 플라톤이 생각했던 이데아의 복사에 대한 염려가 현실화되고 있다. 가령 딥페이크(Deepfake)가 그것이다. 이미지나 영상물이 진짜인지 가짜인지에 대한 문제가 제기된 것이다. 2017년부터 제기된 딥페이크는 필자가 앞서 전개한 첼렘과 데무트에 대한 창세기 1장의 표현과도 이어져 있고, 젖음의 네페쉬와 마름의 네페쉬에 대한 창세기 2장의 서술과도 이어져 있고, 이데아와 에이돌론(에이코네스, 판타스마타)에 대한 플라톤의 구분과도 연관된다. 그리고 모르페를 이중적으로 사용한 바울의 표현(하나님의 모르페, 종의 모르페)과도 맞닿아있다. 오늘날의 시뮬라크르 또한 이런 흐름에서 논의된 것으로 볼 수 있다.

　1964년 1월 라깡은 Enrico Castelli가 주최하는 'Colloque «Technique et Casuistique»(기술과 결의론 콜로키움)'(1964.1.7.-12. 로마대학교)에 참여

---

12) 아리스토텔레스이 *Poétique*(『시학』)와 플라톤의 *La République*(『국가론 또는 국가 정체』)에서 이런 용어들을 정리했다. Aristote, *Poétique*, J. Hardy (Traduction) (Paris: Les Belles Lettres, Bilingual édition, 2003). Platon, *La République* (Œuvres complètes. Tome VII, 1re partie. Livres IV-VII, Bilingual édition), Jacques Jouanna (Éditeur de série), Emile Chambry (Traduction) (Paris: Les Belles Lettres, 2002).

하여 기술발전에 따른 윤리적 문제에 관한 글을 발표하고 토론한 적이 있다. 그리고 세미나 11권을 시작하는 첫 시간에 "조작자 영혼의 순수함(la pureté de l'âme de l'opérateur)"13)에 관해 말하면서, 물리학자 오펜하이머의 욕망과 연금술사의 욕망을 비교한다. 또한 그는 과학과 과학기술 간의 관계는 농과학(agronomie)과 농기술(agriculture)의 관계처럼 차이가 있다고 말한다. 이 차이를 좁히는 것은 전자가 후자를 이끄는 것, 전자의 욕망이 후자를 이끄는 것이라고 말한다. 이것이 과학기술의 발전에 따른 윤리 문제 해결책이라고 말한다. 이런 틀에서 교육이 이뤄져야 한다고 말한다.

쾌락원칙을 가늠하는 현실원칙의 상황에서 부캐는 쾌락원칙으로 되돌아가고자 할 수도 있고, 현실원칙으로 진입하고자 할 수도 있다. 부캐가 본캐에게 접근하는 것을 쾌락원칙 너머로(독: jenseits) 또는 쾌락원칙 밖(독: hinaus)으로 이행하는 것, 즉 현실원칙 반대 방향으로 이행하는 것으로 볼 경우, 부캐는 본캐인 Es로 접수하면서 자신의 실재를 드러낸다. 반면에 부캐가 본캐에게 접근하는 것을 막고, 현실원칙만을 강요할 경우 멀티 페르소나-부캐는 Es로부터 외화(Außerung)되고 소외(Alienation)될 것이다.

쾌락원칙 넘어에서 파도처럼 밀려오는 '사고/언표행위/젖음/본체'는 끊임없이 겉으로 드러나면서, 외화되면서, 소외되면서 '멀티 페르소나-부캐'로서 표상되고 있다. 인류 역사의 현실원칙의 장에 드리워진 '표현/언표/마름/형체'는 오늘날 '멀티 페르소나-부캐'로서 그 모습을 드러내고 있다. '시뮬라크르'의 시대에 유저(user)로 살아가는 '멀티 페르소나-부캐'는 '본캐의 밖'(ex-istance), '존재의 추락'을 재

---

13) Jacques Lacan, *Les quatre concepts fondamentaux de la psychanalyse*, Le Séminaire, Livre XI, (Paris: Seuil, 1973/1992), 14(1964.1.15.일 강의).

현하고 있다. '멀티 페르소나-부캐'의 이런 부단한 작업은 본캐의 명령 앞에서 '얼음공주'처럼 멈춰있는 것은 아닐까? 겨울왕국에 봄은 어떻게 오는가? 극단적인 케노시스가 없다면 이런 역설은 일어나지 않는다고 바울은 "그리스도로 말미암아, 내 쪽에서 보면 세상이 죽었고, 세상 쪽에서 보면 내가 죽었습니다"(갈6:14, 새번역/표준새번역)라고 말한다.

바울에 따르면, 역설은 '그로 말미암아($\delta\iota\alpha$ ὅς)', 즉 '우리 주 예수 그리스도의 십자가에 못 박힘으로' 시작되고, 그 다음에 세상이 나를 십자가에 못 박히게 하여 죽게 하고, 내가 세상을 십자가에 못 박히게 하여 죽게한다. '상호못박힘'의 주체인 예수 그리스도는 극단적 케노시스를 작동시켰다. 13절과 바울은 할례받고도 율법을 지키지 않는 자들이 할례받기를 강요하는 것을 육체적인 자랑이라고 말한다.

그리고 15절에서 할례받는 거와 받지 않은 거는 아무 것도 아니라고 말하면서, 중요한 것은 새로 지음받는 것이라고 말한다. 새로지음받음은 '그로 말미암아', '그가 이룬 사건을 통해'서이다. 종교가 사회에 기대하는 것은 이런 상호상처냄의 본을 보인 예수 그리스도를 통해 부캐로 살아가는 나와 부캐로 얼룩진 세상이 새롭게 되는 데 관심을 모으고 이 일을 전심으로 해 가는 데 있다고 생각한다. 사회 또한 종교에 대하여 새롭게 됨을 역설한 바울의 선포를 회복해줄 것을 기대한다고 생각한다. "그리스도로 말미암아 세상이 나를 대하여 십자가에 못 박히고 내가 또한 세상을 대하여 그러하니라"(갈6:14, 개역한글/개역개정)의 상호적 작용이 절실한 시기가 지금이라고 생각하면서 본 글을 맺는다.

참고문헌

강응섭. "기술이 발전할수록 '나는 누구인가'에 대한 질문이 구체화된다." 〈〈과학과 신학의 대화〉〉(https://www.scitheo.or.kr/, 과신대 칼럼 2019-07-31)

_____. "자크 라깡과 신학의 접점에서: 앙살디와 꼬스의 하이브리디티 신학." 『포스트모던 시대의 철학과 신학』. 서울: 대한기독교서회, 2023, 167-197.

김난도·전미영·최지혜·이향은·이준영·이수진·서유현·권정윤·한다혜. 『트렌드 코리아 2021』. 서울: 미래의 창, 2020.

볼프 한스 발터. 문희석 옮김, 『구약성서의 인간학』. 왜관: 분도출판사, 1976.

와이즈먼 주디. 박진희·이현숙 옮김. 『테크노페미니즘』. 서울: 궁리, 2004.

졸리 마르틴. 이선형 옮김. 『이미지와 기호』. 서울: 민음사, 2004.

켈러 캐서린. 박일준 옮김.『지구정치신학: 지구적 비상사태와 새로운 생태신학의 전환점을 위한 투쟁』. 서울: 대장간, 2020.

프로이트 지그문트. 임홍빈·홍혜경 옮김.『새로운 정신분석 강의』. 파주: 열린책들, 2014.

한글 성서. 개역한글, 개역개정, 새번역, 표준새번역

Aristote. Trad. Hardy J. *Poétique*. Paris: Les Belles Lettres, Bilingual édition, 2003.

Freud Sigmund. "Neue Folge der Vorlesungen zur Einführung in die Psychoanalyse." *Gesammelte Werke* XV. Frankfurt: S. Fischer, 1944.

_____. *New Introduction Lectures on Psychoanalysis*. London: Penguin Books, 1973.

Lacan Jacques. *Les quatre concepts fondamentaux de la psychanalyse*. Le Séminaire, Livre XI. Paris: Seuil, 1973/1992.

_____. *D'un Autre à l'autre*. Le Séminaire, Livre XVI. Paris: Seuil, 2006.

Platon. Éd. Jacques Jouanna, Trad. Emile Chambry. *La République* (Œuvres complètes. Tome VII, 1re partie. Livres IV-VII, Bilingual édition). Paris: Les Belles Lettres, 2002.

저자 소개

우 희 종

서울대학교 수의과대학 학장을 역임하고 작년부터 서울대학교 명예교수로 있으며, 현재 비영리 공익 재단법인인 '여산생명재단'을 국회 등록단체로 하여 활동 중에 있다. 대학 졸업 후 일본 도쿄대학, 미국 하버드 의과대학 등을 거쳐 서울대학교 재직 중에는 아시아 지역 수의과대학협회(AAVS) 회장을 비롯해 전공 분야에서의 활동 외에도 '민주화를 위한 전국 교수협의회(민교협)' 상임의장, '우리민족서로돕기운동' 공동대표 등 시민단체 활동과 2020년 '더불어시민당' 당대표를 역임하는 등 사회개혁을 위한 참여에 적극적이다. 특히 생명감수성을 강조하면서 동물복지 문제에 관여해 왔으며, 처음으로 대선 선거 캠프 내에 '동물권위원회'를 만들어 국내에 동물권의 개념을 일반화하는 데에 기여했다. 현재는 AI나 로봇 등장에 따른 포스트휴먼 사회에서의 생명권에 관심을 두고 있으며, 기후위기나 팬데믹 유행의 근대사회의 한계를 넘어서는 새로운 시대적 패러다임 도출에 힘 모으고 있다. 불자이자 기독교인으로서 20여년간 마음공부 모임을 이끌고 있으며, 본인의 간화선 수행을 통한 종교적 각성이 다양한 사회 활동과 저서 작업의 동력임을 밝힌 바 있다. 저서는 전공 관련 외에도 다양한 저자들과 함께 쓴 종교 간의 대화나 과학과 사회 및 인문학 주제의 책이 많다. 정년퇴임 후에는 정치나 사회 활동을 줄이고, 종교 간의 대화와 생명 감수성 확산에 주력하고 있다.
이메일:hjwoo@snu.ac.kr

김 종 만

고려대학교에서 한국사(B.A)를 공부하고 서울신학대학교에서 교회사 전공으로 석사학위(M.A)를 받았으며, 서강대 종교학과에서 박사학위(Ph.D)를 마쳤다. 현재는 경희대학교 종교시민문화연구소 학술연구교수로 재직중이며, 고려대학교, 서울신학대학교에서 강의하고 있다. 고려대학교 포닥연구교수를 역임하였으며, 서강대학교, 배재대학교, 영남신학대학교 신학대학원에서 강의하였다. 한국신종교학회 상임이사로 있으며 연구 관심은 종교 간 대화, 불교, 그리스도교, 한국종교 등에 관심을 가지고 후속 연구를 진행하고 있다. 단독 저·역서로는 『틱낫한과 하나님』(저서), 『한국종교 따로보기』(저서), 『틱낫한의 사랑이란 무엇인가』(역서), 『틱낫한의 깨어있는 마음수행』(역시) 등이 있고, 그 외 다수의 공동저서와 연구 논문이 있다.

서 동 은

감리교신학대학교에서 종교철학과 신학을 공부한 후 2004년 독일 도르트문트(Dortmund)대학교 『인문학과 신학』 학과에서 하이네서의 진리개념에 관한 논문으로 철학 박사학위를 받았다. 현재 경희대학교 후마니타스 칼리지 교수로 재직하고 있으며, 경희대 종교 시민문화 연구소 연구 단장, 한국 하이데거 학회 부회장으로 활동하고 있으며, 저서로는 『계몽의 시대』, 『곡해된 애덤 스미스의 자유경제-세월호, 메르스, 공감의 경제학-』, 『하이데거와 가다머의 예술이해』가 있고, 공저로 『세상을 바꾼 철학자들-고대부터 현대까지 핵심개념으로 읽는 철학사-』, 『백 만인의 고전 읽기-고전의 반역4』, 『인물로 보는 근대 한국』, 『삐뚤빼뚤 생각해도 괜찮아- 고민하는 10대를 위한 철학 상담소-』등이 있다. 역서로는 『몸의 철학』, 『시간의 개념』, 『인간과 풍토』 등이 있다. 이메일:hodos10@khu.ac.kr

유 광 석

서울대 종교학과 졸업 후 캐나다 오타와대학교 종교학과에서 석사 및 박사학위를 취득하고 2015년부터 경희대학교 학술연구교수로 재직 중이다. 현재는 종교시장이론, 종교다양성, 종교정책과 같은 학제적 연구주제에 집중하고 있으며, 국제적으로는 "종교적 경쟁과 창조적 혁신(2014~2016)", "남반구 대형교회(2020~2024)" 및 "동아시아 종교성 측정(2022~2025)" 등 존템플턴재단(John Templeton Foundation)에서 지원하는 국제연구사업을 수행했고, 국내에서는 "종교거버넌스와 종교생태담론"을 주제로 한국연구재단의 인문사회연구소지원사업(2021~2027)을 현재 수행하고 있다. 주요 저(역)서로 『종교시장의 이해』(2015년 대한민국학술원 우수도서), 『종교경제행위론』(2017년 대한민국학술원 우수도서), 『중국의 종교』(2018 대한민국학술원우수도서), 그리고 『현대한국의 종교시장정책론』(2020년 세종학술도서) 등이 있고, 그 외 약 20 편의 논문을 출판했다. 대외적으로는 전 세계 약 200여명의 학자들이 참여하고 있는 East Asian Society for the Scientific Study of Religion (EASSSR)의 사무총장으로 5년간 봉사했다.

박 종 식 (법명:空日)

유랑잡승을 자임하는 만종공일(卍宗空日)은 서울대학교와 동국대학교에서 책을 보았다. 20대의 젊은 시절 산업현장을 떠돌았으며, 30대에 백두산 언저리에서 발해와 고구려 유적지와 항일독립투쟁의 현장을 찾아 돌아다녔다. 또한 공동체에 관심을 갖고 지내며 덕유산 자락에서 자연농법과 영성에 대한 다양한 실험을 하였다. 40대에 출가하여 설악산과 지리산 자락의 절집과 남해 바닷가의 아란야에서 지냈다. 2020년 겨울 이래, 서울 봉은사에서 교육 및 포교 관련 업무를 담당하고 있다. 최근에는 동국대학교 객원교수로서 한국불교학회 등에도 관여하고 있으며, 한국연구재단의 연구사업에도 참여하고 있다. 주요 관심사로는 문명비평에 초점을 둔 불교미학 검토, 생명현상을 검토하는 불교의학 연구, 선어록에 대한 신선한 해석작업 등이다. 홀로 차(茶) 마시기를 즐기며 달빛 좋은 날이면 주위 사람들에게도 향이 깊은 차를 내주곤 한다. 〈나라다 박띠수뜨라의 박띠사상연구〉〈치선병비요경의 불교의학 연구〉 등의 학위논문이 있으며, 저서로는 〈설악무산의 문학, 그 깊이와 넓이〉〈상호문화적 글로벌 시대의 종교와 문화〉 등이 있다. 이메일: jyotisa33@daum.net

민 태 영

중앙대학교에서 경제학을 공부하여 관련 업종에서 근무하다 식물과 인연을 맺었다. 이후 불교 경전에 수록된 식물들을 인도와 네팔의 식물을 중심으로 정리해 건국대학교 분자생명공학과에서 석사학위를 취득하였다. 보고서와 자료집으로만 존재하였던 경전 속의 식물과 관련한 불교 최초의 학위 논문이었다. 동국대학교에서 대승 경전에 나타난 식물의 식물학적 실체와 교학적 의미를 불교가 자연을 바라보는 관점에서 연구해 박사학위를 취득하였으며 동 학위 논문으로 제8회 대원불교문화상(학위논문 부문)을 수상하였다. 또 「대승 경전에 나타난 식물들의 상징성을 중심으로 한 교법(教法)이해 모형 연구」로 제6회 불광 전법학술상을 수상하였다. 현재 동국대학교 인문학술연구 교수이자 한국불교식물연구원(www.kbpi.org)원장으로 불교 경전과 불교 사서에 수록된 식물의 자원식물학적, 종교적 활용과 식물문화콘텐츠 개발 등 식물을 통한 다양한 방식의 불교학 연구에 매진하고 있다. 「비주얼 인문학의 실현-『삼국유사』 속 식물문화원형을 바탕으로 조성하는 역사테마식물원」, 「『법화경』에서 '공덕의 과보'로 나타나는 '천화'의 의미 연구」를 비롯한 다수의 논문이 있다. 저서로 『경전 속 불교 식물-자비의 향기를 전하다』(네이버 지식백과 정보제공 도서)와 『마음을 밝히는 붓다의 식물 108가지』가 있다. 이메일: tymin62@naver.com

김영주

김영주(동양철학박사)는 동국대학교 일반대학원 철학과에서 철학박사 학위를 받았다. 주요 논문으로는 「『궁달이시』의 '천인유분'과 '시명관'에 관한 연구」, 「왕충의 비판유학에 관한 연구」, 「불교의 우주론과 생태 이해」 「주돈이 태극도의 미학적 사유」 등이 있다. 현재 동국대학교 동서사상연구소 연구원 및 한양대학교 ERICA 융합산업대학원 동양문화학과 겸임교수로 있다.
이메일: yjkim7431@naver.com

박수영

연세대학교에서 지질학과 철학을 공부하고, 공기업에서 직장생활을 하였다. 이후 KAIST 비즈니스 스쿨에서 경영학석사과정(MBA)을 공부하였고, 동국대에서 불교학으로 석사, 인도철학으로 박사학위를 취득하였다. 주요 논저로는 산스끄리뜨어의 기원에 대한 "Proto-Indo-European 오그먼트의 기원과 역할: 오그먼트는 어떻게 과거를 지시하는가?"(인도철학 42집), 빠니니 문법의 구조를 분석한 "『아슈따디아이』 따디따(taddhita) 부분의 구조"(인도연구 21권1호), 바르뜨리하리의 인도사상사적 위치를 다룬 "바르뜨리하리(Bhartṛhari)의 재조명"(남아시아연구 25권1호), 힌두이즘의 기원 문제를 다룬 "힌두이즘의 기원에 대한 재조명: 힌두교는 동인도회사(EIC)의 발명품인가"(인도철학 57집), 『포스트코로나 시대의 새 종교지평』(공저) 등이 있다. 현재 동국대에서 연구초빙교수로 재직하고 있다.
이메일: souyoung@naver.com

이명권

연세대학교 신학과를 졸업하였고, 감리교 신학대학원 및 동국대학교 대학원 인도철학과에서 석사학위를 마쳤다. 서강대학교 대학원 종교학과에서 박사학위를 취득했고, 미국 〈크리스천헤럴드〉 편집장, 관동대학교에서 '종교간의 대화' 강의, 그 후 중국 길림사범대학교에서 중국문학 석사학위 후, 길림대학 중국철학과에서 노자 연구로 박사학위. 중국 길림사범대학교에서 교환교수로 재직, 동 대학 동아시아연구소 소장을 역임. 그 후 서울신학대학교에서 초빙교수로 동양철학을 강의함. 현재 코리안아쉬람대표 및 K-종교인문연구소 소장으로서 코리안아쉬람TV/유튜브를 통해 "이명권의 동양철학"을 강의하고 있으며, 인문계간지 『산넘고 물건너』 발행인이다.
저서로는 『우파니샤드』, 『베다』, 『노자왈 예수 가라사대』, 『예수 석가를 만나다』, 『공자와 예수에게 길을 묻다』, 『무함마드, 예수, 그리고 이슬람』, 『암베드카르와 현대인도 불교』가 있다. 공저로는 『오늘날 우리에게 해탈은 무엇인가?』, 『사람의 종교, 종교의 사람』, 『종말론』, 『통일시대로 가는 평화의 길』, 『평화와 통일』, 『포스트 코로나 시대의 새 종교지평』, 『포스트 코로나 시대의 평화사상과 종교』, 『상호문화적 글로벌 시대의 종교와 문화』, 『종교와 정치』 등이 있다. 역서로는 『종교간의 대화와 협력을 위한 영성』, 『간디 명상록』, 『마틴 루터 킹』, 디완찬드 아히르의 『암베드카르』, 세샤기리 라오의 『간디와 비교종교』, 한스 큉의 『위대한 그리스도 사상가들』(공역), 『우리 인간의 종교들』(공역)이 있다.

이메일: imkkorea@hanmail.net

강응섭

총신대학교 신학과를 졸업하고, 프랑스 몽펠리에3대학교 정신분석학과를 거쳐, 몽펠리에개신교대학에서 프로이트와 라캉의 정체화(Identification) 개념으로 루터와 에라스무스의 의지 논쟁을 분석하여 신학박사학위를 받았다. 1999년부터 예명대학원대학교의 조직신학 교수, 정신분석상담학 교수이다. 저서로는 『동일시와 노예의지』, 『프로이트 읽기』, 『첫사랑은 다시 돌아온다』, 『자크 라캉의 세미나 읽기』, 『자크 라캉과 성서해석』, 『라캉과 기독교의 대화』, 『한국에 온 라캉과 4차 산업혁명』 등이 있다. 역서로는 『정신분석대사전』, 『라캉 세미나·에크리 독해 1』, 『프로이트, 페렌치, 그로데크, 클라인, 위니코트, 돌토, 라캉 정신분석 작품과 사상』(공역) 등이 있다. 그 외에 신학과 정신분석학을 잇는 다수의 논문과 공저가 있다.

이메일: harmonie@daum.net